절차를 신속하고 정확하게 신청하여 처리할 수 있는

개인회생·파산 이렇게 해결하기

편저 : 이종구

개인회생 제도, 신청자격, 작성방법, 문답사례
개인파산 제도, 파산신청, 작성방법, 문답사례

 법문 북스

머 리 말

전 세계적인 경제 불황으로 국가적인 경제의 어려움과 이로 인한 모든 기업들이 구조조정을 단행하면서 대량 해고와 실직으로 개인들은 경제적 파탄 속에 힘겹게 나날을 생활하고 있는 것이 현 실정입니다.

이러한 현실 아래 개인급여소득자 및 개인영업소득자 들은 과도한 빚을 지게 되고 이를 변제치 못하게 되어 여러 금융권에서 대출을 받아 돌려 막기를 하다 보니 결국 파산의 위기에 직면하고 있는 사람이 급격하게 증가하게 되어 법원에 구제를 신청하는 사례가 부지기수로 발생하고 있습니다. 그래서 이러한 문제를 신속하게 처리하기 위해서 개인회생과 개인파산제도를 정비하게 되었습니다.

개인회생은 재정적 어려움으로 인하여 파탄에 직면하고 있는 개인채무자로서 장래 계속적, 반복적으로 수입을 얻을 가능성이 있는 사람에 대하여 채권자 등 이해관계인의 법률관계를 조정함으로써 채무자의 효율적인 회생과 채권자의 이익을 도모할 목적으로 2004년에 개인 채무자 회생법을 제정하여 시행하다 약간의 문제점을 보완하여 2005년 채무자 회생 및 파산에 관한 법률 제4편에 흡수하여 2006년 4월 1일부터 시행하고 있는 제도입니다.

그래서 이 책에서는 이러한 제도와 절차를 신속하고 정확하게 신청하여 처리할 수 있도록 대법원 및 대한법률구조공단에 나타 난 자료들을 참고하여 문답식으로 일목요연하게 꾸몄습니다. 아울러 이에 필요한 각종 서식들을 체계적으로 정리하여 당사자들은 누구나 쉽게 작성하여 법원에 신청할 수 있도록 하였습니다.

　　이 책이 어려움에 처해 있는 모든 분들에게 조그마한 도움이 되리라 믿으며, 열악한 출판시장임에도 불구하고 흔쾌히 출간에 응해주신 법문북스 김현호 대표에게 감사를 드립니다.

편저자

차 례

제1편 개인회생

[개인회생 문답]

제2편 개인파산

[개인파산 문답]

부 록 참고자료

제1편

개인회생

1. 개인회생제도

개인회생제도는, 재정적 어려움으로 인하여 파탄에 직면하고 있는 개인채무자로서 장래 계속적으로 또는 반복하여 수입을 얻을 가능성이 있는 자에 대하여 채권자 등 이해관계인의 법률관계를 조정함으로써 채무자의 효율적 회생과 채권자의 이익을 도모하기 위하여 마련된 절차로서, 2004. 9. 23.부터 시행하게 되었습니다. 즉 개인회생제도란, 총 채무액이 무담보채무의 경우에는 5억원, 담보부채무의 경우에는 10억원 이하인 개인채무자로서 장래 계속적으로 또는 반복하여 수입을 얻을 가능성이 있는 자가 3년 내지 5년간 일정한 금액을 변제하면 나머지 채무의 면제를 받을 수 있는 절차입니다.

2. 신청자격

개인회생절차를 이용할 수 있는 채무자는 일정한 수입이 있는 "급여소득자"와 "영업소득자"로서 현재 과다한 채무로 인하여 지급불능의 상태에 빠져있거나 지급불능의 상태가 발생할 염려가 있는 개인만이 신청할 수 있습니다. 개인회생절차는 신용회복위원회의 지원제도를 이용 중인 채무자, 배드뱅크제도에 의한 지원절차를 이용 중인 채무자도 이용할 수 있고, 파산절차나 회생절차가 진행 중인 사람도 개인회생절차를 신청할 수 있습니다.

3. 신청서 제출법원

개인회생사건은 원칙적으로 채무자의 주소지를 관할하는 '지방법원의 본원'에 제출하여야 합니다(서울중앙지방법원은 파산과, 각 지방법원 본원은 민사신청과에 제출). 예를 들면, 부천시에 거주하고 있는 채무자는 인천지방법원 부천지원에 신청서를 제출하는 것이 아니라 인천지방법원에 제출을 하여야 합니다. 다만, 서울시에 주소가 있는 사람은 그 주소지의 관할법원이 예컨대 서울동부지방법원이나 서울남부지방법원 등으로 되더라도 서울중앙지방법원에 신청서를 제출하여야 합니다.

4. 신청비용

신청서에는 3만원의 정부수입인지를 붙여야 하고, 송달료는 기본 10회분 송달료와 이에 추가하여 채권자의 수 곱하기 3회분의 송달료를 납부해야 하는데, 1회분 송달료는 3,700원입니다. 예를 들어 채권자의 수가 5명인 경우에 드는 송달료는 <기본 송달료 37,000원 + (5×3×3,700원) = 총 92,500원>이 됩니다.

5. 신청서 작성방법

개인회생신청을 하고자 하는 채무자는 먼저 개인회생절차 개시신청서를 작성하여야 합니다. 채무자의 성명, 주민등록번호 및 주소, 신청의 취지 및 원인, 채무자의 재산 및 채무, 채무자에게 연락 가능한 집이나 직장 전화번호 및 휴대전화번호를 반드시 기재하여야 합니다.

개인회생신청서에는,

①채무자의 성명, 주민등록번호 및 주소

②신청의 취지 및 원인

③채무자의 재산 및 채무

④채무자에게 연락 가능한 집이나 직장 전화번호 및 휴대 전화번호를 반드시 기재하여야 합니다.

⑤신청취지와 신청원인에 관하여는 법원에 비치된 신청서 작성요령 및 이 홈페이지의 개인회생절차 양식코너에 자세히 설명되어 있으니 이를 참고하시기 바랍니다.

⑥재산내역과 채무내역에 관하여는, 신청서 첨부서류로 들어가는 재산목록 및 개인회생채권자목록에 자세한 내용이 기재되므로 신청서 본문에서는 "별지 개인회생채권자목록 기재와 같은 채무를 부담하고 있고, 재산은 별지 재산목록에 기재된 바와 같다"라고 쓰시면 됩니다.

6. 신청서 첨부서류

개인회생절차 개시신청서에 첨부할 서류로는 다음과 같은 것이 있습니다.

①개인회생채권자목록 1통

②재산목록 1통

③채무자의 수입 및 지출에 관한 목록 1통

④신청일 전 10년 이내에 화의사건, 파산사건 또는 개인회생사건을 신청한 사실이 있는 때에는 그 관련서류 1통

⑤급여소득자 또는 영업소득자임을 소명하는 자료

　- 급여소득자의 경우 : 근로소득세 원천징수영수증 사본 1통, 또는 소득증명서 1통

　- 영업소득자의 경우 : 사업자등록증 1통 [사업자등록이 있는 경우에만 제출], 종합소득세 확정신고서 사본 1통, 또는 사업자 소득금액증명원 1통, 또는 소득진술서 1통 및 확인서 2통

⑥진술서 1통

⑦주민등록등본 및 가족관계증명서 각 1통

⑧재산증명서류로서 소유부동산의 등기부등본 1통, 자동차등록증 사본 1통

⑨변제계획안 1통

　변제계획안은 개인회생절차개시신청서에 반드시 첨부할 필요는 없고 신청한 날로부터 14일 이내에 제출하면 됩니다. 다만, 절차의 신속한 진행을 위해서는 개인회생절차개시신청과 동시에 변제계획안을 제출하는 것이 바람직합니다. 채무자가 개인회생절차개시신청과 동시에 변제계획안을 제출하지 않은 경우에는 회생위원은 그 채무자에게 변제계획안 양식을 교부하고 기본적인 작성요령을 안내하는 방법으로 채무자가 스스로 변제계획안을 작성할 수 있도록 하게 됩니다.

⑩기타 신청자 개인별로 사건내용에 따라 필요한 서면이 있을 수 있습니다.

7. 문자메시지 통지 서비스

7-1. 의의

개인파산사건 및 개인회생사건의 재판진행 정보를 당사자가 휴대폰을 통한 문자메시지로 신속하게 받아 볼 수 있도록 하는 제도입니다.

7-2. 적용대상

전국의 각 지방법원(단, 서울의 경우 서울중앙지방법원에 한함)의 개인파산사건과 개인회생 사건

7-3. 이용 절차

개인파산 사건을 신청한 채권자나 채무자와 개인회생사건을 신청한 채무자 및 각 대리인이 신청할 수 있습니다.

개인파산 · 개인회생 신청사건의 신청서식란에 이용 신청 표시를 하거나 "휴대전화를 통한 정보수신 신청"을 제출하면 됩니다.

7-4. 메시지 전송 과정

대상 재판정보가 입력되는 날에 문자메시지 서비스 신청한 당사자의 휴대폰으로 자동으로 1회 발송 됩니다.

오전에 입력된 정보는 12:00에, 오후에 입력된 정보는 19:00에 전송됩니다.

7-5. 사용요금결제

메시지 1건당 17원(부가가치세 포함)씩 송달료 잔액에서 지

급됩니다(송달료가 부족하면 문자메시지가 발송되지 않습니다).

7-6. 효과

　개인파산사건의 파산선고 및 이의기간지정 결정, 면책결정과 개인회생사건의 개시결정 및 월 변제액 3회 이상 연체사실 등을 정식 송달 전에 신속하게 문자메시지로 받아 볼 수 있습니다.

8. 개인회생에서 사용되는 법률용어

8-1. 변제계획안

　변제계획안이란, 개인회생절차를 신청한 채무자가 조정된 채무금액을 변제기간 동안 버는 소득 중에서 각종 제세공과금 및 생계비를 공제한 나머지 소득을 투입하여 언제부터 언제까지 어떤 방법으로 채권자들에게 변제하여 나가겠다는 내용으로 계획을 세운 것을 말합니다. 채무자는 변제계획안을 제출하면서 그 제출일로부터 60일 후 90일 내의 일정한 날을 제1회로 하여 매월 일정한 날에 그 변제계획안상의 매월 변제액을 지정되는 개인회생위원의 은행계좌로 입금할 뜻을 기재하여야 합니다. 변제계획에서 정하는 변제기간은 변제개시일로부터 기산하여 5년을 초과하여서는 안 됩니다. 변제계획안의 양식 및 구체적인 작성요령도 법원에 비치된 양식 및 이 홈페이지의 개인회생절차 양식코너에 자세히 설명되어 있으니 이를 참고하시기 바랍니다.

8-2. 개인회생절차 개시결정

채무자가 개인회생절차의 개시신청을 하면서 제출한 자료에 대하여 법원은 개인회생절차를 개시하기 위한 요건 이 갖추어져 있는지 여부를 심리하여 신청일로부터 1월 이내에 개인회생절차의 개시 여부를 결정합니다. 개시결 정이 내려지면 채무자에 대한 파산절차 또는 회생절차는 중지 또는 금지되고, 강제집행, 가압류, 가처분 체납처분도 중지 또는 금지되며, 담보권의 설정 또는 담보권의 실행을 위한 경매도 중지 또는 금지됩니다. 또한 개시결정이 내려지면 채권자목록에 기재된 개인회생채권을 변제 받거나 변제를 요구하는 일체의 행위가 금지되고, 채권자들은 개인회생절차 내에서 변제계획에 의해서만 채권을 변제 받을 수 있게 됩니다.

8-3. 개인회생채권

개인회생채권은 채무자에 대하여 개인회생절차개시결정 전의 원인으로 생긴 재산상의 청구권을 말합니다. 다만 개시결정 후에 생긴 채권이라 하더라도 예외적으로 개인회생채권으로 하고 있는 것이 있습니다. 개인회생채권의 예로는, 개시결정 전에 채무자가 생활비를 마련하기 위하여 금융기관 등으로부터 금원을 차용한 경우 금융기관 등이 채무자에 대하여 갖는 대여금채권을 들 수 있습니다.

8-4. 채권자집회

개인회생채권자집회는 채무자가 제출한 변제계획안에 대하여 개인회생채권자들에게 직접 채무자로부터 설명을 듣는 기회를 부여하고 결의절차 없이 변제계획안에 대한 이의진술의 기회만을 부여한 다음 집회를 종료하게 함 으로써 변제계획안의 인가 여부를 간이·신속하게 결정하기 위하여 마련된 제도입니다. 최초의 개인회생채권자집 회의 기일은 개시결정과 동시에, 개시결정일로부터 3개월 이내의 기간 내에서 정해집니다. 채무자가 정당한 사유 없이 개인회생채권자집회에 불출석하는 경우에는 개인회생절차폐지결정을 당할 수 있습니다. 반면 개인회생채권자가 불출석하더라도 개인회생채권자집회를 진행하고 종료하는 데에는 아무런 지장이 없습니다.

8-5. 변제계획인가결정

채무자가 제출한 변제계획안에 대하여 법원이 인가하는 결정을 내리는 것을 변제계획인가결정이라고 합니다. 변 제계획은 인가의 결정이 있는 때로부터 효력이 발생하게 됩니다. 변제계획의 인부결정에 대한 즉시항고기간은 인부결정을 공고한 다음날로부터 기산하여 2주간입니다. 변제계획 인가결정이 확정되면 그 후로는 누구도 인가 결정의 잘못을 주장할 수 없게 되므로 인가결정시에 발생한 효력이 확정적으로 유지됩니다. 변제계획이 인가되면, 채무자는 그 인가된 변제계획의 내용에 따라 개인회생채권자에게 변제해야 할 금원을 회 생위원이 관리하는 예금계좌에 송금하여야 하고, 개인회생채권자들은 회생위원으로부터 신고한 채권자 계좌번호로 월 변제액을 송금받아야 합니다. 법원은 채무자가 변제계획에 따른 변제를 완료한 때에는 면책결정을 하게 됩니다. 면책결정이 확정되면, 면책을 받은 채무자는 변제계획에 따라 변제하고 남은 채무에 관하여는 그 책임이 면제됩니다. 변제계획이 그 인가요건을 갖추지 못하면 불인가결정 또는 개인회생절차폐지결정이 내려지게 되는데, 이 결정이 확정되면 개인회생절차는 종료됩니다. 변제기간 도중에 채무자가 인가된 변제계획을 수행하지 아니하는 때에도 개인회생절차는 폐지됩니다.

● 개인회생제도는 어떤 제도인가요?

질문

개인회생제도가 새로 생겼다는데 이 제도는 어떤 제도이며, 주로 누가 이용하는지요?

답변

개인회생제도는, 재정적 어려움으로 인하여 파탄에 직면하고 있는 개인채무자로서 장래 계속적으로 또는 반복하여 수입을 얻을 가능성이 있는 자에 대하여 채권자 등 이해관계인의 법률관계를 조정함으로써 채무자의 효율적 회생과 채권자의 이익을 도모하기 위하여 마련된 절차로서, 2004. 9. 23.부터 시행하게 되었습니다. 즉 개인회생제도란, 총 채무액이 무담보채무의 경우에는 5억원 이하, 담보부채무의 경우에는 10억원 이하의 채무를 부담하고 있으면서 장래 계속적으로 또는 반복하여 수입을 얻을 가능성이 있는 개인채무자가 원칙적으로 5년 동안 변제를 하면, 파산선고 없이도 나머지 채무를 면제받을 수 있는 제도입니다.

그런데 채무자들은 ① 명예감정의 유지, ② 신분상 불이익의 회피, ③ 재산의 유지, ④ 임의경매 등의 경우 담보권자와 협상할 시간의 확보, ⑤ 면책허가의 범위 확대와 같은 목적으로 이 개인회생절차를 이용하고 있습니다.

● 개인회생절차는 어떻게 진행하는지?

질문

저는 빚이 많아 이번에 개인회생을 신청하려 합니다. 이 절차는 어떻게 진행되는지요?

답변

개인회생절차는 ① 개인회생절차개시의 신청 → ② 회생위원의 선임 → ③ 개시결정 → ④ 개인회생채권자집회 → ⑤ 변제계획 인가 → ⑥ 변제의 수행 → ⑦ 면책결정의 과정을 거쳐 진행됩니다. 이를 단계를 상세하게 설명하면 다음과 같습니다.

① 개인회생절차개시의 신청 : 개인회생절차 개시신청을 하는 사람은 신청서와 개인회생채권자목록, 재산목록, 수입 및 지출에 관한 목록, 진술서 등의 첨부서류 및 변제계획안을 작성해 제출해야 합니다. 채무자는 개인회생절차개시의 신청일부터 14일 이내에 변제계획안을 제출하면 되지만, 절차의 신속한 진행을 위해 개인회생절차개시신청과 동시에 변제계획안을 제출할 수 있습니다.

② 회생위원의 선임 : 법원에 개인회생개시 신청서를 제출하면 접수담당 법원사무관 등은 제1회 회생위원 면담일시를 회생위원의 업무부담을 고려한 가장 빠른 날짜로 지정해 채무자에게 고지해 줍니다.

③ 법원의 개인회생절차개시결정 : 법원은 원칙적으로 신청일부터 1개월 이내에 개인회생절차의 개시 여부를 결정해야 합니다.

④ 개인회생채권자집회 : 개인회생채권자집회란 채무자가 개인회생채권자에게 변제계획의 요지를 설명하고, 개인회생채권자는 변제계획에 관해 이의를 진술할 수 있도록 마련된 자리입니다. 법원은 채무자가 정당한 사유 없이 채권자집회에 출석 또는 설명을 하지 않거나 허위의 설명을 한 경우 직권으로 개인회생절차 폐지결정을 할 수 있습니다.

⑤ 변제계획 인가 : 법원은 개인회생채권자 또는 회생위원이 이의를 제기하지 않고, 인가에 필요한 요건을 모두 충족한 경우에 변제계획인가결정을 합니다. 그러나 개인회생채권자 또는 회생위원이 이의를 제기했더라도 일정 요건을 갖추면 변제계획에 대해 인가결정을 할 수 있습니다.

⑥ 변제의 수행 : 채무자는 개인회생채권자목록에 기재된 개인회생채권에 관해서는 변제계획에 의하지 않고 변제하거나 변제받는 등 이를 소멸하게 하는 행위(면제 제외)를 하지 못합니다. 채무자는 인가된 변제계획에 따라 개인회생채권자에게 변제할 금원을 회생위원에게 임치(任置)해야 합니다.

⑦ 면책 : 법원은 원칙적으로 변제를 완료한 경우에 면책결정을 하지만 일정 요건을 충족한 경우에는 변제를 완료하지 못했더라도 이해관계인의 의견을 들은 후 면책결정을 할 수 있습니다.

● 개인회생절차의 진행과 채권자에게 취해야 할 조치 및 소요기간은?

질문

저는 빚이 상당히 많아 개인회생을 신청하려고 합니다. 개인회생은 어떤 절차를 거쳐 진행되며, 신청인은 채권자들에게 어떤 조치를 취해야 하고, 언제부터 돈을 누구에게 갚아야 하는지, 전체적인 절차 및 소요 기간은 어떻게 되는지요?

답변

개인회생제도는 채무자의 가용소득으로 개인회생채권자들에게 변제하는 내용의 변제계획안을 인가하는 절차가 그 핵심이며, 이를 위해서는 채권금액 및 채무자 소득과 생계비 확정 등 다소 기술적인 문제를 처리해야 하므로, 대부분의 개인파산사건과 달리 절차가 복잡하고 오랜 시일이 소요되는 절차적인 특성이 있습니다. 이하에서는 각 지방법원마다 운영을 달리하는 부분이 있을 수 있으나, 가장 많은 사건을 처리하고 있는 서울중앙지방법원의 개인회생제도 운영 절차를 기준으로 그 운영절차를 살펴보겠습니다. 신청인은 신청서, 채권자목록 및 재산목록, 수입 및 지출에 관한 목록, 진술서가 포함된 개인회생절차개시신청 양식을 통해 채무자의 주소지 관할 지방법원 본원(서울의 경우 5개의 지방법원 본원이 있으나 서울중앙지방법원에만 이를 신청할 수 있음)에 이를 신청할 수 있고, 변제계획안은 개인회생절차개시신청일로부터 14일 이내에 제출해야 합니다.

　그러나 실무상 개인회생절차의 신속한 진행을 위해 변제계획안을 개시신청서와 동시에 제출하고 있습니다. 개인회생절차개시신청을 하면 법원은 그 사건을 개인회생 단독재판부에 배당하고 직권으로 법원사무관 등을 개인회생위원으로 선임하여, 선임된 개인회생위원 및 개인회생위원과의 면담기일을 지정한 안내문을 신청인에게 교부합니다. 개인회생위원은 법원의 감독을 받아 채무자의 재산 및 수입 상황과 채권액을 정확하고 신속하게 조사하고 적정한 변제계획안이 작성될 수 있도록 필요한 권고를 하며, 변제계획 인가 후 그 수행을 감독하는 등 법원을 보좌하는 업무를 수행하는 기관입니다.

　신청 단계에서 개인회생위원은 신청인과의 면담기일에 구두상 또는 문서상으로 보정권고를 하여 개인회생절차개시신청서 및 변제계획안이 적정하게 작성될 수 있도록 하고, 신청인이 보정사항을 적정하게 이행할 경우 신청일로부터 1개월 이내에 개인회생절차개시결정을 하게 됩니다. 다만, 개인회생절차개시결정은 수차례 걸친 보정권고 및 보정사항의 이행으로 1개월보다 길어질 수 있습니다.

　　개인회생절차개시결정에는 ①개인회생채권에 관한 이의기간(개시결정일로부터 2주 이상 2월 이하)과 ②개인회생채권자집회기일(이의기간 말일과 2주 이상 1월 이하의 기간을 주어야 함)을 정해야 하고, 동 결정을 지체 없이 공고하고 신청인 및 개인회생채권자들에게 개인회생절차 개시결정문, 개인회생채권자목록, 변제계획안을 송달합니다. 이러한 송달을 하기 위하여 법원은 개시결정을 한 경우 유선상으로 신청인이나 그 대리인에게 연락하여 채권자목록 및 변제계획안의 부본을 채권자수 +2통 만큼 추가로 제출하도록 요청하고 있습니다. 최초의 변제는 변제 계획인가일로부터 1월 이내에 개시하면 족하지만, 변제계획안의 수행가능성을 소명하기 위하여 변제계획안 제출일로부터 60일 후 90일 이내에 일정한 날을 제1회로 하여 매월 일정한 날에 그 변제계획안상의 매월 변제액을 회생위원에게 임치할 뜻을 기재할 수 있고, 실무에서는 급여에 대한 가압류나 압류 및 추심명령 또는 전부명령이 있는 경우를 제외하고는 모두 위 지침과 같은 내용으로 변제계획안을 작성하여 변제계획인가 결정 이전부터 최초의 변제를 개시하고 있는 실정입니다. 이에 따라 법원은 개인회생절차개시결정을 하면서 신청인에게 그 결정문과 함께 안내문을 송달하여 개인회생위원의 계좌번호를 고지하고 변제계획안에서 정한 변제개시일에 변제금을 입금하도록 독려하고 있습니다.

　　개인회생절차개시결정에서 정한 채권자 이의기간이 경과되면 채권자집회기일을 진행하는 바, 채권자집회기일이란 신청인이 변제계획안을 개인회생채권자들에게 설명하고 변제계획안에 대하여 개인회생채권자들의 이의진술 기회를 제공하고 집회를 종료하여 그 이의 유무에 따른 변제계획안 인가 여부를 간이·신속하게 결정하기 위한 제도로서, 개인회생채권자들의 변제계획안 승인결의가 없더라도 법에서 정한 변제계획 인가요건을 충족한다면 변제계획 인가결정을 받을 수 있습니다.

　　법원은 채권자집회기일에서 개인회생채권자의 이의 유무에 따른 변제계획 인가요건을 검토한 후 이를 충족한 것으로 판단할 경우 채권자집회기일 후 10일에서 15일 사이에 변제계획 인부결정을 선고하고, 그 주문·이유의 요지와 변제계획의 요지를 공고하고, 송달은 하지 않을 수 있는데 실무상 변제계획 인가결정은 송달하지 않고 있습니다.

위와 같은 절차에 따라 개인회생 변제계획인가결정이 선고·공고되면 신청인은 변제계획안의 내용과 같이 변제계획을 수행하며 이에 대하여 개인회생위원이 그 수행의 적정함을 감독하고, 신청인이 3개월 이상 변제금을 개인회생위원 계좌에 입금하지 않을 경우 개인회생절차가 직권으로 폐지될 수 있습니다.

● 개인회생절차와 파산절차는 어떤 차이가 있나요?

질문

저는 법원에 파산이나 개인회생을 신청하려는데 개인회생절차와 파산절차는 어떤 차이가 있나요?

답변

파산절차는 채무자에게 파산선고를 하고 그 선고시점에 채무자가 보유하고 있는 모든 재산을 환가하여 채권자에게 변제하는 제도입니다.

다만, 채무자의 재산이 파산절차의 진행비용(파산관재인의 보수, 신문공고비 등)을 충당하기에도 부족한 경우에는 파산선고와 동시에 파산절차를 폐지하고 절차를 종결합니다. 파산절차의 종결 후 채무자는 면책절차를 신청하여 채무의 면책을 받을 수 있습니다. 면책결정을 받으면 채무자는 더 이상 자기의 소득으로 채무를 변제할 필요가 없습니다(즉, 채무자의 소득은 채무자의 재산으로 됩니다).

파산선고를 받으면 상당한 사회적, 법적 불이익을 당하게 됩니다. 공무원의 경우에는 당연 퇴직하게 되고 변호사 등은 등록이 취소되며 상당수의 기업에서는 파산선고를 받는 것을 당연 면직사유로 정하고 있습니다. 그러나 위 면책결정을 받으면 위와 같은 자격이 당연히 회복됩니다(다만, 퇴직한 직장에 당연히 복직되는 것은 아닙니다).

개인회생절차에서는 위와 같은 파산선고로 인한 불이익은 없으나 개인회생절차 개시결정 이후 장래의 소득까지도 채무변제에 사용하여야 하는 점에서 차이가 있습니다. 채권자의 입장에서는 채무자가 개인회생절차를 이용하는 것이 파산절차를 이용하는 것보다 유리합니다.

● 개인회생절차와 개인워크아웃은 어떤 차이가 있나요?

질문

개인 빚을 청산하는데 개인회생절차와 개인워크아웃이 있다는데 어떤 차이가 있나요?

답변

개인워크아웃제도는 신용회복위원회에서 실시하는 임의적인 제도입니다. 개인워크아웃은 신용회복지원협약에 가입한 채권금융기관들에 대한 채무만 조정할 수 있고, 위 채권금융기관들 이외의 채권자에 대한 채무는 조정할 수 없습니다.

채무액의 한도도 개인워크아웃의 경우에는 5억원임에 반하여 개인회생절차는 담보채무는 최대 10억원, 무담보채무는 최대 5억원인 점에서 차이가 있습니다.

개인워크아웃은 채무 원금의 면제에 제한을 두고 있으나, 개인회생절차에서는 원칙적으로 5년의 변제기간 동안 가용소득을 변제에 투입하면 원금을 모두 변제하지 못한 경우에도 나머지 원금의 면제가 가능합니다.

● 개인회생신청 시 구조요청을 할 수 있는 방법은?

질문

저는 빚이 너무 많아 개인회생신청을 하고 싶습니다. 개인회생
신청 시 도움을 받을 수 있는 방법은 없나요?

답변

　일정요건에 해당하는 경우 대한법률구조공단의 법률구
조제도와 법원의 소송구조제도를 이용하실 수 있습니다.

　법률구조제도란 경제적으로 어렵거나 법을 몰라서 법의
보호를 충분히 받지 못하는 사람에게 변호사나 공익법무관에
의한 소송대리, 그 밖에 법률 사무에 관한 모든 지원을 하는
제도를 말합니다. 법률구조는 신청인이 자신의 주민등록등본,
법률구조 대상자임을 소명할 수 있는 자료, 주장 사실을 입
증할 자료 등을 가지고 가까운 대한법률구조공단 사무실 지
부에 방문해 상담을 신청하면 됩니다.

　소송구조제도란 소송비용을 지출할 자금능력이 부족한
사람에 대해 법원이 신청 또는 직권으로 재판에 필요한 일정
한 비용의 납입을 유예 또는 면제시킴으로써 그 비용을 내지
않고 재판을 받을 수 있도록 하는 제도를 말합니다.

　소송구조를 신청하려는 사람은 개인회생사건을 관할하
는 지방법원을 방문해 지방법원이 지정한 소송구조 담당 변
호사를 확인한 후 지정변호사를 선임해 그 변호사를 통해
변호사비용 및 송달료에 대한 소송구조를 신청해야 합니다.

● **개인회생신청 시 보증을 한 경우 신청서는 어떻게 작성하는지?**

질문

개인회생을 신청하는 경우 ① 신청인의 채무에 제3자가 (연대)보증을 한 경우, ② 신청인의 채무에 제3자가 그 소유 부동산에 근저당권을 설정해 준 경우, ③ 제3자의 채무에 신청인이 (연대)보증을 한 경우 신청서는 어떻게 작성하는지요?

답변

① 신청인의 채무에 제3자가 (연대)보증을 한 경우 채권자는 신청인 또는 (연대)보증인에게 청구할 수 있고, (연대)보증인이 채권자에게 신청인의 채무를 변제한 경우 (연대)보증인은 신청인에게 구상권을 행사할 수 있습니다. 따라서 (연대)보증인으로서는 아직 신청인의 채무를 변제하지 않고 있는 경우라 하더라도 앞으로 신청인의 채무를 변제할 경우 위 구상권을 취득할 지위에 있게 되는 바, 이러한 (연대)보증인의 지위를 '장래의 구상권자'라고 합니다.

채무자 회생 및 파산에 관한 법률은 신청인이 개인회생절차 개시결정을 받은 경우 (연대)보증인은 장래의 구상권자로서 그 전액에 관하여 개인회생채권자로서 권리를 행사할 수 있다고 규정하고 있습니다(같은 법 제581조 제2항 및 제430조 제1항 본문). 그러나 채권자가 그 채권 전액에 관하여 개인회생채권자로서 권리를 행사한 경우에는 장래의 구상권자가 권리를 행사할 수 없습니다(같은 법 제581조 제2항 및 제430조 제1항 단서). 따라서 대부분의 사안은 채권자가 그 채권 전액에 관하여 개인회생채권자로서 권리를 행사(즉, 변제계획에 따른 변제금 수령)하고 있으므로 (연대)보증인이 장래의 구상권을 행사할 기회는 매우 드문 것 같습니다. 신청인은 '개인회생채권자목록'(법원양식 참조)에 채권자를 기재하되, 장래의 구상권자가 개인회생제도에 개입하고 신청인이 장래의 구상권자에 대해 면책의 효력을 주장하게 하는 취지에서 (연대)보증인을 채권자 바로 밑에 가지번호(예 : 2-1)로 하여 별도로 장래의 구상권자인 채권자로 기재합니다(장래의 구상권자의 기재를 누락한다면 (연대)보증인이 채권자에게 변제하고 구상권을 행사하는 경우 이를 막을 수 없으니 반드시 기재해야 합니다). 다만, 채권자가 채권 전액에 관하여 권리행사를 하고 있으므로 장래의 구상권자인 (연대)보증인은 변제계획에 따른 변제금을 수령할 수 없게 되어 변제계획안의 변제예정액표에 변제할 채권자로는 기재하지 않습니다. 이러한 경우 채권자가 누락된 인상을 줄 수 있어 변제계획안에는 주의적으로 "10. 기타사항"란에 다음과 같은 문구를 기재하도록 합니다(법원양식 : '변제계획안 제출서' 참조). "<채권번호 ○-○번 채권자 ○○○의 장래 구상권의 처리> 위 채권은 채무자 회생 및 파산에 관한 법률 제581조 제2항, 제430조의 규정에 의하여 처리한다." 실무상 문제되는 사안은, 보증보험회사나 보증기금, 보증재단 등의 기관에서 신청인의 채무를 보증한 경우, 신청인이 개인회생절차개시결정을 받으면 신청인의 채무는 즉시 변제기에 도래한 것으로 보게 되므로(같은 법 제581조 제2항 및 제425조), 채권자가 보증기관에 보증채무금을 청구하여 동 보증기관이 보증채무를 이행하고 법원에 대위변제에 따른 채권자변경신고를 하는 사안입니다. 위 보증기관들은 일반적으로 채권액 중 85%나 90% 등 일정비율에 한정하여 보증하는 경우가 대부분인 바, 이러한 경우에는 한정보증계약상의 보증채무는 모두 이행한 것이므로 대위변제한 보증기관은 구상권자로서 채권자와 함께 그 변제 비율에 따른 구상권을 행사할 수 있게 됩니다. 따라서 신청인으로서는 개인회생절차개시결정 후 보증기관의 대위변제금액을 확인하여 보증기관은 구상권자로서 개인회생채권자목록에 추가해야 하고 추가 전 채권자의 원금과 추가 후 채권자 및 구상권자의 원금 합계액은 동일해야 합니다.

② 한편, 신청인의 채무에 제3자가 그 소유 부동산에 근저당권을 설정해 준 경우를 살펴보면, 이러한 경우 일반적으로 그 제3자를 물상보증인이라고 하며, 채권자가 물상보증인의 부동산에 담보권실행경매를 실행하여 채권의 변제를 받으면 물상보증인은 신청인에게 구상권을 취득하게 되므로(「민법」제370조 및 제341조), 채권자가 담보권실행경매로 변제받기 전 물상보증인이 장래 구상권을 취득할 지위에 있게 되는 것은 (연대)보증인과 같습니다. 따라서 '개인회생채권자목록'(법원양식 참조)에 채권자를 기재하고 그 아래 가지번호(예 : 2-1)로 하여 별도로 장래의 구상권자인 채권자로 기재하되, 부속서류에 」표시하고 4에 ○표시 한 후 "부속서류 4. 기타"(법원양식 참

조)란에 물상보증인과의 관계, 담보목적물의 소재·지번, 담보목적물의 시가, 근저당권 채권최고액 및 순위 등을 기재합니다. 그러나 변제계획안의 변제예정액표에는 변제할 채권자로는 기재하지 않으며 이러한 경우 변제계획안에는 주의적으로 "10. 기타사항"란에 다음과 같은 문구를 기재하도록 합니다(법원양식 : '변제계획안 제출서' 참조). "<채권번호 ○-○번 채권자 ○○○의 장래 구상권의 처리> 위 채권은 채무자 회생 및 파산에 관한 법률 제581조 제2항, 제430조의 규정에 의하여 처리한다."

③ 마지막으로 제3자의 채무에 신청인이 (연대)보증을 한 경우를 살펴보면, 이러한 경우 신청인이 개인회생절차개시결정을 받으면 채권자는 개인회생절차개시결정시 가진 채권 전액에 관하여 개인회생채권자로서 권리를 행사할 수 있습니다(같은 법 제429조, 제581조 제2항). 위와 같은 경우 개인회생채권자는 확정된 일반 개인회생채권과 차별 없이 취급해야 하고 개인회생채권자가 주채무자로부터 변제받을 가능성이 있다는 등의 사유로 미확정 채권으로 하여 이를 처리할 수는 없으며, 신청인의 채무가 단순 보증채무인 경우라도 주채무자에 대해 먼저 청구하고 집행할 것을 항변할 수 없게 됩니다. 신청인은 '개인회생채권자목록'에 채권자를 기재하고 부속서류에 」 표시하고 4에 ○ 표시 한 후 "부속서류 4. 기타"란에 주채자의 성명, 주채무 발생원인 및 일자, 주채무금액, 주채무자와의 관계 등을 기재하면 됩니다.

● 개인회생제도를 신청할 때 자격 제한이 있는지요?

저는 주식투자 등 과도한 소비 등으로 신용카드 부채가 많아 다니던 회사를 그만두게 되었고 현재는 아르바이트를 하면서 혼자서 월세 집에서 생활하고 있습니다. 그래서 개인워크아웃을 통해 매월 30만원씩 카드대금을 갚아 나가고 있으나 월평균 수입은 겨우 80만원에 불과하여 신용회복위원회에 낼 돈을 다른 곳에서 빌려 내면서 겨우 생활을 유지하고 있어 개인회생신청을 하려고 합니다. 저와 같이 과소비로 채무가 발생하고 아르바이트를 하면서 개인워크아웃 제도를 이용하고 있는 경우에도 개인회생제도를 이용할 수 있는지요?

답변

개인회생제도는 ①파산의 원인사실이 있거나 그러한 염려가 있는 자로서 ②담보채권의 경우 10억, 무담보채권의 경우 5억원 이하의 부채를 부담하고 있는 개인채무자로서 ③정기적이고 확실한 수입을 얻을 가능성 있는 급여소득자 또는 장래 계속적으로 또는 반복하여 수입을 얻을 가능성 있는 영업소득자가 이를 신청할 수 있습니다. 그밖에 파산제도에서의 면책불허가사유가 있는 경우 또는 개인워크아웃이나 파산신청을 한 경우에도 신청할 자격이 있는지 문제됩니다.

첫째, 개인회생제도는 파산원인사실로서 지급불능 즉, 변제능력이 부족하여 변제기가 도래한 채무를 일반적·계속적으로 변제할 수 없는 객관적인 상태이거나 그러한 염려가 있는 경우 신청할 수 있습니다. 따라서 채무자의 현재의 보유재산 합계액이 총 채무액을 초과하고 있다면 그 재산을 환가하여 변제할 수 있으므로 지급불능으로 볼 수 없어 개인회생을 신청하기는 어려울 것입니다. 다만, 채무자가 더 이상 변제하지 못할 경우 지급불능은 법률상 추정되고, 지급불능의 염려가 있는 경우에도 개인회생을 신청할 수 있으므로 일반적으로 크게 문제되지는 않습니다.

둘째, 개인회생제도는 소비자로서의 일반 개인의 갱생을 도모하기 위한 제도로서 일정한 채무액의 제한이 있습니다. 즉, 유치권, 질권, 저당권, 양도담보권, 가등기담보권, 「동산·채권 등의 담보에 관한 법률」에 따른 담보권, 전세권 또는 우선특권으로 담보된 개인회생채권은 10억원, 그 이외의 무담보부 개인회생채권은 5억원 이하의 금액이어야 하며, 담보부 개인회생채권이나 무담보부 개인회생채권 중 어느 하나라도 위 금액을 초과하게 된다면 개인회생절차를 이용할 수 없게 됩니다. 개인회생채권이란 개인회생절차개시 결정 전의 원인으로 생긴 재산상의 청구권이므로, 위와 같은 채무한도의 기준이 되는 적용시점 역시 개인회생절차 개시 결정일을 기준으로 결정해야 할 것입니다.

셋째, 정기적이고 확실한 수입을 얻을 가능성 있는 급여소득자 또는 장래 계속적으로 또는 반복하여 수입을 얻을 가능성 있는 영업소득자가 개인회생제도를 이용할 수 있습니다. 개인회생제도는 채무자의 재산에 대한 강제집행, 가압류, 가처분 등을 금지시키고 안정적인 수입가능성을 확보하여 최대 5년간 채무자의 가용소득으로 개인회생채권을 변제해 나가는 제도로서 그 제도 본질상 정기적이고 계속·반복적인 수입가능성을 인정할 수 있어야 합니다. 이는 일반적으로 그 직업 자체에서나 그 동안의 근무 기간, 수입의 지속성 등을 기준으로 판단할 수 있는데, 급여소득자에는 아르바이트, 파트타임 종사자, 비정규직, 일용직 등 그 고용형태와 소득신고의 유무에 불구하고 정기적이고 확실한 수입을 얻을 가능성이 있는 모든 개인을 포함하고, 영업소득자에는 소득신고의 유무에 불구하고 수입을 장래에 계속적으로 또는 반복하여 얻을 가능성이 있는 모든 개인을 포함합니다.

넷째, 채무자가 과다한 낭비·도박 그 밖의 사행행위를 하여 현저히 재산을 감소시키거나 과대한 채무를 부담한 사실이 있는 경우와 같이 파산제도에서의 면책불허가사유가 있는 경우에도 개인회생제도를 이용할 수 있습니다. 즉 개인회생제도에서는 ①면책결정 당시까지 채무자에 의하여 악의로 개인회생채권자목록에 기재되지 아니한 개인회생채권이 있는 경우 ②채무자가 동 법에서 정한 채무자의 의무를 이행하지 아니한 경우만을 면책불허가사유로 삼을 수 있도록 규정하여, 광범위하게 면책불허가사유를 규정하고 있는 파산과 달리 낭비자 등도 개인회생제도를 이용할 수 있습니다.

다섯째, 개인워크아웃이나 파산제도를 진행하고 있는 경우에도 개인회생제도를 이용할 수 있습니다. 개인워크아웃은 신용회복위원회에서 주관하는 일종의 사적 금융조정제도로서 법률상 채무조정제도인 개인회생제도와 구별되므로 개인워크아웃 제도를 이용하더라도 개인회생을 신청하는 데 아무런 장애가 없습니다. 또한 파산을 신청하여 절차를 진행하고 있던 중 개인회생을 신청하는 경우 갱생형 제도를 우선하려는 취지에 따라 개인회생절차개시결정이 있게 되면 파산절차는 그 진행이 중지되고, 변제계획인가결정이 있은 때에는 중지한 파산절차가 실효됩니다.

귀하의 경우 위에서의 설명과 같이 주식투자 등 과도한 소비 등으로 부채가 발생하였다고 하더라도 개인회생을 신청할 수 있으며, 아르바이트를 통한 급여소득이 동종 업계에서의 근무기간, 급여의 정기성, 계속성, 반복성 등을 인정할 수 있다면 급여소득자로서 개인회생을 신청할 수 있고, 개인워크아웃 제도와 파산절차를 이용하고 있더라도 이와 상관없이 개인회생을 신청할 수 있다고 보입니다.

[관련판례]

채무자 회생 및 파산에 관한 법률 제584조, 제347조 제1항, 제406조에 의하면, 개인회생절차 개시결정이 내려진 후에는 채무자가 부인권을 행사하고, 법원은 채권자 또는 회생위원의 신청에 의하거나 직권으로 채무자에게 부인권의 행사를 명할 수 있으며, 개인회생채권자가 제기한 채권자취소소송이 개인회생절차 개시결정 당시에 계속되어 있는 때에는 그 소송절차는 수계 또는 개인회생절차의 종료에 이르기까지 중단된다. 이러한 규정 취지와 집단적 채무처리절차인 개인회생절차의 성격, 부인권의 목적 등에 비추어 보면, 개인회생절차 개시결정이 내려진 후에는 채무자가 총채권자에 대한 평등변제를 목적으로 하는 부인권을 행사하여야 하고, 개인회생채권자목록에 기재된 개인회생채권을 변제받거나 변제를 요구하는 일체의 행위를 할 수 없는 개인회생채권자가 개별적 강제집행을 전제로 하여 개개의 채권에 대한 책임재산의 보전을 목적으로 하는 채권자취소소송을 제기할 수는 없다(대법원 2010.09.09.선고2010다37141 판결).

● 개인회생절차의 신청권자는?

질문

개인회생절차의 신청은 누구나 할 수 있나요?

답변

채무가 있다고 해서 모든 채무자가 개인회생절차를 이용할 수 있는 것은 아닙니다. 채무의 발생 원인에는 제한이 없으나 파산원인 즉, 지급불능의 상태에 빠져 있거나 지급불능이 생길 염려가 있는 개인채무자만이 신청할 수 있습니다. 그래서 채권자는 신청할 수 없습니다. 그러나 외국인은 신청이 가능합니다. 개인회생절차는 개인만이 이용할 수 있는 제도이기 때문에 조합이나 주식회사, 사단법인, 재단법인 등 법인은 이용할 자격이 없습니다.

개인회생은 개인채무자가 스스로 신청할 수 있고, 도한 개인채무자만이 개인회생절차의 개시를 신청할 수 있습니다.

[관련판례]

갑이 개인회생절차 개시결정이 내려진 후 변제계획안을 제출하였는데 제1심법원이 이를 불인가하고 개인회생절차를 폐지하였고 원심은 이를 그대로 유지한 사안에서, 개인회생 신청일로부터 2년 전에 이미 주택에 대한 임대차계약의 종기가 도래하고 폐업을 하였다면 특단의 사정이 없는 한 연체 차임을 공제한 나머지 보증금은 그 무렵 갑에게 반환되었다고 봄이 경험칙에 부합하므로, 이러한 경우 원심으로서는 폐업 당시 임대차계약 보증금이 반환되었는지 여부, 반환되었다면 보증금에서 공제된 연체 차임이 있었는지 여부, 반환받은 보증금이 생활비 등에 사용되었는지 여부를 심리하

여 개인회생 신청 후에도 위 보증금이 여전히 갑의 재산인지 여부를 판단
하였어야 했다고 하여 원심결정을 파기한 사례(대법원 2010.04.19. 자
2009마2038 결정)

● 개인회생절차 신청권자는 제한이 없는지요?

질문

개인채무자라면 누구나 신청할 수 있나요? 아르바이트 종사자도 신청할 수 있나요?

답변

'급여소득자' 또는 '영업소득자'인 개인채무자만 신청할 수 있습니다. 즉, 개인채무자 중에서 장래 계속적으로 또는 반복하여 수입을 얻을 가능성이 있는 요건을 갖춘 '급여소득자' 또는 '영업소득자'만이 신청할 수 있습니다. 이러한 요건은 개인회생절차 신청 당시부터 변제계획안이 인가될 때까지 계속하여 갖추고 있어야 합니다.

여기서 '급여소득자'라 함은 급여.연금 그밖에 이와 유사한 정기적이고 확실한 수입을 얻을 가능성이 있는 개인을 말합니다. 여기에는 그 고용형태와 소득신고의 유무에 불구하고 정기적이고 확실한 수입을 얻을 가능성이 있는 모든 개인이 포함됩니다. 아르바이트, 파트타임 종사자, 비정규직, 일용직 등의 경우에도 위와 같은 가능성을 갖춘 사람은 신청자격이 있습니다.

'영업소득자'라 함은 부동산임대소득, 사업소득, 농업소득, 임업소득 그밖에 이와 유사한 수입을 장래에 계속적으로 또는 반복하여 얻을 가능성이 있는 개인을 말합니다. 여기에는 소득신고를 신고한 사람뿐만 아니라 소득미신고자도 포함됩니다.

[관련판례]

　　채무자가 세 번에 걸쳐 개인회생절차 개시신청을 하였으나 개인회생절차를 남용하여 채권자의 권리행사를 방해하였다는 등의 사유로 신청이 기각되었는데, 이후 특별한 사정변경이 없음에도 또다시 개인회생절차 개시신청을 한 것 자체로 '신청이 성실하지 아니한 때'에 해당된다는 이유로 개인회생절차 개시신청을 기각한 사안에서, 통상 개인회생채무자는 개인회생절차 개시신청 기각결정에 대한 항고로 다투기보다는 재신청을 택하는 경우가 많고 채무자 회생 및 파산에 관한 법률에 의하여 재신청이 명시적으로 금지되어 있지 않은 점, 위법은 도산절차에 있어서 채권자의 이익과 채무자의 실질적 갱생을 위하여 청산형의 파산절차보다는 갱생형의 개인회생절차를 우선에 두고 있는 점, 위 개인회생절차 개시신청에 사정변경이 있다고 볼 여지도 있는 점을 고려하면 위 개인회생절차 개시신청이 성실하지 아니한 경우에 해당한다고 단정하기 어려움에도, 채무자가 부당한 목적으로 개인회생제도를 이용하였다는 등 신청 불성실 사유가 있는지에 대하여 심리를 하지 않은 채 채무자의 과거 경력만을 문제삼아 위 개인회생절차 개시신청을 기각한 원심결정을 파기한 사례(대법원 2011.06.10. 자 2011마201 결정).

● 개인회생절차를 신청하면 꼭 개시결정이 되나요?

질문

개인회생절차개시신청을 하면 반드시 개시결정이 내려지나요?

답변

채무자에게 다음과 같은 사유가 있는 경우에는 개인회생절차개시신청이 기각될 수 있습니다. 이러한 사유가 없으면 원칙적으로 개시결정이 내려지게 됩니다.

① 채무자가 신청권자의 자격을 갖추지 아니한 때

② 채무자가 신청시에 반드시 제출하여야 할 서류를 제출하지 아니하거나, 허위로 작성하여 제출하거나 또는 법원이 정한 제출기한을 준수하지 아니한 때

③ 채무자가 절차의 비용을 납부하지 아니한 때

④ 채무자가 변제계획안의 제출기한을 준수하지 아니한 때

⑤ 채무자가 신청일 전 5년 이내에 면책(파산절차에 의한 면책을 포함)을 받은 사실이 있는 때

⑥ 개인회생절차에 의함이 채권자 일반의 이익에 적합하지 아니한 때

⑦ 그밖에 신청이 성실하지 아니하거나 상당한 이유 없이 절차를 지연시키는 때

법원은 신청일부터 1월 이내에 개인회생절차의 개시 여부를 결정하여야 합니다.

[관련판례]

　　채무자 회생 및 파산에 관한 법률 제595조 제7호가 정한 '그 밖에 신청이 성실하지 아니하거나 상당한 이유 없이 절차를 지연시키는 때'에 해당한다는 이유로 개인회생절차 개시신청을 기각하려면, 채무자에게 같은 조 제1호 내지 제5호에 준하는 절차적인 잘못이 있거나 채무자가 개인회생절차의 진행에 따른 효과만을 목적으로 하는 등 부당한 목적으로 개인회생절차 개시신청을 한 경우 또는 법원의 정당한 보정명령을 받고도 장기간 보정에 불응한 경우에 해당한다는 등의 사정이 인정되어야 한다(대법원 2013. 3. 11.자 2012마1744 결정 등 참조).

　　그리고 법원 또는 회생위원은 채무자가 제출한 자료에 보완이 필요한 경우 언제든지 채무자에게 금전의 수입과 지출 그 밖에 채무자의 재산상의 업무에 관하여 보고를 요구할 수 있고, 필요하다고 인정하는 경우에는 재산상황의 조사, 시정의 요구 그 밖의 적절한 조치를 취할 수 있으며(법 제591조), 만약 채무자가 법원의 보정 요구에 일단 응한 경우에는 그 내용이 법원의 요구사항을 충족시키지 못하였다고 하더라도 법원이 추가적인 보정 요구나 심문 등을 통하여 이를 시정할 기회를 제공하지 아니한 채 곧바로 그 신청을 기각하는 것은 허용되지 않는다(대법원 2011. 7. 25.자 2011마976 결정 등 참조).

　　채권자목록에 기재된 개인회생채권에 기하여 개인회생재단에 속하는 재산에 대하여 이미 계속중인 강제집행, 가압류 또는 가처분절차는 개인회생절차가 개시되면 일시적으로 중지되었다가, 변제계획이 인가되면 변제계획 또는 변제계획인가결정에서 다르게 정하지 아니하는 한 그 효력을 잃는다. 따라서 채권자목록에 기재된 개인회생채권에 기하여 개인회생재단에 속하는 채권에 대하여 내려진 압류 및 전부명령이 아직 확정되지 않은 상태에서, 채무자에 대하여 개인회생절차가 개시되고 이를 이유로 위 압류 및 전부명령에 대하여 즉시항고가 제기되었다면, 항고법원은 다른 이유로 압류 및 전부명령을 취소하는 경우를 제외하고는 항고에 관한 재판을 정지하였다가 변제계획이 인가된 경우 압류 및 전부명령이 효력이 발생하지 않게 되었거나 그 효력이 상실되었음을 이유로 압류 및 전부명령을 취소하고 압류 및 전부명령신청을 기각하여야 한다.

그리고 애초에 신청한 개인회생절차가 채무자의 개인회생신청 취하 등을 이유로 폐지되었다고 하더라도, 그 압류 및 전부명령에 대한 항고재판 진행 중에 채무자가 새롭게 신청한 개인회생절차가 다시 개시되었다면 변제계획이 인가시까지 그 항고재판을 정지하여야 하는 것은 마찬가지이다(대법원 2009.09.24. 자 2009마1300 결정).

● 개인회생절차의 인가결정 요건은?

질문

개인회생절차에서 인가요건은 무엇인가요?

답변

개인회생절차의 인가결정은 ① 개인회생채권자 또는 회생위원이 이의를 제기하지 않고, ② 일정 요건을 모두 충족하는 경우에 이루어집니다. 다만, 개인회생채권자 또는 회생위원이 이의를 제기하더라도 인가결정 요건 외에 다른 요건을 구비하고 있는 경우에는 인가결정이 될 수 있습니다.

◇ 이의가 없는 경우의 인가결정요건
 - 변제계획이 법률의 규정에 적합할 것
 - 변제계획이 공정하고 형평에 맞으며 수행 가능할 것
 - 변제계획인가 전에 납부되어야 할 비용·수수료 그 밖의 금액이 납부되었을 것
 - 변제계획의 인가결정일을 기준일로 평가한 개인회생채권에 대한 총변제액이 채무자가 파산하는 경우에 개인회생 채권자가 배당받을 총액보다 적지 않을 것(단, 채권자가 동의한 경우 제외)
◇ 이의가 있는 경우의 인가결정요건
 - 변제계획의 인가결정일을 기준일로 이의를 제기한 개인회생채권자에 대한 총변제액이 채무자가 파산하는

경우에 그 채　권자가 받을 배당받을 총액보다 적지
않을 것

- 채무자가 최초의 변제일부터 변제계획에서 정한 변제
  기간 동안 수령할 수 있는 가용소득의 전부가 변제계
  획에 따른 변제에 제공될 것
- 변제계획의 인가결정일을 기준일로 평가한 개인회생채
  권에 대한 총변제액이 3천만원을 초과하지 않는 범위
  안에서 다음의 금액보다 적지 않을 것
  · 변제계획의 인가결정일을 기준일로 평가한 개인회생
  채권의 총금액이 5천만원 미만인 경우 총금액에 100
  분의 5를 곱한 금액
  · 변제계획의 인가결정일을 기준일로 평가한 개인회생
  채권의 총금액이 5천만원 이상인 경우에는 위 총금액
  에 100분의 3을 곱한 금액에 1백만원을 더한 금액

● 개인회생절차의 폐지는 어떤 경우에 되는지?

질문

개인회생절차의 폐지는 어떤 경우에 되는지요?

답변

    개인회생절차의 폐지는 변제계획인가 전 폐지되는 경우와 인가 후 폐지되는 경우로 나누어 볼 수 있습니다.

    변제계획인가 전 개인회생절차의 폐지는 ① 신청이나 법원의 직권에 의한 폐지요건으로 개인회생절차의 개시결정 당시 채무자가 신청권자의 자격을 갖추지 않은 경우와 채무자가 개인회생절차 신청일 전 5년 이내에 면책(파산절차에 의한 면책 포함)을 받은 사실이 있는 경우 및 채무자가 제출한 변제계획안을 인가할 수 없는 경우 등이 있습니다.

    ② 법원의 직권에 의한 폐지요건으로는 채무자가 신청서의 첨부서류를 제출하지 않은 경우와 채무자가 신청서의 첨부서류를 허위로 작성해 제출한 경우, 채무자가 법원이 정한 신청서의 첨부서류에 대한 제출기한을 준수하지 않은 경우, 채무자가 정당한 사유 없이 개인회생채권자집회에 출석 또는 설명을 하지 않거나 허위의 설명을 한 경우 등이 있습니다. 변제계획인가 후 개인회생절차의 폐지는 신청이나 법원의 직권에 의한 폐지요건으로 면책불허가결정이 확정된 경우와 채무자가 인가된 변제계획을 이행할 수 없음이 명백한 경우(단, 변제를 완료하지 못했으나 면책신청을 할

수 있는 요건을 갖추어 면책결정을 받은 경우 제외) 및 채무자가 재산 및 소득의 은닉 그 밖의 부정한 방법으로 인가된 변제계획을 수행하지 않는 경우 등이 있습니다.

● 개시결정이 내려지면 어떤 효과가 있나요?

개인회생절차를 신청한 후 개시결정이 내려지면 채무자에게는 어떤 효과가 있나요?

답변

채무자에 대한 파산절차는 중지 또는 금지됩니다. 개인회생재단에 속하는 재산에 대한 담보권의 설정, 담보권 실행 등을 위한 경매는 중지 또는 금지됩니다. 다만 변제계획인가결정일 또는 개인회생절차 폐지결정 확정일 중 먼저 도래하는 날까지로 제한됩니다. 개인회생채권자목록에 기재된 개인회생채권에 기하여 개인회생재단에 속하는 재산에 대하여 행하는 강제집행.가압류.가처분, 체납처분 등은 중지 또는 금지됩니다. 개인회생채권자목록에 기재된 개인회생채권에 대하여 변제받거나 변제를 요구하는 일체의 행위는 금지됩니다. 그러나 개인회생재단채권이나 개인회생채권자목록에 기재되지 않은 개인회생채권은 변제가 금지되지 않으므로 유의하여야 합니다.

해설

법원은 개인회생절차개시결정을 한 때에는 지체 없이 ① 개인회생절차개시결정의 주문, ② 이의기간, ③ 개인회생채권자가 이의기간 안에 자신 또는 다른 개인회생채권자의 채권내용에 관하여 개인회생채권조사확정재판을 신청할 수 있다는 뜻, ④ 개인회생채권자집회의 기일 등의 사항을 공고하여야 합니다. 법원은 ① 채무자, ② 알고 있는 개인회생채권자에게 위의 각 사항을 기재한 서면과 개인회생채권자 목록 및 변제계획안을 송달하여야 합니다.

[관련판례 1]

채무자 회생 및 파산에 관한 법률 제584조 제1항, 제406조 제1항에 의하면, 개인회생채권자가 제기한 채권자취소소송이 개인회생절차 개시결정 당시 법원에 계속되어 있는 때에는 그 소송절차는 수계 또는 개인회생절차의 종료에 이르기까지 중단된다. 채권자취소소송의 계속 중 채무자에 대하여 개인회생절차 개시결정이 있었는데, 법원이 그 개인회생절차 개시결정사실을 알고도 채무자의 소송수계가 이루어지지 아니한 상태 그대로 소송절차를 진행하여 판결을 선고하였다면, 그 판결은 채무자의 개인회생절차 개시결정으로 소송절차를 수계할 채무자가 법률상 소송행위를 할 수 없는 상태에서 심리되어 선고된 것이므로 여기에는 마치 대리인에 의하여 적법하게 대리되지 아니하였던 경우와 마찬가지의 위법이 있다(대법원 2013.06.13. 선고 2012다33976 판결).

[관련판례 2]

채무자 회생 및 파산에 관한 법률(이하 '법'이라고 한다) 제595조 제6호 소정의 '개인회생절차에 의함이 채권자 일반의 이익에 적합하지 아니한 때'란 개인회생절차에 의하여 변제되는 채무액의 현재가치가 채무자 재산의 청산가치에 미치지 못하는 등과 같이 변제기, 변제율, 이행의 확보 등에서 개인회생절차에 의하는 것이 전체 채권자의 일반의 이익에 적합하지 아니한 것을 의미한다(대법원 2011. 7. 25.자 2011마976 결정 참조). 법 제595조 제7호 소정의 '그 밖에 신청이 성실하지 아니한 때'에 해당한다는 이유로 채무자의 개인회생절차 개시신청을 기각하려면 채무자에게 같은 조 제1호 내지 제5호에 준하는 절차적인 잘못이 있거나, 채무자가 개인회생절차의 진행에 따른 효과만을 목적으로 하는 등 부당한 목적으로 개인회생절차 개시신청을 하였다는 사정이 인정되어야 한다(대법원 2011. 6. 10.자 2011마201 결정 참조).

● 개인회생신청을 한 경우 어떤 불이익이 있는지?

질문

저는 인쇄업체를 운영하면서 거래대금을 회수하지 못하여 부채가 발생하여 얼마 전 영업소득자로서 개인회생을 신청하여 개인회생절차개시결정을 받았으며 앞으로 변제계획이 인가되면 그에 따라 변제계획을 수행할 예정입니다. 그런데 파산의 경우 가족관계등록부에 빨간 줄이 가서 평생 파산자로 낙인찍혀 금융기관도 전혀 이용할 수 없고 주소도 함부로 옮길 수 없는 등 불이익이 많다고 하는데 개인회생의 경우 이러한 불이익 없이 은행과 계속 거래하면서 인쇄업체를 운영해 갈 수 있는지요?

답변

파산절차에 있어서 파산을 선고받아 복권되지 않는 경우 공·사법상의 불이익이 있으나 채무자가 파산을 선고받고 이후 면책절차에서 면책결정을 받아 확정되면 당연 복권되어 채무자에 대한 위와 같은 불이익이 소멸하며, 특히 신원증명사항의 경우 법원 예규를 변경하여 파산이 선고되더라도 면책되지 않을 경우에만 이를 통보하도록 하여 파산을 선고받은 채무자에 대한 불이익의 소지를 줄였습니다.

따라서 가족관계등록부에 빨간 줄이 간다거나 주소도 함부로 옮길 수 없다는 말은 파산제도의 운영 실제와 다른 말이며, 특히 개인에 대한 갱생형 제도인 개인회생의 경우에는 파산에서와 같은 법률상·제도상의 불이익은 아예 존재하지 않는다고 볼 수 있습니다. 은행거래와 관련하여, 파산의 경우 전국은행연합회는 채무자의 기존 연체등록정보(구 신용불량정보)를 공공정보로 변경 등록하고(신용정보관리규약 제11조 제1항 제8호), 등록사유 발생일로부터 5년간 공공정보를 1201 코드로 관리하나, 개인회생의 경우 법원은 변제계획인가결정을 한 경우 사건번호 및 채무자 성명, 주민등록번호, 인가결정일을 전국은행연합회장에게 통보하고(개인회생사건 처리지침 제18조 제1항), 전국은행업합회는 채무자의 기존 연체등록정보(구 신용불량정보)를 공공정보로 변경 등록하고(신용정보관리규약 제11조 제1항 제7호), 변제계획에 따른 변제완료시 또는 5년이 될 때 까지 공공정보를 1301 코드로 관리하며 위 기간이 만료되면 공공정보를 해제함과 동시에 이를 삭제합니다.

특수기록정보 등록자라고 하더라도 일반적인 통장개설 등 금융기관 이용은 문제되지 않으며 최근에는 체크카드의 발급도 가능하게 되었습니다. 그러나 신용카드 발급이나 대출 등 신용거래는 개인의 신용에 대한 각 금융기관의 평가이므로 일반적으로 다시 신용이 발생하기 전까지는 그러한 신용거래는 어렵다고 볼 수 있습니다. 한편 위에서 본 바와 같이 향후 변계계획을 성실히 수행하여 면책을 받게 되면 그에 따라 특수기록정보도 삭제되게 되므로 그 이후부터는 자유로이 은행과 거래할 수 있습니다. 따라서 귀하의 경우도 사업자등록을 유지하고 인쇄업을 영위하는 것에 아무런 제한이 없으며 귀하 명의로 개설한 통장 사용도 문제되지 않을 것으로 보이며 신용상 불이익은 변제계획 수행이 완료되어 면책되면 모두 소멸하게 됩니다.

● 개인회생을 신청하면 급여에 대한 압류의 해제여부는?

질문

　저는 채무가 많아서 개인회생을 신청하고자 합니다. 그런데 현재 저의 급여에 채권가압류, 채권압류 및 추심명령이 되어 있어 급여 중 압류되지 않은 부분으로 생활하고 있으며, 회사는 매월 급여 중 일정액을 적립하여 1년마다 한번 씩 법원에 공탁하고 있습니다. 이 경우 개인회생을 신청하면 급여 압류를 해제할 수 있다고 들었는데 저는 언제, 어떻게 급여 압류를 해제할 수 있고, 회사가 보유하고 있는 적립금과 회사가 공탁하여 법원에서 아직 배당하지 않은 공탁금은 어떻게 되는지요?

답변

　　채무자 회생 및 파산에 관한 법률은 개인회생채권자의 강제집행에 따른 변제의 불공평을 방지하고 채무자가 안정적으로 변제계획을 마련하여 이를 수행하는 것을 보장하기 위해 ①개인회생절차 개시신청 단계에서부터 채무자의 재산에 대한 강제집행·가압류 또는 가처분의 중지 또는 금지를 신청할 수 있도록 하고, ②개인회생절차 개시결정이 있는 경우 위와 같은 강제집행 등이 당연히 중지 또는 금지되도록 하며, ③변제계획 인가결정이 있으면 중지된 강제집행 등이 실효됨을 규정하고 있습니다. 따라서 채무자의 급여채권에 압류 및 추심명령 등 강제집행이 있는 경우 채무자가 법원에 중지명령을 신청하면 법원은 필요하다고 인정하는 때 중지명령 결정을 할 수 있고, 동 결정 정본을 강제집행을 개시한 개인회생채권자에게 송달하여 강제집행을 중지하도록 하고 있습니다. 그러나 급여채권에 대한 압류 및 추심명령에 대한 중지명령은 개인회생채권자의 추심명령에 기한 추심권 행사를 중지시키고 이를 배당받아 집행을 종료시키는 것으로 저지할 뿐이며 압류된 급여를 채무자에게 지급하는 등 압류의 효력까지 소멸시키지는 않습니다. 따라서 급여채권 강제집행의 제3채무자인 사용자(회사)가 압류채권자를 위해 배당 또는 공탁을 위해 보관하고 있는 적립금이 중지명령에 의하여 더욱 늘어갈 뿐입니다.

위 사안과 같이 급여채권에 대한 강제집행이 있는 경우 개인회생제도에서는 ①사용자가 보관하고 있는 적립금을 어떻게 처리해야 하는지, ②급여에 대한 압류 집행을 어떻게 해제하고 적립금 또는 공탁금(법원에 공탁되어 배당되지 않았을 경우)을 어떻게 찾아야 하는지, ③최초의 변제개시일을 언제로 정해야 하는지가 문제됩니다.

첫째, 압류 적립금 처리 방법과 관련하여, 사용자가 압류채권자를 위해 공탁하고자 보관하고 있는 압류 적립금은 변제계획 인가결정에 의하여 압류의 효력이 소멸하면 원칙적으로 사용자는 이를 채무자에게 전부 지급해야 하고 따라서 압류 적립금액을 확인하여 채무자는 재산목록에 이를 기재해야 합니다. 그러나 압류 적립금은 압류 기간과 사용자의 배당 또는 공탁의 주기에 따라 경우에 따라서는 상당한 금원에 이르는 경우가 많은 관계로 이를 채무자가 변제계획 인가결정으로 모두 수령할 수 있도록 허용할 경우 처음부터 압류 적립금을 수령할 목적으로 개인회생을 신청하는 것을 배제할 수 없게 됩니다. 이러한 경우 법원은 실무상 압류 적립금을 제1회 변제기일에 일시에 투입하는 것으로 하되, 그 투입액만큼 월변제예정액을 감액하는 방식(즉, 당초 일시 투입을 전제로 하지 않았을 경우의 가용소득에 따른 총 변제예정액에서 일시투입 압류 적립금을 공제한 액수를 변제개월수-1로 나눈 금액이 월변제예정액이 됨)으로 변제계획안을 작성할 것을 요청하고 있으며, 만일 채무자가 이에 불응할 경우 개인회생절차 개시신청이 채권자 일반의 이익에 적합하지 아니한 때, 그 밖에 신청이 성실하지 아니하거나 상당한 이유 없이 절차를 지연시키는 때에 해당하여 기각될 수 있습니다. 다만, 개인회생절차 개시신청 당시 신청서에 기재한 압류 적립금과 변제계획 인가결정 당시 실제로 적립된 금액은 개인회생절차가 수개월 소요되는 점에 비추어 금액의 차이가 있을 수 있는데, 채무자는 당초 인가받은 변제계획안상 압류 적립금액을 제1회 변제기일이 일시투입하면 되고 일시투입하지 않은 압류 적립금의 차액은 그 금액이 상당하지 않는 이상 이를 보유하여도 무방할 것으로 보입니다.

둘째, 압류를 해제하여 적립금 또는 공탁금을 수령하는 방법과 관련하여, 원칙적으로 변제계획 인가결정이 선고된 경우 동 결정의 효력으로 채무자의 급여채권에 대한 압류 및 추심명령 등 강제집행은 당연히 실효되므로, 채무자는 별도의 조치 없이도, 사용자가 보관하고 있는 압류 적립금이나 사용자가 압류 채권자들에 대한 배당을 위해 공탁하여 아직 배당되지 않은 공탁금을 수령할 수 있다고 볼 수 있습니다. 그러나 사용자 입장에서는 일반적으로 압류가 해제된 근거를 제출하기 전까지는 압류 적립금을 채무자에게 지급하지 않을 것이며 이러한 압류집행의 외관을 제거하기 위해 채무자는 변제계획인가결정 정본(보통 채무자에게 송달하지 않으므로 법원에 정본 발급을 신청해야 함)과 개인회생채권자목록을 첨부하여 채권압류명령을 발한 법원에 채권 압류집행 해제신청을 할 수 있고, 해당 집행법원은 가압류 또는 압류가 실효되었다는 취지를 제3채무자에게 통지함으로써 사용자로부터 압류 적립금을 일시에 지급받을 수 있습니다.

　　그런데 급여압류로 인하여 사용자가 압류 채권자들에 대한 배당을 위해 공탁하여 아직 배당되지 않은 공탁금 또는 배당하였으나 채권자가 출급하지 않고 남아 있는 공탁금을 채무자에게 지급하는 방법은 아직 법원에서도 명확히 정리되지 않은 것으로 보입니다. 일반적으로 공탁금에 대한 배당을 실시하는 경우 배당받을 가압류 채권자가 본안소송에서 패소하는 등 채권자에 대하여 배당을 실시할 수 없게 되는 사정이 발생한 경우 법원은 배당표를 변경하여야 하고 이를 위하여 추가배당기일을 열어 해당 채권자를 제외하고 배당을 실시하고 있는데, 대체적인 실무례는 위와 같은 절차를 준용하여, 변제계획 인가결정으로 강제집행 등이 실효된 경우 집행법원은 추가배당기일을 지정하여 채무자에게 공탁금을 모두 배당하는 방식으로 공탁금을 지급하는 방식을 취하고 있습니다. 그러나 이와 같은 방법은 배당절차의 지연으로 수개월의 기간이 소요될 수 있어 공탁금을 제1회

변제기일에 일시에 투입하는 것으로 변제계획을 인가받은 채무자로서는 변제계획을 수행하지 못하는 경우가 발생할 수 있는 문제점이 있을 수 있습니다.

셋째, 최초의 변제개시일과 관련하여, 최초의 변제는 변제계획인가일로부터 1월 이내에 개시하면 족하지만, 변제계획안의 수행가능성을 소명하기 위하여 변제계획안 제출일로부터 60일 후 90일 이내에 일정한 날을 제1회로 하여 매월 일정한 날에 그 변제계획안상의 매월 변제액을 회생위원에게 임치할 뜻을 기재할 수 있고, 실무에서는 거의 대부분 동 지침과 같은 내용으로 변제계획안을 작성하여 변제계획 인가결정 이전부터 최초의 변제를 개시하고 있는 실정입니다. 그러나 급여채권에 압류 등 강제집행이 개시된 경우에는 변제계획 인가결정이 선고되기 전까지 압류의 효력이 여전히 유지되어 위 지침과 같이 변제계획 인가결정 이전부터 변제계획안을 수행하는 것은 사실상 불가능한 것으로 평가되므로 이러한 경우는 최초의 변제개시시일을 '변제계획 인가결정 이후 최초로 도래하는 변제일'로 하여 변제계획안을 작성하여 그와 같이 변제계획을 수행할 수 있습니다.

귀하의 경우, 변제계획 인가결정을 선고받으면 그 결정 정본 및 개인회생채권자목록을 첨부하여 급여채권을 압류한 집행법원에 채권압류 집행해제를 신청하여 회사로부터 압류 적립금과 향후 급여 전액을 수령할 수 있을 것으로 보이며, 법원 공탁금도 위 서류를 집행법원(최초 압류 집행을 한 법원, 민사집행법 제161조)에 제출하여 추가배당기일에서 배당을 받을 수 있을 것으로 보입니다. 따라서 귀하는 수령한 적립금 및 공탁금을 최초 변제개시일에 일시 투입하고 향후 급여 전액을 수령하여 인가된 변제계획안에 따른 변제계획을 수행하시면 될 것으로 보입니다.

● 개인회생을 신청하면 강제집행 및 담보권실행을 막을 수 있는지?

질문

저는 대기업체에 근무하고 있습니다. 그런데 중소기업체에 근무하던 남편이 사업자금 대출에 보증하거나 신용카드로 현금서비스를 받아 사업자금에 사용하게 하는 등으로 채무가 많아 발생하게 되었습니다. 그러던 중 남편이 뇌경색으로 쓰러져 병원에 입원하게 되면서 사업을 접었고 그로 인해 저는 신용카드대금 등을 갚을 수 없게 되어, 현재 저의 급여에 여러 곳의 금융기관으로부터 가압류 또는 압류 및 추심명령을 당하여 급여 중 일부만을 수령하면서 저와 자녀, 그리고 병원에 있는 남편과 힘들게 생활하고 있습니다. 이런 상황에서 얼마 전에는 제 소유 아파트의 근저당권자가 부동산임의경매를 신청하여 현재 경매절차가 진행 중에 있어 앞으로 더 이상 직장생활과 가정생활을 하기 힘든 상황에 이르게 되었습니다. 개인회생을 신청하면 이러한 강제집행 등을 모두 막을 수 있는지요? 또한 개인회생이 받아들여지면 급여는 모두 수령할 수있는지요?

답변

개인회생제도는 자연인인 개인에 대한 재건형, 갱생형 도산절차로서, 장래 정기적이고 확실한 수입을 얻을 가능성 있는 급여소득자나 장래 계속적으로 또는 반복하여 수입을 얻을 가능성 있는 영업소득자가 그 소득을 변제의 재원으로 하여 일정한 변제계획을 인가받으면, 개인회생채권자들의 개별적인 강제집행을 금지하고 안정적으로 변제계획의 수행을 하도록 하여 채권자들에게 일정 기간 변제하게 함으로써 채무자에게 재기의 기회를 주는데 그 취지가 있습니다.

따라서 채무자 회생 및 파산에 관한 법률은 ①개인회생절차 개시신청 단계에서부터 일정한 절차나 강제집행 등을 중지 또는 금지를 신청할 수 있도록 하고, ②개인회생절차 개시결정이 있는 경우 위와 같은 일정한 절차나 강제집행이 당연히 중지 또는 금지되도록 하며, ③변제계획 인가결정이 있으면 중지된 절차 등이 실효되도록 하고 있습니다.

법원은 개인회생절차 개시신청이 있는 경우 필요하다고 인정하는 때 이해관계인(채권자 또는 채무자)의 신청 또는 직권으로 개인회생절차의 개시신청에 대한 결정시까지 다음 각호의 절차 또는 행위의 중지 또는 금지를 명할 수 있습니다(같은 법 제593조 제1항). ① 채무자에 대한 회생절차 또는 파산절차, ② 개인회생채권에 기하여 채무자의 업무 및 재산에 대하여 한 강제집행·가압류 또는 가처분, ③ 채무자의 업무 및 재산에 대한 담보권의 설정 또는 담보권의 실행 등을 위한 경매, ④ 개인회생채권을 변제받거나 변제를 요구하는 일체의 행위(다만, 소송행위를 제외), ⑤국세징수법 또는 지방세기본법에 의한 체납처분, 국세징수의 예(국세 또는 지방세체납처분의 예를 포함)에 의한 체납처분 또는 조세채무담보를 위하여 제공된 물건의 처분. 이 경우 징수의 권한을 가진 자의 의견을 들어야 합니다.

법원은 중지 또는 금지명령의 신청이 있는 경우 특별한 사정이 없는 한 지체 없이 그에 관한 결정을 하여야 하고

(개인회생사건 처리지침 제4조의2), 중지 또는 금지명령을 결정한 경우 이를 각 개인회생채권자들에게(중지명령은 강제집행을 개시한 해당 개인회생채권자에게) 송달합니다.

개인회생채권자가 이러한 중지 또는 금지명령에 위반하여 강제집행을 속행하거나 개시하는 경우 채무자는 ①중지명령 정본을 집행법원에 제출하여 집행정지를 신청할 수 있고(민사집행법 제49조 제2호), ②금지명령 정본 및 송달증명원을 집행법원에 제출하여 집행처분의 취소를 신청할 수 있습니다(같은 법 제49조 제1호, 제50조 제1항). 단, 채권가압류, 유체동산가압류의 경우 가압류재판 정본이 제3채무자에게 송달되거나(채권가압류), 집행관에 의한 압류표지의 부착(유체동산가압류)으로 가압류집행은 종료되므로 이에 대하여 중지명령을 신청하더라도 중시시킬 집행절차가 존재하지 않으므로 이에 대한 중지명령신청은 기각될 수 있습니다.

개인회생절차 개시결정이 있는 때에는 위에서 설명한 중지 또는 금지명령의 대상 절차 또는 행위는 별도의 신청이 없더라도 중지 또는 금지됩니다(같은 법 제600조 제1, 2항). 이러한 중지 또는 금지 효력은, 중지된 절차 또는 행위의 경우 변제계획인가결정시까지(같은 법 제615조 제3항) 존속하고, 금지된 절차 또는 행위의 경우 개인회생절차 종료 시까지 존속합니다. 다만, 개인회생재단에 속하는 재산에 대한 담보권의 설정 또는 담보권의 실행 등을 위한 경매는 변제계획의 인가결정일 또는 개인회생절차 폐지결정의 확정일 중 먼저 도래하는 날까지 중지 또는 금지됩니다(같은 법 제600조 제2항).

변제계획인가결정이 있으면 개인회생절차 개시결정에 의하여 중지한 회생절차 및 파산절차와 개인회생채권에 기한 강제집행·가압류 또는 가처분은 실효됩니다(같은 법 제615조 제3항). 실효된 절차의 외관을 제거하기 위해서는 ① 변제계획인가결정 정본(보통 채무자에게 송달하지 않으므로 법원에 정본 발급을 신청해야 함)과 ②개인회생채권자목록을 첨부하여 집행법원(부동산 또는 채권 강제집행의 경우) 또는 집행관(유체동산 강제집행의 경우)에 집행해제를 신청할 수 있습니다. 그러나 ①담보권 실행을 위한 경매는 변제계획 인가결정으로 실효되는 것이 아니라 중지 또는 금지되었던 절차가 속행될 수 있고(같은 법 제600조 제2항), ② 「국세징수법」또는 「지방세기본법」에 의한 체납처분, 국세징수의 예(국세 또는 지방세 체납처분의 예를 포함한다. 이하 같다)에 의한 체납처분 또는 조세채무담보를 위하여 제공된 물건의 처분도 변제계획 인가결정으로 실효되지 않습니다.

귀하의 경우 개인회생절차 개시신청과 동시에 중지명령을 신청함으로써 급여에의 압류 및 추심명령과 부동산임의 경매를 중지시킬 수 있고, 다른 재산에 대해서는 금지명령을 신청함으로써 개인회생채권자들의 강제집행을 일반적으로 금지시킬 수 있습니다. 이후 개인회생절차개시결정이 있으면 중지 또는 금지의 효력은 여전히 유지되고 변제계획인가결정이 있으면 중지된 급여채권 압류 및 추심명령은 당연히 실효되어 향후 급여 전부를 수령할 수 있고 기존에 지급받지 못한 급여 중 사용자가 공탁하기 위해 보관하고 있는 적립금이나 아직 채권자에게 배당하지 않은 공탁금도 이를 수령하거나 회수할 수 있습니다. 그러나 이러한 경우 적립금 또는 공탁금을 모두 제1회 변제기일에 투입하는 것으로 변제계획안을 작성해야 합니다. 귀하의 부동산에 대한 근저당권자에 의한 임의경매는 변제계획인가결정이 되면 다시 속행하게 되고 근저당권자는 개인회생절차에 의하지 않고 채권의 만족을 얻을 수 있으므로 경매를 막으려면 근저당채무를 변제하거나 합의하는 등 개인회생절차와 별도로 해결해야 할 것으로 보입니다.

[관련판례]

　　채권자목록에 기재된 개인회생채권에 기하여 개인회생재단에 속하는 재산에 대하여 이미 계속중인 강제집행·가압류 또는 가처분절차는 개인회생절차가 개시되면 일시적으로 중지되었다가, 변제계획이 인가되면 변제계획 또는 변제계획인가결정에서 다르게 정하지 아니하는 한 그 효력을 잃는다. 따라서 채권자목록에 기재된 개인회생채권에 기하여 개인회생재단에 속하는 채권에 대하여 내려진 전부명령이 확정되지 아니하여 아직 효력이 없는 상태에서, 채무자에 대하여 개인회생절차가 개시되고 이를 이유로 위 전부명령에 대하여 즉시항고가 제기되었다면, 항고법원은 다른 이유로 전부명령을 취소하는 경우를 제외하고는 항고에 관한 재판을 정지하였다가 변제계획이 인가된 경우 전부명령의 효력이 발생하지 않게 되었음을 이유로 전부명령을 취소하고 전부명령신청을 기각하여야 한다(대법원 2008.01.31.자2007마1679 결정).

● 개인회생신청 시 부채액의 한도는 얼마인가요?

질문

저는 소규모 영업을 하고 있습니다. 그런데 사업이 쉽지 않아 많은 부채를 지게 되어 이번에 개인회생절차를 신청하려 합니다. 신청할 수 있는 부채액의 한도는 얼마인가요?

답변

개인회생절차는 대규모 사업을 영위하는 사업자를 대상으로 하는 것이 아니라 소규모 영업소득자나 급여소득자인 개인채무자를 대상으로 하여 갱생을 도모하는 절차입니다.

따라서 부채액에 한도가 있는데, 다음과 같이 두 가지 경우로 나누어 볼 수 있습니다.

첫째, 유치권, 질권, 저당권, 양도담보권, 가등기담보권, 전세권 또는 우선특권으로 담보된 개인회생채권(담보부채권)은 10억 원까지입니다.

둘째, 위와 같은 담보가 설정되지 않은 일반 개인회생채권(무담보채권)은 5억 원까지입니다.

담보부채무와 무담보채무는 별개로 산정하므로, 가령 담보부채무 8억 원, 무담보채무 4억 원 합계 12억 원이 있는 채무자 A는 개인회생절차를 신청할 수 있지만, 담보부채무는 없고 무담보채무 6억 원이 있는 채무자 B는 신청할 수 없습니다.

● 개인회생신청 시 주택임차보증금채무는 어떻게 되는지?

질문

　저는 중소기업에 근무하고 있는데, 절친한 친구가 하는 사업에 은행에 대출을 받아 투자했으나 투자금 회수가 되지 않아 현재 은행 대출금 원리금을 신용카드로 갚으면서 생활하고 있습니다. 저에게는 아파트가 있는데 은행 대출 원리금 상환과 생활비를 마련하기 위해 그 아파트에 전세보증금 5천만 원에 세입자를 들이고 저는 가족과 함께 월세를 살고 있으며 해당 아파트의 현재 시가는 약 1억 5천만 원입니다. 이러한 경우 제가 개인회생을 신청할 경우 세입자의 전세보증금은 어떻게 처리되는지요?

답변

　　주택임대차보호법은 사회·경제적 약자인 주택임차인의 주거생활의 안정을 보장하기 위해 임차인이 임차권등기를 하지 않은 경우에도 임차인이 주택의 인도와 주민등록을 마친 때에는 그 다음날부터 제3자(보통 임차주택 양수인)에 대하여 임대차관계를 주장할 수 있고(대항력의 인정), 이러한 대항력 요건에 더하여 임대차계약서상에 확정일자를 갖춘 경우 민사집행법에 의한 경매 또는 국세징수법에 의한 공매시 대지를 포함한 임차주택의 환가대금에서 후순위권리자 기타 채권자보다 우선하여 보증금을 변제받을 수 있는 우선변제권을 인정하고 있습니다.

　　또한 보증금이 각 지역에 따른 일정액 이하인 주택임차

인은 주택에 대한 경매개시결정등기 전 위 대항력의 요건을 구비한 경우 그 보증금 중 일정액을 다른 담보물권자보다 우선하여 변제받을 수 있도록 하고 있습니다.

채무자 회생 및 파산에 관한 법률도 파산재단 또는 개인회생재단에 속하는 대지를 포함한 주택의 환가대금에서 위와 같은 우선변제권을 인정하고 있고, 다만 주택임대차보호법 제8조의 규정에 의한 임차인은 파산신청일 또는 개인회생신청일까지 주택임대차보호법 제3조 제1항의 규정에 의한 대항요건을 갖추어야 합니다(채무자 회생 및 파산에 관한 법률 제415조 및 제586조).

위와 같이 우선변제권이 있는 주택임차인은 파산재단이나 개인회생재단에 속하는 재산상에 설정되어 있는 유치권, 질권, 저당권 또는 전세권자로서 별제권자에는 해당하지 않으나 별제권자와 같이 우선변제권을 가지고 있으므로 별제권자에 준하여 개인회생을 신청해야 합니다.

일반적으로 임대차보증금은 임차인의 차임연체, 손해배상채무 발생 등 의무불이행을 담보하는 것이고 임대차기간 만료 후 임차목적물 반환의무는 임대차보증금의 반환과 동시이행의 관계에 있으므로 임대차목적물을 반환받을 때까지 반환해야 할 임대차보증금 액수는 확정되지 않으므로, 개인회생신청인은 이를 변제계획안 작성 시 이를 미확정채권으로 취급하여 임대차목적물을 반환받기 전까지는 그 변제를 유보해야 할 것입니다. 이와 같이 개인회생절차에서 주택임대차보증금반환채권은 미확정채권으로 취급되는 바, ①우선변제권이 있는 경우 주택임차인이 주택의 경매를 통해서 배당을 받거나 해당 주택을 제3자에게 양도하여 제3자가 주택임차보증금반환채무를 면책적으로 인수한 경우 이외에는 확정되지 않으며, ②우선변제권이 없는 경우라도 주택임차인이 임대차기간 만료 후 임의적으로 임차 주택을 임대인에게 임의로 명도해 주지 않는 이상 주택임대차보증금반환채권은 미확정인 상태로 남아있게 됩니다. 특히 우선변제권이 있는 임대차보증금반환채권자라고 하더라도 해석상 근저당권과 같은 경매신청권은 없으며, 주택임차인이 위 채권에 대하여 판결 등 집행권원을 취득한 경우라도 개인회생절차 개시결정 이후에는 개인회생재단에 속하는 신청인 소유 주택에 대한 강제집행이 금지되고, 변제계획 인가결정 이후에는 개인회생채권은 변제계획에 의해서만 변제받을 수 있으므로, 부동산강제경매도 사실상 불가능합니다.

따라서 임대인이 개인회생을 신청하는 경우 법에 의하여 우선변제권이 있는 주택임차인은 다른 근저당권자나 개인회생채권자 아닌 채권자의 강제집행에 따른 경매절차에서 배당을 받을 수 있을 뿐이어서 변제기간 만료 전까지는 주택임대차보증금을 반환받기 어렵습니다. 귀하의 주택임차인이 주택을 인도받아 전입신고를 하고 주택임대차계약서상에 확정일자를 받았다면 해당 주택임대차보증금반환채권은 별제권부채권에 준하는 채권으로서 앞에서와 같이 개인회생채권자목록에 해당 임차인의 성명을 기재하고 채권현재액(원금)에는 임대차보증금 5천만 원을 기재합니다. 또한 부속서류에 예상 변제액은 금 4천 9백만 원(담보물 시가의 70%와 보증금 중 적은 액수), 예정부족액은 금 100만원(임대차보증금에서 예상변제액을 공제한 금액)을 기재하고 이러한 내용을 변제계획안에 그대로 기재하며, 변제예정액표에는 미확정채권액(원금)란에 금 100만원을 기재합니다. 만일 주택임차인이 확정일자를 받지 못하였다면 해당 주택임대차보증금반환채권은 우선변제권이 없으므로 앞에서 제시한 별제권에 준하는 채권의 방법으로 처리할 수 없고(따라서 개인회생채권자목록에 채권자로 이를 기재하나 부속서류에 별제권에 준하는 채권으로 이를 표시하지 않습니다) 이를 일반의 미확정채권으로 하여 변제예정액표에 보증금 5천만원을 전부 미확정채권으로 기재합니다.

해설

　　위와 같은 경우 구체적으로 '개인회생채권자목록' 작성에 있어 주택임차인 및 그 주택임대차보증금 현재액을 채권자 및 채권현재액(원금)란에 기재하고(법원양식 : '개인회생채권자목록' 참조), '부속서류'에 」표시를 하며 1란에 ○표시를 합니다. '부속서류 : 1. 별제권부채권 및 이에 준하는 채권의 내역' 중 '별제권행사 등으로 변제가 예상되는 채권액(예상변제액)'란에는, 담보물의 가치를 가급적 낮게 평가함으로써 예정부족액을 높게 산정하고 개인회생절차의 수행의 안정성을 기하고자 하는 법원의 실무례에 따라, 담보물을 시가의 70%로 산정한 금액과 주택임대차보증금 액수를 비교하여 적은 금액을 기재하고, '별제권행사 등으로 변제받을 수 없을 채권(예정부족액)'은 주택임대차보증금에서 위 예상변제액을 공제한 액수를 기재합니다. 또한 '별제권 등의 내용 및 목적물'란에는 ①주택임대차보증금의 취지 ②임대차계약일자 및 기간 ③전입신고일자 ④확정일자 ⑤임대차 목적물의 표시 및 환가예상액(시가) 등을 기재합니다(법원양식 : '개인회생채권자목록' 중 '부속서류 1. 별제권부채권 및 이에 준하는 채권의 내역' 참조).

● 개인회생제도 이용 시 근저당권은 어떻게 처리되는지?

질문

저는 회사원입니다. 그런데 친구에게 빌려 준 돈을 받지 못하여 은행 및 카드대금 회사에 채무가 발생하여 이를 갚지 못하고 있습니다. 현재 제 명의로 시가 약 9천만 원 되는 빌라를 소유하고 있는데 매입할 당시 자금이 부족하여 은행으로부터 근저당권 채권최고액 금 7천만 원을 설정하여 금 5천만 원을 대출받고 얼마 전까지 그 대출금 이자를 납입하다가 지금은 연체하여 현재 이자가 3백만 원이나 됩니다. 이에 근저당권자인 은행이 부동산임의경매를 신청하여 현재 경매절차가 진행 중인데 이러한 경우에도 개인회생제도를 이용할 수 있는지요? 이용할 수 있다면 근저당권은 어떻게 처리되는지, 부동산은 제가 계속 보유할 수 있는지요?

답변

개인회생제도에 있어서 위와 같은 근저당권을 별제권이라고 하며, 별제권을 이해하기 위해서는 우선 파산재단과 개인회생재단의 개념을 알아야 합니다. 파산절차상 파산재단이란 채무자가 파산선고 당시 가진 모든 재산에서 압류금지재산 및 면제재산결정을 받은 재산을 제외한 재산(채무자 회생 및 파산에 관한 법률 제382조, 제383조)을 말하며, 개인회생재단이란 개인회생절차개시결정 당시 채무자가 가진 모든 재산과 개인회생절차진행 중에 채무자가 취득한 재산 및 소득으로서 압류금지재산 및 면제재산결정재산을 제외한

재산을 말합니다. 위 파산재단에 속하는 재산상에 설정되어
있는 유치권, 질권, 저당권 또는 전세권을 별제권이라고 하
고, 파산절차상의 별제권 규정들은 제4편. 개인회생절차에
준용되므로, 개인회생절차를 신청한 채무자의 개인회생재단
에 속하는 재산상에 유치권, 질권, 저당권, 전세권을 개인회
생제도에 있어서 별제권이라고 합니다.

　　개인회생제도에 있어서 별제권자는 개인회생절차에 의
하지 아니하고 별제권을 행사할 수 있고, 그 별제권의 행사
(담보권의 실행)에 의하여 변제받을 수 없는 채권액(이하 예
정부족액이라고 함)에 관하여만 개인회생채권자로서 그 권
리를 행사할 수 있습니다. 따라서 별제권자는 대출금 만기
도래, 대출금 이자 연체 등 담보권 실행 사유가 발생한 경
우 개인회생절차와 무관하게 부동산임의경매를 신청하여 경
매절차에서 우선 배당받아 갈 수 있고, 예정부족액이 발생
한 경우에는 이에 대하여 개인회생채권자로서 변제계획의
내용에 따라 다른 개인회생채권자들과 같이 안분하여 변제
받을 수 있습니다. 다만, 채무자는 개인회생절차개시신청과
동시에 이미 진행되고 있는 담보권실행경매의 중지를 신청
할 수 있고, 개인회생절차 개시결정이 선고되면 담보권실행
경매는 변제계획 인가결정일 또는 개인회생절차 폐지결정의
확정일 중 먼저 도래하는 날까지 중지되어(같은 법 제600
조 제2항), 개인회생절차 내에서는 임시적으로 경매를 중지
시킬 수는 있습니다.

　　그러나 변제계획 인가결정일 이후에는 별제권자는 담보
권실행경매를 속행할 수 있어 결과적으로 채무자는 별제권

자와 개별적으로 분할 변제 등을 합의하여 경매를 취하시키지 못하는 이상 담보권실행경매를 막을 방법은 없습니다. 위와 달리 별제권자가 변제계획 인가결정이 있을 때까지 별제권자가 담보권을 실행하지 않을 경우 채무자로서는 예정부족액 즉, 별제권자가 별제권의 행사로도 변제받을 수 없을 채권액을 확정할 수 없어 일응의 예정부족액을 산정하여 이를 변제계획안에 미확정채권으로 하여 변제계획 인가결정을 받고 향후 별제권의 행사로 인하여 예정부족액이 확정되는 경우 이를 확정채권으로 하여 변제계획을 수행해야 합니다. 이에 따라 법원이 마련한 개인회생양식(간이양식 아님) 중 '개인회생채권자목록' 및 '변제계획안 제출서'에는 '별제권 행사 등으로 변제가 예상되는 채권액'(이하 예상변제액이라고 함)과 '별제권 행사 등으로도 변제받을 수 없을 채권액'(예정부족액)을 기재하도록 구성되어 있습니다.

귀하의 경우, 귀하 명의 빌라에 이미 진행 중인 담보권실행경매는 개인회생절차개시신청과 동시에 중지명령을 신청하여 이를 중지시킬 수 있으며, 개인회생 양식 중 개인회생채권자목록에 별제권자를 은행으로 하여 예상변제액은 금 6,300만원, 예정부족액은 금 700만원을 기재하고 변제계획안에는 예정부족액 금 700만원을 미확정채권으로 하여 개인회생을 신청할 수 있을 것으로 보입니다. 다만, 위에서 설명한 바와 같이 변제계획 인가결정일 이후에는 별제권자가 담보권실행경매를 속행할 수 있게 되므로, 귀하가 별제권자와 합의하여 별도로 이를 취하시키고 앞으로 계속 갚아나갈 별다른 방법이 없는 경우에는 귀하 소유 빌라가 경매

처분되는 것을 막을 방법이 없습니다. 이러한 경우 실무상으로 법원은 담보권실행경매로 배당표가 작성된 이후에 개인회생을 신청하도록 권유하고 있는 실정입니다.

해설

　　현재 법원 실무에 의하면 담보물의 가치를 가급적 낮게 평가함으로써 예정부족액을 높게 산정하여 개인회생절차의 수행의 안정성을 기하고자 담보물을 시가의 약 70%로 산정하여 이를 기준으로 예정부족액을 산정하고 있습니다. 다만, 재산목록 상 부동산의 금액 기재에 있어서는, 채권자들에 대한 최소한의 이익 보호 관점에서 채무자의 재산 가액을 저평가할 수는 없으므로 위 예정부족액 산정과 같이 담보물을 시가의 70%로 산정하지 아니하고 해당 담보물 시가 자체에서 근저당권 채권현재액(채권현재액이 채권최고액을 초과하는 경우 채권최고액)을 공제한 금액을 금액란에 기재합니다. 구체적으로, 예상변제액 산정 방법은 채권최고액과 담보물 시가의 70%에 해당하는 금액을 비교하여 적은 금액으로 하고, 예정부족액 산정방법은 채권최고액과 채권현재액(원리금 합계액) 중 큰 금액에서 위 예상변제액을 공제한 금액으로 이를 산정합니다. 채권최고액을 산정 기준으로 삼은 이유는 예정부족액이 확정되지 않은 상황에서 근저당권자는 채권최고액을 한도로 하여 채무자와 거래할 수 있으므로 향후 확정될 예정부족액을 넉넉히 산정하기 위한 것입니다.

● 개인회생신청 시 미지급 임금이나 조세의 처리는?

질문

저는 가구공장을 운영하던 중 매출 부진과 거래업체 미수대금을 회수하지 못하여 공장 문을 닫고 폐업신고를 하였습니다. 폐업 당시 다른 거래업체와 은행에 약 5천만 원 정도의 채무가 있었고 근로자들의 임금 5백만 원 정도와 부가가치세 2백만 원 정도를 내지 못하였습니다. 현재 저는 그 전 거래업체의 도움으로 공장에서 월급을 받으며 생활하고 있습니다. 개인회생을 신청할 경우 본인이 부담하고 있는 위 임금과 세금은 일정액을 변제하면 나머지 금액을 면제받을 수 있는지요?

답변

임금이란 "사용자가 근로의 대가로 근로자에게 임금, 봉급 그 밖에 어떠한 명칭으로든지 지급하는 일체의 금품"을 말하며, 임금채권의 배당에 있어서 일반 채권에 우선하는 효력을 인정하고, 일정한 임금 체불에 대해서는 이를 형사사건으로 하여 처벌하는 등 근로자의 생활보장을 위해 임금채권에 대해 우선적인 배려를 하고 있습니다.

또한 채무자 회생 및 파산에 관한 법률에서도 근로자의 임금채권에 대하여 파산재단채권 또는 개인회생재단채권으로 규정하고, 이를 면책 받을 수 없는 채권으로 규정하여 특별한 배려를 하고 있습니다.

개인회생재단채권은 개인회생절차에 의하지 아니하고 수

시로 변제하며, 개인회생채권보다 먼저(우선하여) 변제해야 하고(수시·우선 변제의 원칙), 변제계획의 내용에는 개인회생재단채권 전액의 변제에 관한 사항을 필수적으로 기재하여야 합니다. 채무자가 개인회생을 신청하여 위와 같은 내용으로 변제계획 인가결정을 받았다고 하더라도 이미 발생한 임금 등 개인회생재단채권의 변제를 게을리 할 경우 채권자는 채무자의 급여채권이나 영업재산 등에 강제집행을 할 수 있고 이로 인하여 채무자의 변제계획 수행은 불가능하여 개인회생절차가 폐지될 수 있습니다. 따라서 임금채권 등 개인회생재단채권금액이 상당하여 인가된 변제계획의 내용 이외에 별도로 재단채권을 변제할 방법이 없거나 임금채권자와 합의하지 않는 이상 개인회생절차가 폐지될 우려가 많아 이러한 사항을 고려하여 신중하게 개인회생을 신청해야 할 것입니다. 조세채권의 경우에도 체납처분으로 채무자의 재산을 환가하여 우선적으로 변제받을 수 있으므로 채무자 회생 및 파산에 관한 법률에서도 그 채권의 성격을 고려하여 우선적으로 변제될 수 있도록 하고 있습니다. 또한 면책결정이 확정된다 하더라도 파산의 경우 조세채권을 비면책채권으로 규정하고 있고, 개인회생의 경우 개인회생재단채권에 속하는 조세 등의 채권을 비면책채권으로 규정하고 있습니다.

　개인회생절차에 있어서 ①개인회생절차개시 당시 납부기한이 도래하지 않은 원천징수하는 조세, 부가가치세·특별소비세·주세 및 교통, 에너지, 환경세 등 법 제583조 제1항 제2호 각 목에서 규정하고 있는 조세는 개인회생재단채권으로 하여 개인회생절차에 의하지 않고 수시로 다른 개인회생채권보다 우선하여 변제해야 하도록 하고, ②이미 납부기한이 도래한 것으로서 「국세징수법」또는 국세징수의 예에 의하여 징수할 수 있는 청구권은 이를 '일반의 우선권 있는 개인회생채권'으로 규정하여, 일반의 개인회생채권과 달리 변제계획에 그 전액의 변제에 관한 사항이 정해져야 합니다. 구체적으로, '일반의 우선권 있는 개인회생채권'이란 국세징수법또는 국세징수의 예에 의하여 징수할 수 있는 청구권으로서 그 징수우선순위가 일반 개인회생채권보다 우선하는 것으로서 개인회생절차개시결정 전 납부기한이 도래한 것에 한정되는 채권을 말합니다. 이에는 국세징수법의 체납처분에 따라 징수할 수 있는 국세, 지방세 등 지방자치단체 징수금, 관세 및 가산금, 건강보험료, 산업재해보상보험료, 국민연금보험료를 예로 들 수 있습니다. 그러나 단순히 국세나 지방세의 체납처분의 예에 따라 징수할 수 있다고 규정한 질서위반행위규제법상의 과태료 등은 체납처분 절차에 따라 징수할 수 있음을 규정한 것일 뿐 징수순위가 일반 채권자보다 우선하는 것으로 볼 수 없으므로 이를 일반의 우선권 있는 개인회생채권으로 볼 수는 없습니다. 일반의 우선권 있는 개인회생채권은 수시·우선변제의 원칙이 적용되는 개인회생재단채권과 달리 기본적으로는 개인회생채권으로서 개인회생절차의 변제계획에 의해서만 변제받을 수 있으므로 그 구체적인 변제에 관한 사항을 신청서에 기재해야 합니다.

귀하의 경우 근로자들의 임금채권에 대해서는 앞에서 설명한 바와 같이 개인회생절차에 의하지 않고 수시로 다른 개인회생채권보다 먼저(우선하여) 변제해야 하고 변제계획의 내용에는 개인회생재단채권 전액의 변제에 관한 사항을 필수적으로 기재하여야 합니다. 귀하의 근로자들에 대한 임금지급의무는 이미 변제기가 도래한 것으로 보여 임금채권자들이 별도로 변제기를 연장해 주거나 분할상환에 대하여 합의해 주지 않는다면 귀하는 위 임금 500만원을 일시에 변제해야 할 것으로 보이며, 만일 그렇지 못할 경우 임금채권자들이 귀하의 급여채권에 강제집행을 하는 등으로 인하여 변제계획 수행이 불가능하게 되어 개인회생절차가 폐지될 우려가 있으므로 우선 임금채권자들의 협조를 얻어야 개인회생을 수월히 진행할 수 있으며, 임금채권은 비면책채권이므로 개인회생제도를 통하여 임금채권의 변제의무를 면할 수는 없습니다. 또한 부가가치세의 경우 이미 납부기한이 도래한 국세이므로 이는 일반의 우선권 있는 개인회생채권으로 취급되어 그 전액의 변제에 관한 사항을 변제계획에 기재해야 하고 앞의 설명과 같은 변제예정액표를 작성해야 합니다. 다만, 실무에 있어서는 일반의 개인회생채권자의 이익을 위하여 일반의 우선권 있는 개인회생채권의 변제를 1년 이상 허용하지 않는 경향이 있고(법에는 최저변제액 이상을 변제하는 경우라면 일반의 우선권 있는 개인회생채권의 변제기간을 제한하고 있지 않음), 그에 따라 개인회생위원이 일반의 우선권 있는 개인회생채권을 일부 변제하고 변제계획안을 다시 작성하라고 권고하는 경우가 많으니 참고하시기 바랍니다.

해설

　　개인회생재단채권이란 ①개인회생절차의 수행에 필요한 비용을 지출하기 위하여 인정된 채무자에 대한 청구권으로서 개인회생절차개시 후 원인에 기하여 생긴 채권 또는 ②형평의 관념이나 사회정책적인 이유로 법이 인정한 청구권으로서 개인회생절차개시 전의 원인으로 생긴 채권을 말하며, 같은 법 제583조 제1항은 ①회생위원의 보수 및 비용청구권 ② 「국세징수법」또는 「지방세기본법」에 의하여 징수할 수 있는 원천징수 조세 등으로서 납부기한이 도래하지 아니한 것 ③채무자의 근로자의 임금·퇴직금 및 재해보상금 등을 개인회생재단채권으로 정하고 있습니다.

　　개인회생채권자목록 작성에 있어서 채권번호는 다른 일반개인회생채권보다 우선적으로 번호를 부여하고, 채권자명칭은 그 당사자 또는 부과관청을 기재하며(예를 들어 국세의 경우 '대한민국(삼성세무서)', 지방세의 경우 '서초구' 등으로 기재함), 채권현재액(원금)란에는 연체료를 합산한 체납금액 총액을 기재하고(통상 연체료도 체납처분의 절차에 따라 우선 징수할 수 있으므로) 채권현재액(이자)란은 별도로 기재 하지 않습니다(법원양식 : '개인회생채권자목록' 참조).

　　변제계획 작성에 있어서도 '4. 일반의 우선권 있는 개인회생채권에 대한 변제'란에 채권자목록에 기재한 내용을 기재하고(법원양식 : '변제계획안 제출서' 참조), '개인회생채권 변제예정액표 2. 채권자별 변제예정액 산정내역'에는 일반의 우선권 있는 개인회생채권만을 다른 개인회생채권보다 우선하여 먼저 변제하는 방식(수개월 동안 가용소득의 전부를 일반의 우선권 있는 개인회생채권에 우선적으로 변제하고, 그 이후 변제기간은 일반의 개인회생채권을 안분변제하는 방식)으로 변제예정액표를 작성합니다(법원양식 : '개인회생채권 변제예정액 표 참조). 이러한 경우 변제예정액표는 ①일반의 우선권 있는 개인회생채권을 변제하는 기간의 표, ②일반의 우선권 있는 개인회생채권과 일반의 개인회생채권을 중복하여 변제하는 달의 표, ③일반의 개인회생채권을 변제기간까지 변제하는 표, ④총변제예정액 표 4가지로 구성될 수 있습니다. 귀하의 경우 근로자들의 임금채권에 대해서는 앞에서 설명한 바와 같이 개인회생절차에 의하지 않고 수시로 다른 개인회생채권보다 먼저(우선하여) 변제해야 하고 변제계획의 내용에는 개인회생 재단채권 전액의 변제에 관한 사항을 필수적으로 기재하여야 합니다.

● 개인회생 신청할 때 현 재산을 보유할 수 있는 범위는?

질문

　저는 회사원으로서 배우자, 중학생 아들과 함께 살면서 매월 228만원의 급여소득으로 생계를 유지하고 있는데, 부친의 암 투병 치료로 인하여 채무가 증대되어 현재의 소득으로는 더 갚을 방법이 없어 개인회생을 신청하고자 합니다. 제가 보유하고 있는 재산은 서울에 소재하고 있는 다세대 주택임대차보증금 2천만 원과 예상 퇴직금 1천 5백만 원, 연금보험 해약 반환금 5백만 원이 있으며 현재 채무액은 원금 5천 5백만 원, 이자 1천 2백만 원입니다. 개인회생을 신청할 경우 위와 같은 재산을 모두 보유 할 수 있는지요?

답변

　　개인회생제도는 개인에 대한 갱생형 도산절차로서 개인회생채권자는 청산형 도산절차인 파산절차에 있어서의 파산채권자보다 최소한 불리한 지위에 있을 수는 없습니다. 이와 관련하여, 채권자가 파산절차에서 배당받을 수 있는 가치를 '청산가치'라고 하고, 개인회생절차에서 최소한 청산가치 이상의 변제를 보장해 주어야 한다는 원칙을 '청산가치 보장의 원칙'이라고 하는데, 채무자 회생 및 파산에 관한 법률은 동 원칙을 변제계획 인가요건으로 규정하고 있습니다. 구체적으로는, 변제계획을 통해 채권자들에게 변제할 총 가용소득이 채무자가 개인회생절차개시결정 당시 보유한 재산 합계액을 상회하는지 여부로 청산가치가 보장되었는지를 판단하는데, 개인회생의 경우 일반적으로 매월 일정한 가용소득을 통해 5년의 변제기간 동안 변제를 하게 되므로 채무자가 변제하는 총 가용소득을 현재가치로 환산하여 그 금액이 채무자 재산 합계액 이상이 되어야 청산가치를 보장한다고 할 수 있습니다.

귀하의 경우, 월평균 소득 228만원에서 3인 가구 생계비 금 204만원(보건복지부 공표 2015년 3인 가구 최저생계비 금 1,359,688원의 약 1.5배, 구체적 산정방법은 생계비 산정 사례 32번 참조)을 공제한 24만원을 가용소득으로 하여 60개월간 변제하는 내용으로 우선 변제계획안을 작성한다면, 총 가용소득의 현재가치가 금 12,874,392원{24만원×(3+50.6433)}에 불과하여 귀하의 재산 합계액(청산가치) 금4,000만원에 미치지 못해 이를 상회하도록 가용소득을 늘리거나 재산처분을 통한 변제계획안을 작성해야 합니다. 다만, 귀하의 재산 중 ①예상퇴직금 1,500만원의 1/2은 압류금지채권(민사집행법 제246조 제1항 제5호)으로서 파산재단을 구성하지 않으므로 750만원은 청산가치에서 공제되어야 하고, ②주택임대차보증금 2,000만원과 보험 해약반환금 500만원은 면제재산결정신청의 대상이 되므로 귀하가 주택임대차보증금 2000만원(서울의 경우)과 보험 해약반환금 500만원 전액을 대상으로 면제재산결정신청을 하여 면제재산결정을 받는다면 해당 금액은 파산재단을 구성하지 않으므로 청산가치에서 공제될 수 있습니다. 결국 귀하의 청산가치는 750만원(4,000만원-750만원-2,000만원-500만원)으로 평가될 수 있고 변제액의 현재가치 금 12,874,392원이 청산가치를 상회하고 있으므로, 매월 24만원을 가용소득으로 하여 60개월간 변제계획을 수행하는 내용의 변제계획안은 청산가치 보장의 원칙을 준수한 것으로서, 위와 같이 면제재산결정을 받을 수 있다면 특별한 사정이 없는 한 변제계획 인가결정을 받을 수 있을 것으로 보이며, 결론적으로는 귀하가 보유하고 있는 재산을 처분하지 아니하고도 변제계획을 인가받아 이를 수행할 수 있다고 보입니다.

해설

실무적으로는 현재가치 환산 방법으로 라이프니츠식 현가 산정방식을 적용하는데 이러한 방식은 공제되는 중간이자가 복리로 계산되어 채권자들에게 유리합니다. 예를 들어 매월 20만원의 가용소득으로 60개월간 변제하는 내용으로 변제계획안을 작성하는 경우 명목상의 총 변제금은 금 1,200만원이나 라이프니츠식 현가 산정방식을 통해 산정한 총 변제금의 현재가치는 금 10,728,660원{20만원×(3+50.6433)}('3'을 더하는 이유는 변제계획인가결정 전 일반적으로 미리 적립할 것으로 예상되는 개월 수이므로 할인하지 않은 것이며, '50.6433'은 나머지 57개월에 대한 라이프니츠 계수를 의미함)이 되므로, 이러한 현재가치가 채무자가 개인회생절차 개시결정 당시 보유한 재산 합계액 이상인 경우에만 청산가치가 보장된다고 할 수 있습니다. 청산가치란 채무자가 파산하는 경우 채권자들에게 배당할 가치를 의미함은 앞에서 설명 하였는데, 이러한 가치는 결국 파산재단, 즉 채무자가 파산선고 당시 모든 재산(「채무자 회생 및 파산에 관한 법률」제382조 제1항)의 환가액을 의미한다고 할 수 있습니다. 그러나 같은 법 제383조는 ①민사집행법 등에서 압류할 수 없는 것으로 규정된 재산(압류 금지 재산) 및 ②면제재산결정을 받은 재산은 파산재단에 속하지 아니한다고 규정하고 있어 이에 해당하는 재산액은 청산가치에서 공제될 수 있도록 하였습니다. 특히 파산절차에서의 면제재산제도는 「채무자 회생 및 파산에 관한 법률」에서 신설된 제도로서 과거「개인채무자회생법」의 면제재산제도를 실효성 있게 하는데 큰 의의가 있습니다.

　　그런데 2010. 7. 23. 시행된 개정「민사집행법」제246조는「주택임대차보호법」제8조, 같은 법 시행령의 규정에 따라 우선변제 받을 수 있는 금액을 압류금지채권으로 규정하고 있습니다. 위 두 가지 면제재산에 대한 「주택임대차보호법」에 의한 임대차보증금은 당연히 파산재단에서 제외되어 별도의 면제재산 신청을 할 필요가 없다고 할 것입니다. 면제재산결정을 받기 위해서는 채무자는 개인회생절차개시신청과 동시에 또는 개인회생절차개시결정일로부터 14일 이내에 면제재산목록 및 소명에 필요한 자료를 첨부한 서면으로 면제재산결정신청을 해야 하고 법원은 개인회생절차개시결정 전에 면제재산결정신청이 있는 경우에는 개인회생절차개시결정과 동시에, 개인회생절차개시결정 우에 동 신청이 있는 경우 신청일로부터 14일 이내 면제여부 및 그 범위를 결정해야 합니다(같은 법 제580조 제3항, 제383조 제3항 및 제4항).

　　개인회생 신청서 법원 양식 중 '재산목록' 하단에는 면제재산결정 신청금액과 그 내용을 기재하게 되어 있는 바, 채무자로서는 면제재산결정 여부와 관계없이 우선 면제재산결정 신청 금액을 기재하고 청산가치는 동 신청금액을 공제한 금액으로 기재한 후, 그 청산가치를 기준으로 총 변제금의 현재가치가 청산가치를 상회하도록 변제계획안을 작성해야 합니다. 그러나 채무자의 당초 신청내용과 다르게 면제재산 결정이 선고된 경우 재산목록을 수정하여 제출해야 하고 그로 인하여 청산가치 보장의 원칙을 충족시키지 못하게 될 경우 앞에서 언급한 바와 같이 이를 충족할 수 있도록 변제계획안을 작성하여 제출해야 합니다.

● 급여채권에 압류 및 전부명령이 확정된 경우 개인회생신청 가능 여부는?

질문

저는 공기업 직원으로 부동산 투자를 하다가 손해를 입어 은행 대출금과 신용카드, 사채를 사용하여 채무가 많아 발생하였습니다. 그래서 현재는 급여에 1순위로 채권압류 및 전부명령이 들어와 있습니다. 그 이후 여러 건의 채권가압류, 채권압류 및 추심명령이 들어왔으나 최초의 전부명령이 우선한다고 하여 그 전부채권자에게 본인 급여의 일정 부분이 지급되고 있는 실정입니다. 개인회생을 신청 하려고 알아보았는데 급여에 전부명령이 들어온 경우 다른 강제집행과 달라서 개인회생이 소용없다고 하는 사람도 있고 법이 바뀌어서 급여에 전부명령이 들어와도 개인회생을 신청할 수 있다는 사람도 있는데 이런 경우 개인회생을 신청할 수 있나요?

답변

전부명령이란 채무자가 제3채무자에 대하여 가지는 압류한 금전채권을 집행채권과 집행비용청구권의 변제에 갈음하여 압류채권자에게 이전시키는 채권 강제집행의 한 방법으로서, 이러한 전부명령으로 압류채권자는 만족을 얻게 되며 다른 채권자의 배당가입이 허용되지 않고 압류채권자가 우선적 변제를 받을 수 있다는 점에서 공탁사유 또는 추심의 신고를 할 때까지 다른 채권자의 배당가입이 허용되는 추심명령과 구별됩니다. 개인회생제도에 있어서 채무자의 변제의 재원인 급여에 전부명령이 결정되어 확정된 경우 그 압류 및 전부된 급여채권은 전부채권자에게 확정적으로 이전되어 원칙적으로 채무자는 개인회생을 신청하더라도 압류 및 전부되지 않은 나머지 급여만으로 개인회생을 신청해야 하므로 급여채권에 전부명령이 들어온 채무자는 사실상 개인회생제도를 이용하는 것이 불가능하였습니다.

그러나 「채무자 회생 및 파산에 관한 법률」은 채무자의 급여채권에 대한 전부명령의 효력을 제한하여 개인회생절차 개시결정 전에 확정된 전부명령은 변제계획 인가결정 후에 제공한 노무로 인한 부분에 대하여는 그 효력이 상실되고, 변제계획인가결정으로 인하여 전부채권자가 변제받지 못하게 되는 채권액은 이를 개인회생채권으로 한다고 규정하여, 급여채권에 전부명령이 확정된 경우에도 개인회생제도를 이용할 수 있는 길을 열어놓았습니다.

이러한 경우 채무자는 급여채권에 대한 전부명령이 실효될 것을 전제로 전부채권자를 개인회생채권자로 하여 채권자목록에 기재하되, '채권현재액'은 확정된 전부명령상의 금액에서 전부채권자가 채무자의 사용자로부터 전부금 명목으로 지급받은 금액을 공제한 잔여 금액을 기재하며(급여채권에 대한 전부명령은 장래의 급여채권이 이미 전부채권자에게 이전된 것이므로 매월 전부금의 수령을 집행채권의 원리금 변제충당으로 해석할 수 없고 집행채권상의 원리금의 구별은 사라진 것으로 볼 수 있어 잔여 금액을 모두 원금에 기재하는 것이 타당해 보임), '부속서류'란에 '√'를 표시하고 그 아래 3번 란에 '○'를 표시한 후, 부속서류 3. 전부명령의 내역 양식에 채

권번호, 채권자명칭, 채권의 내용, 전부명령의 내역으로서 ①
전부명령을 내린 법원 ②당사자, ③사건명 및 사건번호, ④전
부명령의 대상이 되는 채권의 범위, ⑤제3채무자에 대한 송달
일, ⑥전부명령의 확정여부를 전부명령결정문을 참조하여 이를
기재하고, 전부명령 결정문 사본 및 사용자가 작성한 전부금
지급내역서를 소명자료로 제출합니다.

　　또한 전부명령이 있은 사실에 관하여는 위 개인회생채
권자목록 이외에 ①수입 및 지출에 관한 목록 중 Ⅰ. 현재
의 수입목록 내용 중에 급여에 압류, 가압류 등 유무란과
(법원양식 : '수입 및 지출에 관한 목록' 참조), ②진술서
Ⅲ. 부채상황 1. 채권자로부터 소송·지급명령·전부명령·압류·
가압류 등을 받은 경험 유무란(법원양식 : '진술서' 참조)에
각각 이를 추가적으로 기재해야 합니다. 그리고 변제계획안
의 작성에 있어서는 전부명령이 장래 실효될 것을 전제로
이를 '미확정채권'으로 취급하여 '7. 미확정 개인회생채권에
대한 조치'란에 해당 있음으로 」표시하고, '8. 변제금원의
회생위원에 대한 임치 및 지급'란에 7.항을 표시하며, '개인
회생채권 변제예정액 표 2. 채권자별 변제예정액의 산정내
역'의 표에 전부채권자의 명칭을 기재하되 개인회생채권액
은 채권자목록에 기재한 금액을 미확정채권(원금)란에 기재
합니다. 향후 변제계획 인가결정이 선고되면, 전부명령은
변제계획 인가결정 이후 제공한 노무로 인한 부분에 대하여
는 그 효력이 상실되어 미확정채권으로 취급되던 전부채권
자의 채권금액은 확정될 수 있으므로, ①채무자가 사용자로
부터 변제계획 인가결정일까지 근로한 대가 상당의 임금을

일할 계산한 확인서 및 이를 전부채권자에게 지급했다는 금융자료 등을 법원에 제출하거나 ②전부채권자 스스로 변제계획 인가결정까지의 노무로 인한 임금 중 압류 전부금을 수령한 내역을 확인할 수 있는 금융자료를 제출하여 미확정채권을 확정채권으로 변경할 수 있습니다.

　　따라서 귀하의 경우에도 이미 귀하의 급여에 채권압류 및 전부명령결정이 선고되어 확정되었더라도 개인회생을 신청할 경우 「채무자 회생 및 파산에 관한 법률」 제616조에 따라 전부명령의 효력이 제한되고 전부채권자도 개인회생채권자로 취급되므로 다른 요건을 충족하여 변제계획 인가결정을 받으면 그 이후에는 급여 전액을 수령하여 변제계획을 수행할 수 있을 것으로 보입니다.

해설

　　채권자목록에 기재된 개인회생채권에 기하여 개인회생재단에 속하는 재산에 대하여 이미 계속 중인 강제집행, 가압류 또는 가처분절차는 개인회생절차가 개시되면 일시적으로 중지되었다가, 변제계획이 인가되면 변제계획 또는 변제계획인가결정에서 다르게 정하지 아니하는 한 그 효력을 잃습니다. 따라서 채권자목록에 기재된 개인회생채권에 기하여 개인회생재단에 속하는 채권에 대하여 내려진 압류 및 전부명령이 아직 확정되지 않은 상태에서 채무자에 대하여 개인회생절차가 개시되고 이를 이유로 압류 및 전부명령에 대하여 즉시항고가 제기되었다면, 항고법원은 다른 이유로 압류 및 전부명령을 취소하는 경우를 제외하고는 항고에 관한 재판을 정지하였다가 변제계획이 인가되는 경우 압류 및 전부명령이 효력이 발생하지 않게 되었거나 그 효력이 상실되었음을 이유로 압류 및 전부명령을 취소하고 압류 및 전부명령신청을 기각하여야 합니다(대법원 2008.1. 31.자 2007마1679 결정, 대법원 2010. 12. 13. 자 2010마428 결정 등 참조).

● 개인회생을 신청하면 언제 연체정보등록에서 해제되는지?

질문

저는 얼마 전에 법원에 개인회생절차를 신청하였습니다. 그런데 아직까지 금융권에 연체정보가 등록이 되어 있는데 이 등록은 언제 해제되나요?

답변

개인회생절차에서 변제계획안에 대한 인가결정을 받으면 연체정보등록에서 해제됩니다. 법원이 인가결정을 전국은행연합회에 통지하면 전국은행연합회에서 연체정보등록을 해제해주도록 되어 있습니다.

개인회생절차의 개시신청으로부터 변제계획안의 인가결정시까지는 6개월 정도가 소요될 것으로 예상되므로 통상은 개시신청 후 약 6개월이면 연체정보등록에서 해제될 수 있습니다.

해설

법원은 개인회생채권자 또는 회생위원이 이의를 진술하지 아니하고 다음 각호의 요건이 모두 충족된 때에는 변제계획인가결정을 하여야 합니다. 다만, 변제계획안 수정명령에 불응한 경우에는 예외로 합니다.

① 변제계획이 법률의 규정에 적합할 것

② 변제계획이 공정하고 형평에 맞으며 수행가능 할 것

③ 변제계획인가 전에 납부되어야 할 비용·수수료 그 밖의 금액이 납부되었을 것

④ 변제계획의 인가결정일을 기준일로 하여 평가한 개인회생채권에 대한 총변제액이 채무자가 파산하는 때에 배당받을 총액보다 적지 아니할 것. 그러나 채권자가 동의한 경우에는 예외입니다.

● 개인회생사건은 어느 법원에 신청하는가?

저는 부천시에 거주하고 있습니다. 개인회생사건은 어느 법원에 신청서를 제출해야 하는가요?

개인회생사건은 원칙적으로 채무자의 주소지를 관할하는 '지방법원 본원'에 제출하여야 합니다. 예를 들면, 부천시에 거주하고 있는 채무자는 인천지방법원 부천지원에 신청서를 제출해서는 안 되고 인천지방법원에 제출하여야 합니다.

다만, 서울은 그 주소지 관할법원이 서울동부지방법원, 서울서부지방법원, 서울남부지방법원, 서울북부지방법원이라 하더라도 서울중앙지방법원에 신청서를 제출하여야 합니다.

개인회생절차의 관할은 전속관할이기 때문에 임의로 법원을 선택하여 신청서를 제출할 수 없지만, 다음과 같은 예외가 있습니다. 두 사람의 채무가 서로 밀접하게 관련되어 있는 주채무자와 보증인 사이, 채무자 및 그와 함께 동일한 채무를 부담하는 사람 사이, 부부 사이인 경우에는 한 사람에 대한 파산사건 또는 개인회생사건을 처리하고 있는 '지방법원 본원'에 다른 사람도 개인회생절차를 신청할 수 있습니다.

● 개인회생절차개시 비용을 미납하면 받게 되는 불이익은?

질문

개인회생절차개시 신청을 하고 비용을 납부하지 아니하면 어떤 불이익을 받게 되나요?

답변

정해진 비용을 납부하지 않으면 법원은 개인회생절차개시신청을 기각할 수 있습니다. 또한 변제계획 인가 전에 납부되어야 할 비용, 수수료 그 밖의 금액이 납부되어야만 변제계획을 인가받을 수 있으므로 변제계획 인가 전에 이를 납부하지 않은 경우에는 개인회생절차가 폐지됩니다.

해설

법원은 다음 각호의 어느 하나에 해당하는 때에는 개인회생절차개시의 신청을 기각할 수 있습니다.

① 채무자가 신청권자의 자격을 갖추지 아니한 때

② 채무자가 제589조제2항 각호의 어느 하나에 해당하는 서류를 제출하지 아니하거나, 허위로 작성하여 제출하거나 또는 법원이 정한 제출기한을 준수하지 아니한 때

③ 채무자가 절차의 비용을 납부하지 아니한 때

④ 채무자가 변제계획안의 제출기한을 준수하지 아니한 때

⑤ 채무자가 신청일 전 5년 이내에 면책(파산절차에 의한 면책을 포함한다)을 받은 사실이 있는 때

⑥ 개인회생절차에 의함이 채권자 일반의 이익에 적합하지 아니한 때

⑦ 그 밖에 신청이 성실하지 아니하거나 상당한 이유 없이 절차를 지연시키는 때

● 개인회생절차개시 신청할 때 필요한 서류는?

질문

저는 이번에 개인회생절차개시 신청을 하려고 합니다. 필요한 서류에는 어떤 것들이 있나요?

답변

다음과 같은 서류를 구비하여야 합니다.

① 개인회생절차개시신청서 : 반드시 채무자의 연락 가능한 전화번호(집, 직장 및 휴대전화)를 표시하여야 합니다.

② 개인회생채권자목록 : 채권자의 성명 및 주소와 채권의 원인 및 금액이 기재된 것을 말합니다. 채무자는 개인회생절차 개시신청 후 회생위원과의 면담을 통하여 개인회생채권자목록의 잘못된 부분과 누락된 부분을 수정하는 등으로 최종적인 개인회생채권자목록을 작성한 후 그 원본과 채권자수에 2통을 더한 부본을 회생위원이 지정한 날까지 법원에 제출하여야 합니다.

③ 재산목록 : 재산가액을 증명하기 위한 자료, 예를 들면, 재산목록에 예.적금을 기재한 경우에는 그 통장사본, 부동산을 기재한 경우에는 그 소유 부동산의 등기부등본과 재산세과세증명서 등 시가증명자료, 자동차를 기재한 경우에는 자동차등록원부등본과 시가증명자료를 첨부하여야 합니다. 경우에 따라서는 감정평가가 필요할 수도 있습니다.

④ 채무자의 수입 및 지출에 관한 목록 : 수입목록, 지출목록, 변제계획 수행시의 예상 지출목록, 가족관계 등을 기재하여야 합니다.

⑤ 신청일 전 10년 이내에 화의사건.파산사건 또는 개인회생사건을 신청한 사실이 있는 때에는 그 관련서류,

⑥ 급여소득자 또는 영업소득자임을 소명하는 자료 : - 최근 1년 동안 직장의 변동이 없는 경우에는 1년간의 자료를 제출하고, 직장 변동이 있는 경우에는 직장변동 후의 기간만 제출하면 됩니다. - 급여소득자의 경우 : 근로소득세 원천징수영수증 사본 1통, 또는 소득증명서 1통- 영업소득자의 경우 : 사업자등록증 1통 [사업자등록이 있는 경우에만 제출], 종합소득세 확정신고서 사본 1통, 또는 사업자 소득금액증명원 1통, 또는 소득진술서 1통 및 확인서 2통,

⑦ 진술서,

⑧ 그밖에 대법원규칙이 정하는 서류 : 주민등록등본, 호적등본, 미납세액이 없음을 증명하는 자료 또는 미납세액을 확인받은 자료, 생계비 결정을 위한 자료, 채무자가 사적 채무조정을 시도한 적이 있는 경우에는 이를 확인할 수 있는 자료 등, ⑨ 변제계획안 : 변제계획안은 개인회생절차개시신청을 한 날로부터 14일 이내에 제출하면 됩니다. 다만, 절차의 신속한 진행을 위해서는 개인회생절차개시신청과 동시에 변제계획안을 제출하는 것이 바람직합니다. 채무자가 개인회생절차개시신청과 동시에 변제계획안을 제출하지 않은 경우에는 회생위원은 그 채

무자에게 변제계획안 양식을 교부하고 기본적인 작성요령을 안내하는 방법으로 채무자가 스스로 변제계획안을 작성할 수 있도록 하게 됩니다.채무자는 회생위원과의 면담을 통하여 변제계획안의 잘못된 부분과 누락된 부분을 수정하는 등으로 최종적인 변제계획안을 작성한 후 그 원본과 채권자수에 1통을 더한 부분을 회생위원이 지정한 날까지 법원에 제출하여야 합니다.

● 개인회생채권자목록을 작성할 때 주의할 사항은?

질문

저는 개인회생 신청서를 제출하려고 합니다. 그런데 첨부서류 중 개인회생채권자목록 작성이 가장 어렵고 중요하다고 하는데 사실인가요?

답변

개인회생채권자목록은 채무액 상한요건의 판단, 변제계획의 작성시 근거자료가 되므로 누락되어서는 안 되는 중요한 서류입니다. 법률적으로는 개인회생채권자목록의 제출로 시효중단의 효력이 생기고, 개인회생채권자목록에 기재된 채권은 면제를 제외하고는 변제계획에 의해서만 소멸시킬 수 있으며, 개인회생절차개시로 인하여 개별적 집행이 중지되는 채권은 개인회생채권자목록에 기재된 채권에 한정됩니다.

개인회생채권자목록에는 채권의 원인.내용, 채권의 현재액이 어떻게 산정되었는지를 상세하게 기재합니다. 산정근거를 기재할 때에는 잔여 원금과 이자 등으로 크게 구분하고, 이자 등의 계산에 있어서 산정 대상 원금, 이자율이 변경되는 경우에는 원금, 이자율이 달라지는 기간별로 나누어 계산한 근거를 기재합니다. 다만 변제계획안이 원금만을 변제하는 것으로 작성된 경우에는 채권현재액의 이자 산정은 월 미만은 버리는 등으로 간이하게 산정하여도 무방합니다.

채권의 액수 및 내용은 가능한 한 정확하게 기재하여야

하며, 이를 위하여 채무자는 신청에 앞서 채권자들과 미리 접촉하여 채권에 관한 확인 자료를 받아 첨부할 필요가 있습니다. 특히 금융기관이 채권자인 경우에는 원금과 이자가 구분되어 있는 부채확인서를 금융기관으로부터 발급받아 첨부하는 것이 바람직합니다. 만약 부채확인서를 발급받기 어려운 경우에는 채권자에게 부채내역에 관한 자료송부청구서[전산양식 A5518]를 발송하고 그 사본을 신청서에 첨부하시면 됩니다. 그 후 채권자로부터 자료송부서[전산양식 A5519]가 도착하면 그 사본을 법원에 제출하고 필요한 경우 개인회생채권자목록을 수정하여 다시 제출하여야 합니다.

담보부 개인회생채권, 일반의 우선권 있는 개인회생채권, 후순위 개인회생채권이 존재하는 경우에는 추가적인 채권자목록을 기재하여 제출하여야 합니다. 채무자가 담보부 개인회생채권, 일반의 우선권 있는 개인회생채권, 후순위 개인회생채권이 무엇인지 알기 어려운 경우에는 일단 개인회생채권자목록간이양식 [전산양식 A5424-1] 을 작성, 첨부하여 개인채무자회생절차를 신청한 다음에 회생위원의 안내에 따라 추가로 채권자목록을 작성하여 제출할 수 있습니다.

가장 유의하여야 할 사항은 누락되는 채권이 있어서는 안 된다는 점입니다. 누락된 개인회생채권이 있는 경우 해당 채권자는 개인회생절차의 제약을 전혀 받지 않고 강제집행 등 권리 행사를 할 수 있고, 누락된 채권은 면책의 대상이 되지 않으며, 채무자가 고의로 채권을 누락한 경우 나중에 면책불허가결정이 내려질 수 있습니다.

특히 채무자의 채무를 보증한 보증인은 장래에 채무자

에 대하여 구상권을 가질 수 있으므로 구상채권자로서 반드시 기재하여야 합니다.

해설

채무자 회생 및 파산에 관한 법률 제600조 제1항 제3호 본문, 제603조, 제604조의 내용과 집단적 채무처리절차인 개인회생절차의 성격, 개인회생채권조사확정재판 제도의 취지 등에 비추어 보면, 제600조 제1항 제3호 단서가 개인회생절차개시의 결정에 따라 중지 또는 금지되는 행위에서 소송행위를 제외하고 있다고 하여도 이는 개인회생절차개시의 결정 당시 개인회생채권자목록에 기재된 개인회생채권에 관한 소가 이미 제기되어 있는 경우에는 그에 관한 소송행위를 할 수 있다는 취지로 보아야 하고, 개인회생절차개시의 결정이 내려진 후에 새로이 개인회생채권자목록에 기재된 개인회생채권에 기하여 이행의 소를 제기하는 것은 허용되지 아니합니다.

채무자 회생 및 파산에 관한 법률 제32조 제3호, 제589조 제2항은 개인회생채권자목록의 제출에 대하여 시효중단의 효력이 있다고 규정하고 있고 그에 따른 시효중단의 효력은 특별한 사정이 없는 한 개인회생절차가 진행되는 동안에는 그대로 유지되므로, 개인회생채권자목록에 기재된 개인회생채권에 대하여는 소멸시효의 중단을 위한 소송행위를 허용하는 예외를 인정할 필요가 있다고 할 수도 없습니다. 이러한 법리는 개인회생채권자목록에 기재된 개인회생채권에 관하여 개인 회생절차개시의 결정 전에 이미 확정판결이 있는 경우에도 마찬가지로 적용됩니다.

● 개인회생절차를 신청하면 추심행위를 막을 수 있는지?

질문

채권자의 추심(推尋)이 너무 심해 사회생활을 할 수 없을 정도입니다. 개인회생절차를 신청하면 이런 추심행위를 막을 수 있나요?

답변

가능합니다. 개인회생절차의 개시신청 시 채권자의 추심행위를 금지시키기 위한 금지명령 신청을 함께 하면 됩니다.

◇ 금지명령

법원은 필요하다고 인정하는 경우 이해관계인의 신청에 의하거나 직권으로 개인회생절차의 개시신청에 대한 결정시까지 개인회생채권을 이유로 진행 중인 절차 또는 행위의 중지 또는 금지를 명할 수 있습니다. 법원은 금지명령의 신청이 있는 경우에는 특별한 사정이 없는 한 지체없이 이에 대해 결정을 해야 합니다.

◇ 중지명령

법원은 중지명령의 신청이 있는 경우에는 특별한 사정이 없는 한 지체 없이 이에 대해 결정을 해야 합니다. 법원이 중지명령 결정을 내리면 중지명령 신청서에 기재된 채권자의 압류 및 추심명령절차 또는 유체동산 압류절차는 중지됩니다.

● 부채확인서를 발급받기 어려운 경우는?

질문

저는 개인회생채권자목록을 작성하려고 하는데, 채권자로부터 부채확인서를 발급받기 어렵습니다. 이런 경우에는 어떻게 하여야 하나요?

답변

법원에 채권자목록을 제출하는 경우에는 채권의 액수 및 내용을 가능한 한 정확하게 기재하여야 하며, 이를 위하여 채무자는 신청에 앞서 채권자들과 미리 접촉하여 채권에 관한 확인 자료를 받아 첨부할 필요가 있습니다.

특히 금융기관이 채권자인 경우에는 원금과 이자가 구분되어 있는 부채확인서를 금융기관으로부터 발급받아 첨부하는 것이 바람직합니다.

만약 부채확인서를 발급받기 어려운 경우에는 채권자에게 부채내역에 관한 자료송부청구서[전산양식 A5518]를 발송하고 그 사본을 신청서에 첨부하시면 됩니다. 그 후 채권자로부터 자료송부서[전산양식 A5519]가 도착하면 그 사본을 법원에 제출하고 필요한 경우 개인회생채권자목록을 수정하여 다시 제출하여야 합니다.

해설

채무자는 개인회생절차개시 결정이 있을 때까지 개인회생채권자목록에 기재된 사항을 수정할 수 있습니다. 채무자는 그가 책임을 질 수 없는 사유로 개인회생채권자목록에 누락(누락)하거나 잘못 기재한 사항을 발견한 경우에는 개인회생절차개시결정 후라도 법원의 허가를 받아 개인회생채권자목록에 기재된 사항을 수정할 수 있습니다. 다만, 변제계획인가결정이 있은 경우에는 수정할 수 없습니다.

채무자가 법원에 개인회생채권자목록의 수정허가를 신청하는 경우 지체 없이 법원에 수정사항을 반영한 변제계획안을 제출하여야 합니다. 채무자가 수정사항을 반영한 변제계획안을 제출하지 아니하는 경우 법원은 개인회생채권자목록의 수정을 허가하지 않을 수 있습니다.

법원은 개인회생채권자목록에 기재된 사항이 수정된 경우에는 그 수정된 사항에 관한 이의기간을 정하여 공고하고, 채무자 및 법원이 알고 있는 개인회생채권자에게 이의기간이 기재된 서면과 수정된 개인 회생채권자목록을 송달하여야 합니다. 다만, 수정으로 불리한 영향을 받는 개인회생채권자가 없는 경우 또는 불리한 영향을 받는 개인회생 채권자의 의사에 반하지 아니한다고 볼 만한 정당한 이유가 있는 경우에는 공고나 송달을 하지 아니할 수 있습니다.

● 개인회생신청 시 재산처분을 통한 변제도 해야 하는지?

질문

저는 사업실패로 인하여 현재 원금 금 6,000만원, 이자 금 1,700만 원 정도의 채무가 있습니다. 지금은 화물운송업을 하면서 월평균 180만원의 소득을 올리고 있습니다. 그런데 저는 아버지로부터 상속 받은 시골의 땅이 있는데 그 땅의 시가는 약 2,500만 원에 달하고, 그 이외에 1.5톤 화물차량이 제 앞으로 되어 있고, 그 시가는 약 1,000만원 됩니다. 저와 같은 경우에도 개인회생을 신청할 수 있는지요? 가능하다면 어떤 방식으로 신청서를 작성해야 하는지요?

답변

개인회생제도는 채무자가 적법한 변제계획을 수립하여 법원으로부터 인가를 받으면 채권자들에 의한 개별적 강제집행의 위험에서 벗어날 수 있도록 하고 채무자가 변제계획을 성실히 수행하여 완료할 경우 잔존 채무를 면책시켜주는 갱생형 도산절차입니다. 따라서 개인회생절차에서는 최소한 파산절차에서 배당받을 수 있는 청산가치 이상의 변제를 보장해 주어야 한다는 원칙을 가지고 있으며, 「채무자 회생 및 파산에 관한 법률」은 동 원칙을 변제계획 인가요건으로 규정하고 있습니다(같은 법 제614조 제1항 제4호 및 제2항 제1호). 구체적으로는, 변제계획을 통해 채권자들에게 변제할 총 가용소득이 채무자가 개인회생절차개시결정 당시 보유한 재산 합계액을 상회하는지 여부로 청산가치가 보장되었는지를 판단하는데, 개인회생의 경우 일반적으로 매월 일정한 가용소득을 통해 5년의 변제기간 동안 변제를 하게 되므로 채무자가 변제하는 총 가용소득을 현재가치로 환산하여 그 금액이 채무자 재산 합계액 이상이 되어야 청산가치를 보장한다고 할 수 있습니다.

　귀하의 경우 월평균 소득 180만원에서 2인 가구 생계비 금 158만원(보건복지부 공표 2015년 2인 가구 최저생계비 금 1,051,048원의 약 1.5배, 구체적 산정방법은 생계비 산정 사례 32번 참조)을 공제한 22만원을 가용소득으로 하여 60개월간 변제하는 내용으로 우선 변제계획안을 작성한다면, 총 가용소득의 현재가치가 금 11,801,526원{22만원×(3+50.6433)}에 불과하여 귀하의 재산 합계액(청산가치) 3,500만원에 미치지 못해 이를 상회하도록 가용소득을 늘리거나 재산처분을 통한 변제계획안을 작성해야 합니다. 재산처분을 통한 변제계획안을 작성하는 경우 ①영업소득을 기본 재산인 화물자동차를 처분대상재산으로 삼을 수 는 없으므로 상속받은 부동산을 처분대상재산으로 하되, ②변제투입예정액은 변제기한을 1년으로 할 경우 금10,631,855원{(35,000,000-26,821,650)×130%},2년으로 할 경우 금 12,267,525원{(35,000,000-26,821,650)×150%}으로 하여 변제계획안을 작성해야 합니다. 그런데, 처분대상재산 및 변제기한 등을 기재하는 것은 자금조달의 수단으로써 예시되는 것에 불과한 것이므로 변제계획에서 처분하기로 정한 재산이 아닌 다른 재산을 처분하였거나, 심지어 친족 등으

로부터 금원을 융통하여 변제자금을 마련한다고 하더라도,
변제계획에서 정한 시기에 정한 금액을 변제에 투입하기만
한다면 결과적으로 문제될 것은 없습니다.

해설

　　실무적으로는 현재가치 환산 방법으로 라이프니츠식 현가 산정방식
을 적용하는데 이러한 방식은 공제되는 중간이자가 복리로 계산되어 채
권자들에게 유리합니다. 예를 들어 매월 20만원의 가용소득으로 60개월
간 변제하는 내용으로 변제계획안을 작성하는 경우 명목상의 총 변제금
은 금 1,200만원이나 라이프니츠식 현가 산정방식을 통해 산정한 총 변
제금의 현재가치는 금 10,728,660원{20만원×(3+50.6433)}('3'을 더하는
이유는 변제계획인가결정 전 일반적으로 미리 적립할 것으로 예상되는
개월 수이므로 할인하지 않은 것이며, '50.6433'은 나머지 57개월에 대
한 라이프니츠 계수를 의미함)이 되므로, 이러한 현재가치가 채무자가 개
인회생절차 개시결정 당시 보유한 재산 합계액에 미달하는 경우 청산가
치 보장의 원칙을 준수한 것으로 볼 수 없습니다. 이와 같은 경우 청산
가치를 보장하기 위해서는 ①생계비를 줄여서 가용 소득을 청산가치가
보장될 수 있을 정도로 늘리는 방법 ②가용소득 이외에 보유재산도 처분
하는 것으로 변제계획안을 작성하는 방법이 있을 수 있습니다. ①의 방
법의 경우 청산가치를 만족시키기 위해서는 생계비를 상당히 감액해야
하는데 법원에서 인정한 긴축된 생계비를 다시 줄이기는 쉽지 않은 것이
일반적이므로 보통 재산처분을 통한 변제계획안을 작성하여 청산가치를
만족시키고 있습니다. 구체적으로 청산가치를 보장하기 위하여 재산을
처분하는 내용으로 변제계획안을 작성하는 경우, 어떤 재산을 처분하고
얼마를 변제하는 것으로 작성하는지 문제될 수 있습니다. ①처분대상 재
산은 채무자가 선택할 수 있으나 일정한 기간 내에 처분할 것으로 변제
계획안을 작성해야 하므로 처분하기 쉬운 재산이어야 하고 청산가치를
만족시킬 수 있을 정도로 가치 있는 재산이어야 합니다. ②재산처분을
통한 변제액은 청산가치를 만족시킬 수 있는 금액이어야 하는 바, 구체

적으로는 "채무자 재산 합계액(청산가치)과 총 가용소득의 현재가치와의 차액"이 청산가치를 만족시키지 못하는 금액이므로 동 금액 이상을 변제에 투입하는 것으로 변제계획안을 작성해야 합니다. 그러나 채무자에게 변제계획 인가 결정과 동시에 재산을 처분하여 그 차액을 즉시 변제할 것을 기대하기는 어려우므로, 실무상 변제계획인가결정일로부터 1년 또는 2년의 변제기한을 주어서 그 기간 내에 변제하도록 하는 변제계획안을 작성하도록 하고 있습니다. 이러한 경우에도 가용소득을 통한 변제와 마찬가지로 재산처분을 통한 변제투입예정액의 현재가치를 산정하여 청산 가치를 보장했는지 여부를 판단해야 하는 복잡한 문제가 발생하므로, 서울중앙지방법원 파산부 실무에서는 일률적으로 "청산가치와 총 가용소득의 현재가치의 차액"에 ①변제기한이 1년 이내인 경우에는 130%, ② 변제기한이 2년 이내인 경우에는 150%의 곱한 금액을 재산 처분을 통한 변제투입예정액으로 정할 수 있도록 하여 청산가치 보장 원칙을 준수하도록 하고 있습니다.

[관련판례]

개인회생절차가 이미 개시된 경우 개인회생채권에 관하여는 개인회생채권조사확정재판을 통하여 채권 확정을 받을 수 있도록 절차가 마련되어 있을 뿐 아니라, 개인회생채권자표에 기재된 채권은 확정판결과 동일한 효력이 있고, 개인회생절차가 계속되는 경우에는 그 절차에 따라 변제를 받을 수 있으며, 개인회생절차가 폐지되더라도 개인회생채권자표에 기하여 강제집행을 할 수 있도록 되어 있다. 그러므로 개인회생채권조사확정재판 제도의 취지 및 개인회생절차의 안정성 등에 비추어 보면, 아직 개인회생채권이 확정되지 않았더라도 개인회생채권자목록에 이미 기재되어 있는 채권에 관하여는 별도로 이행소송을 제기하는 것은 불가능하고, 개인회생절차에서 조사확정재판을 통해 채권의 존부나 범위를 다툴 수밖에 없다(대구지방법원 2007.11.22. 선고 2007가단46418 판결).

● 개인회생채권이란 무엇이며, 그 종류는?

질문

개인회생채권이란 무엇이며, 어떤 종류가 있나요?

답변

개인회생채권은 채무자에 대하여 개인회생절차개시결정 전의 원인으로 생긴 재산상의 청구권을 말합니다. 다만 개인회생절차개시 후에 생긴 채권이라 하더라도 예외적으로 개인회생채권으로 하고 있는 것이 있습니다. 개인회생채권은 원칙적으로 개인회생절차에 의해서만 변제받을 수 있고, 개인회생절차개시결정이 있는 때에는 강제집행, 가압류, 가처분이 중지 또는 금지되며, 면책결정이 확정되면 면책을 받을 수 있는 채권입니다. 개인회생채권은 일반의 우선권 있는 개인회생채권, 일반 개인회생채권, 후순위 개인회생채권으로 나눌 수 있습니다.

일반의 우선권 있는 개인회생채권은 국세징수법 또는 국세징수의 예에 의하여 징수할 수 있는 청구권(국세, 지방세 등 지방자치단체의 징수금, 관세 및 가산금, 건강보험료, 산업재해보상보험료 등)을 들 수 있습니다. 다만 개인회생절차개시결정 전에 채권이 성립되어 있어야 합니다. 일반의 우선권 있는 개인회생채권도 개인회생채권의 일종이므로 개인회생절차개시결정으로 인하여 강제집행이 중지 또는 금지되고, 원칙적으로 변제계획에 의해서만 변제가 허용됩니다.

채무자가 제출하는 변제계획안에는 일반의 우선권 있는 개인회생채권 전액의 변제에 관한 사항이 기재되어야 합니다.

후순위 개인회생채권은 개인회생절차개시 후에 생긴 개인회생채권 중 법이 후순위 개인회생채권으로 정한 것이 있습니다. 개인회생절차개시결정 후의 이자, 개인회생절차개시결정 후의 불이행으로 인한 손해배상액 및 위약금, 개인회생절차참가비용, 벌금.과료.형사소송비용.추징금 및 과태료 등이 후순위 개인회생채권에 해당합니다.

후순위 개인회생채권은 일반의 우선권 있는 개인회생채권과 일반 개인회생채권이 모두 변제되고 난 후에 비로소 변제받을 수 있는 채권입니다. 실제로는 일반 개인회생채권도 전액 변제받기가 어렵기 때문에 후순위 개인회생채권이 변제계획에 포함될 가능성은 낮습니다.

● 개인회생재단채권이란 무엇인가요?

개인회생재단채권이란 무엇인가요?

　　개인회생재단채권은 개인회생절차의 수행에 필요한 비용 또는 형평의 관념이나 사회정책적인 이유로 법이 특별히 재단채권으로 인정한 채권입니다. 개인회생재단채권의 예로는, 회생위원의 보수 및 비용의 청구권, 개인회생절차개시 당시 아직 납부기한이 도래하지 아니한 원천징수하는 조세, 부가가치세.특별소비세.주세 및 교통세, 특별징수의무자가 징수하여 납부하여야 하는 지방세, 본세의 부과.징수의 예에 따라 부과.징수하는 교육세 및 농어촌특별세, 채무자의 근로자의 임금.퇴직금 및 재해보상금, 채무자가 개인회생절차개시신청 후 개시결정 전에 법원의 허가를 받아 행한 자금의 차입, 자재의 구입 그 밖에 사업을 계속하는데 불가결한 행위로 인하여 생긴 청구권, 그 밖에 채무자를 위하여 지출하여야 하는 부득이한 비용청구권 등을 들 수 있습니다.

　　개인회생채권이 원칙적으로 변제계획에 의하지 아니하고는 변제할 수 없는데 반하여, 개인회생재단채권은 개인회생절차에 의하지 않고 채무자가 수시로 변제하고 개인회생채권보다 먼저 변제하여야 합니다.

[관련판례]

　　채권자목록에 기재된 개인회생채권에 기하여 개인회생재단에 속하는 재산에 대하여 이미 계속 중인 강제집행, 가압류 또는 가처분절차는 개인회생절차가 개시되면 일시적으로 중지되었다가, 변제계획이 인가되면 변제계획 또는 변제계획인가결정에서 다르게 정하지 아니하는 한 그 효력을 잃는다. 따라서 채권자목록에 기재된 개인회생채권에 기하여 개인회생재단에 속하는 채권에 대하여 내려진 압류 및 전부명령이 아직 확정되지 않은 상태에서 채무자에 대하여 개인회생절차가 개시되고 이를 이유로 압류 및 전부명령에 대하여 즉시항고가 제기되었다면, 항고법원은 다른 이유로 압류 및 전부명령을 취소하는 경우를 제외하고는 항고에 관한 재판을 정지하였다가 변제계획이 인가된 경우 압류 및 전부명령이 효력이 발생하지 않게 되었거나 그 효력이 상실되었음을 이유로 압류 및 전부명령을 취소하고 압류 및 전부명령신청을 기각하여야 한다(대법원 2008. 1. 31.자 2007마1679 결정 등 참조). 한편 항고법원이 항고에 관한 재판을 한 이후에 채무자에 대하여 개인회생절차가 개시되어 이를 이유로 압류 및 전부명령에 대하여 재항고가 제기된 경우 재항고법원으로서는 채권압류 및 전부명령의 청구채권이 개인회생절차의 채권자목록에 기재된 개인회생채권에 해당하는지 여부 등을 심리하게 하기 위하여 원심재판을 파기 환송할 수 있다고 봄이 상당하다(대법원 2011. 4. 20.자 2011마3 결정 참조).

● 개인회생채권은 어떤 경우에 확정되나요?

질문

개인회생채권은 어떤 경우에 확정되나요?

답변

변제계획안을 작성하기 위해서는 채권의 존부 및 내용이 확정되어야 하는데, 개인회생채권은 다음과 같이 4가지의 경우에 확정됩니다. 첫째, 개인회생채권자목록에 기재된 채권에 대하여 채권자가 개인회생채권에 관한 이의기간 안에 채권조사확정재판을 신청하지 않거나 신청이 각하된 경우에는 개인회생채권자목록의 기재대로 확정됩니다. 둘째, 채권자로부터 이의가 제기되어 채권조사확정재판이 있고 이에 대하여 불복이 없는 경우에는 채권조사확정재판의 결과대로 확정됩니다. 셋째, 채권조사확정재판에 대한 불복이 있는 경우 개인회생채권조사확정재판에 대한 이의의 소의 결과에 따라 확정됩니다. 넷째, 개인회생절차 개시결정 당시 이미 별도의 소송이 제기되어 있는 경우에는 그 소송의 결과대로 확정됩니다.

해설

법원사무관등은 개인회생채권이 확정된 때에는 ① 채권자의 성명 및 주소, ②채권의 내용 및 원인 등의 사항을 기재한 개인회생채권자표를 작성하여야 합니다. 확정된 개인회생채권을 개인회생채권자표에 기재한 경우 그 기재는 개인회생채권자 전원에 대하여 확정판결과 동일한 효력이 있습니다.

개인회생채권자는 개인회생절차폐지결정이 확정된 때에는 채무자에 대하여 개인회생채권자표에 기하여 강제집행을 할 수 있습니다.

● 개인회생채권조사확정재판이란 무엇인가요?

질문
개인회생채권조사확정재판이란 무엇인가요?

답변

　　개인회생채권조사확정재판이란, 개인회생채권자목록의 내용에 관하여 이의 있는 채권자가 이의를 제기하고 이에 대하여 법원이 재판을 하는 절차입니다. 개인채무자회생절차에서는 채권자의 채권신고절차 없이 채무자가 제출한 개인회생채권자목록을 기초로 변제계획안이 작성되기 때문에 개인회생채권조사확정재판은 채권자가 자신의 채권 또는 다른 채권자의 채권의 존부 및 내용에 대하여 다툴 수 있는 중요한 수단이 됩니다.

　　개인회생채권자목록에 대하여 이의 있는 채권자는 이의기간 안에 서면으로 개인회생채권조사확정재판을 신청할 수 있습니다. 이의기간은 개인회생절차개시결정일로부터 2주이상 2월 이하의 어느 날로서 법원이 개시결정시에 지정한 기간을 말합니다. 개인회생채권자가 자신의 채권에 관하여 채권조사확정재판을 신청하는 경우에는 채무자를 상대방으로 하고, 다른 개인회생채권자의 채권에 관하여 채권조사확정재판을 신청하는 경우에는 채무자와 다른 개인회생채권자를 상대방으로 하여야 합니다.

　　그러나 개인회생절차개시 당시 이미 이의대상인 권리에

대하여 소송이 계속 중인 경우에는 별도로 조사확정재판을 신청할 수 없고 이미 계속 중인 소송의 내용을 개인회생채권확정의 소로 변경하여야 합니다. 신청인은 채권조사확정재판신청서 제출과 함께 송달료 및 인지대를 납부하여야 합니다. 송달료는 당사자수 × 4회 × 3,700원이고, 인지대는 1,000원입니다. 위비용을 미리 납부하지 않는 때에는 신청이 각하됩니다. 법원은 이해관계인을 심문한 후 채권조사확정재판의 결정을 하고, 이에 대하여 불복이 있는 사람은 결정서를 송달받은 날로부터 1월 이내에 이의의 소를 제기할 수 있습니다.

해설

　　개인회생채권자목록의 내용에 관하여 이의가 있는 개인회생채권자는 채무자 회생 및 파산에 관한 법률 제589조의2 제4항 또는 제596조 제2항 제1호에 따른 이의기간 안에 서면으로 이의를 신청할 수 있습니다. 채무자가 이의내용을 인정하는 때에는 법원의 허가를 받아 개인회생채권자목록을 변경할 수 있습니다. 이 경우 법원은 조사확정재판신청에 대한 결정을 하지 않을 수 있습니다.

　　개인회생채권조사확정재판을 신청하는 자는 법원이 정하는 절차의 비용을 미리 납부하여야 하며, 법원은 비용을 미리 납부하지 아니하는 때에는 신청을 각하합니다. 법원은 이해관계인을 심문한 후 개인회생채권조사확정재판을 하여야 하며, 이 결정에서 이의가 있는 회생채권의 존부 또는 그 내용을 정합니다. 법원은 이 결정이 있는 때에는 결정서를 당사자에게 송달하여야 합니다.

● 개인회생채권자집회의 기능은?

개인회생채권자집회는 어떤 기능을 하나요?

개인회생채권자집회는 어떤 결의를 하는 집회가 아니고, 채무자가 변제계획안에 대한 설명을 하고 개인회생채권자 또는 회생위원이 그에 대한 이의 여부를 진술하는 집회로서, 변제계획안의 인가 여부를 간이·신속하게 결정하기 위하여 마련된 절차입니다. 개인회생채권자집회는 법원이 지휘하고, 다만 회생위원이 선임되어 있는 때에는 법원은 회생위원으로 하여금 진행할 수 있습니다.

채무자는 개인회생채권자집회에 출석하여 개인회생채권자의 요구가 있는 경우 변제계획안에 관하여 필요한 설명을 하여야 합니다. 채무자가 정당한 사유 없이 개인회생채권자집회에 출석 또는 설명을 하지 않거나 허위의 설명을 한 경우 법원은 개인회생절차폐지결정을 할 수 있습니다.

개인회생채권자는 개인회생채권자집회에 출석하여 채무자가 제출한 변제계획안에 관하여 채무자로부터 직접 설명을 듣고, 변제계획안에 대하여 이의를 진술하는 방법으로 의견을 표명할 수 있고, 개인회생채권자집회기일 종료시까지 이의 진술서를 법원에 제출하는 방식으로 집회에서의 이의진술에 갈음할 수 있습니다.

회생위원은 개인회생채권자집회를 마친 후 2주 이내에 집회에서 이의가 있었는지 여부와 이의의 내용, 이의가 있는 경우 변제계획안이 인가요건을 충족하였는지 여부에 관한 의견 등을 기재한 보고서를 법원에 제출하여야 하고, 법원은 이를 토대로 변제계획안의 인가 여부를 결정하게 됩니다.

해설

법원은 개인회생채권자집회의 기일과 변제계획의 요지를 채무자·개인회생채권자 및 회생위원에게 통지하여야 합니다. 채무자는 개인회생채권자집회에 출석하여 개인회생채권자의 요구가 있는 경우 변제계획에 관하여 필요한 설명을 하여야 합니다. 개인회생채권자집회는 법원이 지휘합니다.

회생위원이 선임되어 있는 때에는 법원은 회생위원으로 하여금 개인회생채권자집회를 진행하게 할 수 있습니다.

개인회생채권자는 개인회생채권자집회에서 변제계획에 관하여 이의를 진술할 수 있습니다.

● 가용소득이란 무엇인가요?

가용소득이란 무엇인가요?

가용소득이란 채무자가 수령하는 소득의 총액에서 소득세, 주민세, 건강보험료 그 밖에 이에 준하는 금액과 채무자 및 그 피부양자의 생활에 필요한 생계비를 공제한 나머지 처분 가능한 소득을 말합니다. 다만 가용소득은 장래에도 계속적, 정기적으로 발생할 가능성이 있는 수입이어야만 합니다.

채무자의 소득은 다음의 방법으로 산정하되 특별한 사정이 있는 경우에는 증감할 수 있습니다. ① 최근 1년간 직장의 변동이 없는 경우에는 1년간의 실제 소득액을 평균한 월평균 소득을 기초로 하여 산정하고, 직장의 변동이 있는 경우에는 직장 변동 이후의 실제 소득액을 평균한 월평균 소득을 기초로 하여 산정합니다. ② 영업소득자가 그 소득에 관한 소명자료가 없는 경우에는 임금구조기본통계조사보고서 등의 통계소득을 기초로 하여 산정할 수 있습니다.

생계비는 채무자 및 피부양자의 인간다운 생활을 유지하기 위하여 필요한 금액으로서 국민기초생활보장법 제6조의 규정에 따라 공표된 최저생계비, 채무자 및 피부양자의 연령, 피부양자의 수, 거주지역, 물가상황 등을 종합적으로 고려하여 산정됩니다. 원칙적으로는 국민기초생활 보장법 제6조의 규정에 따라 공표된 2005년 최저생계비에 1.5배를 곱한 금액으로 정하되, 특별한 사정이 있는 경우에는 증감될 수 있습니다.

● 가용소득과 관련한 월평균 소득의 산정은 어떻게 하는지?

질문

개인회생을 신청하기 위해서는 정기적이고 확실한 수입이 있는 급여소득자나 장래 계속적으로 또는 반복하여 수입을 얻을 수 있는 영업소득자가 이를 신청할 수 있다고 알고 있습니다. 이와 관련하여 ①구체적으로 급여소득자나 영업소득자의 월평균 수입을 어떻게 산정하고 공제되는 세금 등은 무엇이 있는지? ②실제로 정기적인 수입이 있지만 이를 소명할 자료가 명확치 않을 경우에는 어떻게 월 평균 수입을 산정하는지? ③일을 하고 있지는 않지만 생계비 이상의 연금소득이 있는 경우에도 개인회생을 신청할 수 있는지요?

답변

개인회생제도는 그 제도의 본질상 정기적이고 계속·반복적인 수입가능성을 인정할 수 있어야 하며 이에 채무자회생 및 파산에 관한 법률은 정기적이고 확실한 수입을 얻을 가능성 있는 급여소득자 또는 장래 계속적으로 또는 반복하여 수입을 얻을 가능성 있는 영업소득자가 개인회생을 신청할 수 있도록 규정하고 있습니다.

급여소득자에는 아르바이트, 파트타임 종사자, 비정규직, 일용직 등 그 고용형태와 소득신고의 유무에 불구하고 정기적이고 확실한 수입을 얻을 가능성이 있는 모든 개인을 포함하며, 영업소득자에는 소득신고의 유무에 불구하고 수입을 장래에 계속적으로 또는 반복하여 얻을 가능성이 있는 모든 개인을 포함하도록 규정하고 있습니다.

위와 같은 급여소득자 또는 영업소득자가 변제기간 동안 계속적이고 반복적으로 수령할 수 있는 월 평균 소득 중에서 각종 제세공과금과 채무자 및 피부양자의 생활에 필요한 생계비를 공제한 나머지 금액을 가용소득이라고 하고, 채무자는 가용소득으로 변제기간 동안 개인회생채권자들에게 변제하는 것을 내용으로 하여 변제계획안을 작성하여 법원으로부터 인가를 받아 이를 수행하게 됩니다.

급여소득자의 월 평균 소득은 매월 수령하는 급여 및 특정 월에만 수령하는 상여금, 성과급 등을 합산한 금액을 평균하여 산정하며 이는 사용자가 발행한 급여명세서나 근로소득원천징수영수증, 급여통장의 기재로 이를 계산할 수 있습니다. 원칙적으로 최근 1년간 직장의 변동이 없는 경우에는 1년간의 실제 소득액을 평균한 월 평균 소득을 기초로 하여 산정하고, 최근 1년간 직장의 변동이 있는 경우에는 직장 변동 이후의 실제 소득액을 평균한 월평균 소득을 기초로 산정합니다. 다만, 근무기간이 1년 미만인 경우에는 해당 기간 동안의 실제 소득액을 평균한 월 평균 소득을 기초로 산정해야 할 것이나, 정기적이고 확실한 수입을 얻을 가능성에 대해 소명할 필요가 있습니다.

급여소득자의 가용소득을 산정하기위해 월평균 소득에서 공제되는 세금 등은 소득세·주민세·건강보험료·국민연금보험료·고용보험료 등이 있으며, 실무상 노동조합 회비도 이를 공제하기도 합니다. 공무원, 군인, 사립학교 교원의 경우 공무원연금 기여금, 군인연금 기여금, 사립학교교직원연금 기여금은 위 국민연금 보험료에 해당하므로 역시 공제될 수 있습니다.

영업소득자의 월 평균 소득은 소득신고서, 소득금액증명원, 영업장부 등을 기초로 최근 1년간의 소득을 평균한 연간 소득금액에서 소득세·주민세·건강보험료·국민연금보험료·고용보험료·산업재해보상보험료와 영업의 경영보존 및 계속을 위하여 필요한 비용을 공제한 순소득액을 산출하여 이를 월 평균수입으로 환산하여 산정합니다.

영업소득자의 경우 신고소득을 신빙하기 어려운 경우가 많으므로 법원은 신고소득의 성실성을 판단하기 위해 최근의 고용형태별근로실태조사보고서의 유사직종 부분 사본을 제출하게 하고 있습니다. 최근 1년간 직업의 변동이 있는 경우에는 직업 변동 이후의 실제 소득액을 평균한 월평균소득을 기초로 산정합니다.

영업기간이 1년 미만인 경우에는 해당 기간 동안의 실제 소득액을 평균한 월 평균 소득을 기초로 산정해야 할 것이나, 계속적이고 반복하여 수입을 얻을 가능성에 대해 소명할 필요가 있습니다. 급여소득자 또는 영업소득자임을 증명하는 자료는 개인회생절차개시신청서에 필요적으로 첨부해야 하는 서류이나, 영세업체에 근무하거나 급여를 현금으로 수령하는 등으로 인해 정기적인 수입이 있음에도 불구하고 이를 소명할 자료가 없는 경우가 있을 수 있습니다. 급여소득자의 경우 '소득증명서'에 고용주로부터 근무기간 및 월평균소득 등에 대하여 확인 받고 사업자등록증 사본을 첨부하여 소득을 증명할 수 있고, 사업자등록이 되어 있지 않을 경우 고용주의 인감증명서·주민등록등본 등을 첨부합니다.

　영업소득자의 경우 소득을 신고하지 않는 등으로 인하여 소명자료를 제출할 수 없는 경우, ①고용형태별근로실태조사보고서상의 유사직종의 통계소득을 기초로 산정할 수 있고, ②'소득진술서'에 스스로 월평균 소득을 진술하고 거래처 대표나 지인 등 2인 이상으로부터 이를 보증하는 내용의 '확인서'와 확인자의 사업자등록증이나 인감증명서를 첨부하며 신청인이 영업소득자로서 사업자등록이 되어 있는 경우 사업자등록증 사본을 추가로 첨부합니다.

　법원 또는 개인회생위원은 신청인이 제출한 소득에 관한 자료를 기초로 채무자의 소득에 관한 조사를 하며 언제든지 채무자에게 금전의 수입과 지출 그 밖에 채무자의 재산상의 업무에 관하여 보고를 요구할 수 있고, 필요하다고 인정하는 경우에는 재산상황의 조사, 시정의 요구 기타 적절할 조치를 취할 수 있고, 신청인이 정당한 사유 없이 이러한 보고 등을 거부하거나 허위보고를 한 경우 1년 이하의 징역 또는 1천만원 이하의 벌금의 형으로 처벌될 수 있습니다. 통상적으로 소득에 관한 자료가 부실하거나 내용이 일부 누락되는 등으로 신빙성이 없다고 판단될 경우 '수입상황 보고요구서 및 수입상황 보고서'(법원양식)를 통해 위와 같은 사실을 경고하고 수입상황을 보고하도록 할 수 있으며, 특히 영업소득자의 경우 개인회생위원은 영업 수지표를 작성하여 그에 따른 월평균수입을 소명하도록 요청하는 경우가 많습니다.

개인회생제도에 있어서 '수입'이란 반드시 근로의 대가일 필요는 없으며 계속적으로 또는 반복적으로 얻을 가능성이 있으면 개인회생을 신청할 수 있습니다. 채무자 회생 및 파산에 관한 법률도 "급여소득자"를 "급여·연금 그 밖에 이와 유사한 정기적이고 확실한 수입을 얻을 가능성이 있는 개인"이라고 정의하여, 연금소득자도 개인회생을 신청할 수 있음을 인정하고 있습니다.

　　일반적으로 개인회생을 신청할 수 있는 연금소득자로서는 공무원·군인·사립학교교직원으로서 퇴직연금을 수령하는 자나 사보험이나 국민연금의 보험금을 수령하는 자 등으로서 수령하는 연금액이 생계비 이상인 자인 경우에만 개인회생을 신청할 수 있습니다. 따라서 최소한의 생계유지를 위해 국가로부터 생계비를 지원 받는 기초생활보장수급자나 장애인복지법에 따른 장애수당 등의 수급자는 원칙적으로 연금소득자로서 개인회생을 신청하기는 어렵습니다.

● 가용소득과 관련한 생계비의 산정은 어떻게 하는지?

저는 배우자, 회사원인 딸(성년), 그리고 고등학생 아들을 두고 있는 50대 남성으로서 ○○공단에 근무하면서 매월 평균 200만원의 급여를 수령하고 있습니다. 현재 주민등록상 배우자·자녀들과 동거하고 있으며 배우자는 가정주부이고 딸은 회사에서 월평균 150만원의 급여를 받고 있습니다. 저는 장   남으로서 시골에 계신 70세가 넘으신 어머니에게 매월 약 50만원의 생활비를 보내드리고 있습니다. 제가 개인회생을 신청할 경우 몇 인 가구 생계비를 인정받아 매월 얼마를 변제해야 하는지요?

급여소득자 또는 영업소득자가 변제기간 동안 계속적이고 반복적으로 수령할 수 있는 월평균 소득 중에서 각종 제세공과금과 채무자 및 피부양자의 생활에 필요한 생계비를 공제한 나머지 금액을 가용소득이라고 하고(「채무자 회생 및 파산에 관한 법률」 제579조 제4호), 채무자는 개인회생채권자들에게 가용소득을 안분·변제하는 내용의 변제계획을 수행하게 됩니다. 가용소득을 산정하는데 있어서 월평균 소득과 세금 등은 일반적으로 재량의 여지없이 산정되므로, 결국 생계비를 어떻게 산정하는지 여부가 가용소득액을 결정하는 핵심적인 내용이라고 할 수 있습니다. 채무자의 월평균 소득에서 공제할 생계비에 관하여 같은 법 제579조

제4호는 "채무자 및 그 피부양자의 인간다운 생활을 유지하기 위하여 필요한 생계비로서, 「국민기초생활보장법」 제6조의 규정에 따라 공표된 최저생계비, 채무자 및 그 피부양자의 연령, 피부양자의 수, 거주지역, 물가상황, 그 밖에 필요한 사항을 종합적으로 고려하여 법원이 정하는 금액"이라고 정의하고 있으므로 ①우선 채무자의 부양가족수를 산정해야 하고 ②해당 부양가족수에 따른 생계비를 정해야 할 것입니다.

부양가족수를 산정하기 위한 피부양자의 범위는 직계존속(배우자의 부모 포함), 직계비속, 배우자, 형제자매에 한정되고 상당기간 동거하면서 생계를 같이 해야 하며 이는 주민등록을 기준으로 판단합니다. 다만, 별거하는 직계존비속의 경우라도 부양료를 지급하는 등 부양사실을 입증할 수 있다면 피부양자에 해당할 수 있습니다. 구체적인 피부양자 판정기준으로서 ①피부양자는 만 20세 미만이거나 만 60세 이상이어야 합니다. 다만, 자력으로 생계유지가 불가능한 장애인의 경우 이와 같은 연령제한은 없으며, 배우자의 경우 부부간 부양의무가 있으므로 배우자가 별도의 소득이 없다면 연령과 관계없이 피부양자에 해당할 수 있습니다(다만 실무상 여성이 개인회생을 신청할 경우 무직인 남편을 피부양자로 인정하지 않는 경향이 있습니다). ②독립수입이 있는 동거가족 중 1인 최저생계비 이상의 수입이 있는 가족은 부양가족수에서 이를 제외합니다. ③부양가족수는 채무자를 포함하여 산정합니다. 동거가족 중 최저생계비 이상의 수입이 있는 가족이 있는 경우 해당 가족의 수입 합계액과 채무자의 수입을 비교하여 부양가족수를 판단합니다. 독립 수입이 있는 동거가족의 수입 합계액이 채무자의 월평균 소득금액의 70%에서 130% 범위 내에 있는 경우, 채무자는 소득 없는 나머지 가족구성원의 1/2을 부양하는 것으로 판단하고, 위 범위에 미달할 경우 소득 없는 나머지 가족구성원 전부를 채무자가 부양하는 것으로 보며, 위 범위를 초과할 경우 부양가족이 없어 1인가구로 판단합니다.

　위와 같이 산정된 부양가족수를 기준으로 하여 ,「국민기초생활보장법」 제6조의 규정에 따라 공표된 개인회생절차개시신청 당시의 최저생계비에 변제계획상의 변제기간의 1.5배를 곱한 금액으로 생계비를 산정합니다. 다만, 특별한 사정이 있는 경우 위 1.5배 한 금액을 적절히 증감할 수 있는데(「개인회생사건 처리지침」 제7조 제2항), 감액하는 경우에는 과연 그러한 생계비로 생활이 가능한지를 소명해야 하며 이러한 경우는 일반적으로 크게 문제되지 않습니다.

　그러나 증액하는 경우에는 개인회생채권자가 변제받을 금액을 감소시키는 문제가 있어 증액하는 특별한 사정에 대한 엄격한 소명이 필요하고 '개인회생신청서'(법원양식) 중 '수입 및 지출에 관한 목록'에 1. 생계비 지출내역과 2. 생계비 추가지출에 관한 보충기재사항을 기재하고 특별한 사정을 소명할 수 있는 자료를 첨부해야 합니다. 증액하는 특별한 사정으로 채무자 및 그 피부양자 중에 의료비가 정기적으로 발생하는 환자나 장애인이 있는 경우, 배우자가 임신한 경우, 자녀의 교육비 등을 들 수 있으며 특별한 사정 유무와 그에 따라 증액되는 생계비는 법원이 재량으로 판단할 수 있습니다. 생계비를 증액하는 문제는 부양가족수 산정과 서로 조정할 여지가 있으며, 실무상 피부양자로 판단되어야 하는 경우에도 이를 부양가족수에 산입하지 아니하고 생계비를 증액시키는 방법으로 조정하고 있는 경우가 많습니다.

　귀하의 경우 우선 배우자 및 미성년자인 고등학생 아들을 귀하의 피부양자로 볼 수 있고, 시골에 계신 노모도 정기적으로 부양료를 지급한 통장 사본 등으로 부양사실을 소명할 수 있다면 역시 피부양자로 볼 수 있습니다. 다만, 동거가족 중 회사원인 딸의 월평균 소득이 귀하의 월평균 소득의 70%에서 130% 범위 내에 있어 피부양자들을 귀하와 귀하의 딸이 공동으로 부양하고 있다고 평가되므로, 귀하의 피부양자수는 1.5명이 되고 결국 부양가족수는 귀하를 포함하여 2.5명이 될 수 있습니다. 이에 따라 생계비는 금 1,808,052원{(1,051,048 + 1,359,688)/2×1.5}으로 책정되고, 결국 가용소득은 금 191,948원(2,000,000원-1,808,052원)이 됩니다.(2015년 기준) 그리고 시골에 계신 노모를 부양가족으로 산입하지 아니하고 2인 가구 생계비인 금 1,576,572원에서 노모에 대한 부양료 지급 사유를 소명하여 이를 증액하는 방법으로 생계비를 산출할 수도 있을 것으로 보입니다.

● 변제계획안은 어떻게 작성해야 하는지요?

변제계획안은 무엇이고, 어떤 내용이 포함되어야 하는가요?

답변

변제계획안이란, 채무자가 가용소득을 투입하여 얼마동안 어떤 방법으로 채권자들에게 조정된 채무금액을 변제하여 나가겠다는 내용으로 계획을 세운 것을 말합니다. 다만, 가용소득의 현재가치가 현재 보유하고 있는 재산을 처분할 경우의 청산가치보다 적을 때에는 채무자는 현재 보유하고 있는 재산의 전부 또는 일부도 투입하여야 합니다. 채무자는 변제계획안이 인가되면 인가된 변제계획안에 따라 채무를 변제하여 나가게 되므로 변제계획안은 개인회생절차에서 아주 중요한 서류입니다.

채무자는 개인회생절차개시신청을 한 날로부터 14일 이내에 변제계획안을 제출하여야 합니다. 다만, 변제계획안을 미리 작성하여 개인회생절차의 개시신청과 동시에 제출하면 절차의 처리를 신속하게 할 수 있으므로, 개시신청과 동시에 변제계획안을 제출하는 것이 바람직합니다.

채무자가 개인회생절차개시신청과 동시에 변제계획안을 제출하지 않은 경우에는 회생위원은 그 채무자에게 변제계획안 양식을 교부하고 기본적인 작성요령을 안내하는 방법으로 채무자가 스스로 변제계획안을 작성할 수 있도록 하게 됩니다. 이 경우에도 개시신청일로부터 14일 이내에 변제계획안을 작성하여 제출하여야 하므로, 채무자는 개시신청 전에 자신의 부채 및 재산상태, 수입의 정도에 관하여 충분한 조사를 하여둘 필요가 있습니다.

채무자는 회생위원과의 면담을 통하여 변제계획안의 잘못된 부분과 누락된 부분을 수정하는 등으로 최종적인 변제계획안을 작성한 후 그 원본과 채권자수에 1통을 더한 부본을 회생위원이 지정한 날까지 법원에 제출하여야 합니다.

채무자는 일단 변제계획안을 제출한 후 변제계획안 인가 전까지 변제계획안을 수정하여 제출할 수 있고, 법원도 이해관계인의 신청에 의하거나 직권으로 채무자에 대하여 변제계획안을 수정할 것을 명할 수 있습니다. 법원의 수정명령이 있는 때에는 채무자는 법원이 정하는 기한 안에 변제계획안을 수정하여야 합니다. 변제계획안의 내용에는 그 내용을 반드시 기재하여야 하는 필수적 기재사항과 반드시 기재할 필요는 없고 원하는 경우에 기재할 수 있는 임의적 기재사항이 있습니다.

필수적 기재사항 : 변제에 제공되는 재산 및 소득에 관한 사항, 개인회생재단채권 및 일반의 우선권 있는 개인회생채권의 전액의 변제에 관한 사항, 개인회생채권자목록에 기재된 개인회생채권의 전부 또는 일부의 변제에 관한 사항

임의적 기재사항 : 개인회생채권의 조의 분류, 변제계획에서 예상한 액을 넘는 재산의 용도, 변제계획인가 후의 개인회생재단에 속하는 재산의 관리 및 처분권의 제한에 관한 사항, 그밖에 채무자의 채무조정을 위하여 필요한 사항

● 변제기간의 산정 및 변제기준은 어떻게 되는지?

질문

개인회생제도에 있어서 변제기간 및 변제기준은 어떻게 산정하는지요?

답변

개인회생절차에 있어서 변제기간은 변제개시일부터 5년을 초과할 수는 없습니다(채무자 회생 및 파산에 관한 법률 제611조 제5항). 구「개인채무자회생법」은 변제기간을 최장 8년으로 규정하였으나 채무자에게 8년 동안 긴축 생활을 강요하는 것은 가혹하다는 평가에 따라 이를 5년으로 단축한 것입니다.

한편「채무자 회생 및 파산에 관한 법률」은 5년을 초과할 수 없다고 규정하고 있을 뿐 개별 사안에서 변제기간을 어떻게 정해야 하는지 정한 바가 없는데,「개인회생사건 처리지침」제8조는 채무자가 5년 이내의 변제기간 동안 원금의 전부를 변제할 수 없는 때에는 그 변제기간을 5년으로 하는 것이 바람직하다고 규정하고(같은 조 제2항 제5호), 채무자가 이보다 단기간을 변제기간으로 작성하여 제출한 경우 법원은 위 각 호의 기간으로 변제기간을 수정할 것을 명할 수 있도록 하여(같은 조 제3항), 원칙적으로 변제기간을 5년으로 하여 운영할 것임을 시사하고 있으며, 실무에 있어서도 거의 예외 없이 변제기간을 5년으로 하여 변제계획안을 작성하고 있습니다.

　다만, 개인회생채권 금액이 소액이거나 채무자의 가용소득이 다액으로서 5년 이내의 기간 동안 개인회생채권 원금 또는 원리금 전액을 변제할 수 있는 경우가 있는바, 이러한 사안에 대해 다음과 같이 규정하고 있습니다(같은 지침 제8조 제2항 제2, 3, 4호).

① 채무자가 3년 이내의 변제기간 동안 원금과 이자를 전부 변제할 수 있는 때에는 그 때까지를 변제기간으로 한다. 위 1호의 경우 채무자는 3년 이내에 개인회생채권 원금 및 이자 전부를 변제하게 되어 개인회생의 실익이 없다고 할 수 있으나 변제기를 연장하여 분할 변제받을 수 있는 점, 채권자의 개별적인 강제집행이 금지되는 면에서 일응 개인회생을 신청할 이익이 있다고 할 수 있습니다.

　이와 같은 사안에서 변제계획안의 '개인회생채권 변제예정액표'는 (가)변제개시일부터 원금 전부를 변제하기 전까지의 기간 표, (나)원금을 전부 변제하고 이자의 일부를 변제하게 되는 달의 표, (다)나머지 이자 전부를 변제하기 전까지의 기간 표, (라)이자 잔액을 변제하는 달의 표, (마)총변제예정액표 5가지로 구성될 수 있습니다.

② 채무자가 3년 이내의 변제기간 동안 원금의 전부를 변제할 수 있으나 이자의 전부를 변제할 수 없는 때에는 변제기간을 3년으로 한다. 위 사안의 경우 채무자는 원금 전부와 이자의 일부를 변제하게 되며 변제계획안의 '개인회생채권 변제예정액표'는 (가)변제개시일부터 원금 전부를 변제하기 전까지의 기간 표, (나)원금을 전부 변

제하고 이자의 일부를 변제하게 되는 달의 표, (다)나머지 이자를 3년까지의 기간동안 변제하는 표, (라)총변제예정액표 4가지로 구성될 수 있습니다.

③ 채무자가 3년 이상 5년 이내의 변제기간 동안 원금의 전부를 변제할 수 있는 때에는 이자의 변제 여부에 불구하고 원금의 전부를 변제할 수 있는 때까지를 변제기간으로 한다.

위 사안의 경우 채무자는 원금 전부를 변제하고 이자를 변제하지 않습니다. 그런데 원금을 전부 변제하게 되는 최종 월의 가용소득은 일반적으로 그 일부나 남게 되는데 이를 다시 이자의 변제에 투입해야 하는지 문제될 수 있으나 위 사안은 어차피 원금만을 변제한다는 취지로서 이와 같은 경우 잔여 가용소득을 이자에 투입할 필요는 없다고 할 수 있습니다.

따라서 변제계획안의 개인회생채권 변제예정액표는 (가)변제개시일부터 원금 전액을 변제하기 전까지의 기간 표, (나)원금을 전부 변제하는 최종 월의 표, (다)총변제예정액표 3가지로 구성될 수 있습니다. 위에서 말하는 개인회생채권 원리금은 개인회생절차개시결정시의 원금 및 이자금액을 말하나 신청 당시 개인회생절차 개시결정일을 예측하기 어려우므로 실무상 부채증명서 발급일을 기준으로 하여 개인회생채권 현재액을 기재하여 개인회생절차개시결정 및 변제계획인가결정을 받고 있으므로, 결국 채무자는 변제계획 인가결정을 받은 변제계획에 기재된 개인회생채권 원금 및 이자를 변제하면 족하고 채권자가 채권금액을 다투는 등 특별한 사정이 없는 한, 부채증명서 발급 이후부터 개인회생절차개시결정일 이전에 발생한 이자나 개인회생절차개시결정 후 이자 및 지연손해금(이를 후순위 개인회생채권)은 이를 변제할 필요가 없다고 할 수 있습니다.

● 변제계획에서 정하는 변제기간은 얼마나 되나요?

질문

변제계획에서 정하는 변제기간은 얼마나 되나요?

답변

　　변제계획에서 정하는 변제기간은 최단기간은 제한이 없으며 최장기간은 8년입니다. 변제기간을 정함에 있어서는 다음과 같이 하는 것이 바람직합니다.

① 변제계획안에서 정하는 변제기간 동안에는 그 가용소득의 전부를 투입하여 우선 원금을 변제하고 잔여금으로 이자를 변제합니다.

② 3년 이내의 변제기간 동안 원금과 이자를 전부 변제할 수 있는 때에는 그 때까지를 변제기간으로 합니다.

③ 3년 이내의 변제기간 동안 원금의 전부를 변제할 수 있으나 이자의 전부를 변제할 수 없는 때에는 변제기간을 3년으로 합니다.

④ 3년 이상 5년 이내의 변제기간 동안 원금의 전부를 변제할 수 있는 때에는 이자의 변제 여부에 불구하고 원금의 전부를 변제할 수 있는 때까지를 변제기간으로 합니다.

⑤ 5년 이내의 변제기간 동안 원금의 전부를 변제할 수 없는 때에는 그 변제기간을 5년으로 합니다.

　　채무자가 위① 내지 ⑤의 기간보다 단기간을 변제기간으로 작성하여 제출한 경우에는 법원은 위 각 호의 기간으로 변제기간을 수정할 것을 명할 수 있습니다. 다만, 법원은 채무자 회생 및 파산에 관한 법률 제614조의 변제계획 인가요건, 채무자의 수입 등 제반 사정을 종합적으로 고려하여, 변제기간을 달리하여 수정을 명할 수 있습니다.

채무자는 변제계획안 인가 전이라도 변제계획안 제출일로부터 60일 후 90일 이내의 일정한 날을 제1회로 하여 매월 일정한 날에 매월 변제예정액을 회생위원에게 임치함으로써 변제계획안이 수행가능하다는 것을 소명할 수 있는데, 그와 같이 임치한 기간은 위 변제기간에 포함됩니다.

해설

변제계획은 인가의 결정이 있은 때부터 효력이 생깁니다. 다만, 변제계획에 의한 권리의 변경은 면책결정이 확정되기까지는 생기지 않습니다. 변제계획인가결정이 있는 때에는 개인회생재단에 속하는 모든 재산은 채무자에게 귀속됩니다. 그러나 변제계획 또는 변제계획인가결정에서 다르게 정한 때에는 예외입니다. 변제계획인가결정이 있는 때에는 채무자 회생 및 파산에 관한 법률 제600조의 규정에 의하여 중지한 회생절차 및 파산절차와 개인회생채권에 기한 강제집행·가압류 또는 가처분은 그 효력을 잃습니다. 그러나 변제계획 또는 변제계획인가결정에서 다르게 정한 때에는 예외입니다.

● 변제계획 인가까지 소요기간은?

질문

신청부터 변제계획 인가까지 소요되는 기간은 얼마나 되나요?

답변

신청서류를 구비하고 신청서를 작성하여 법원에 접수한 후 변제계획 인가까지는 법률상의 각 절차별 기간 규정에 비추어 볼 때, 약 4개월 ~ 6개월 정도 소요될 것으로 예상됩니다. 다만, 각 사건별 진행 내용에 따라 소요기간이 다소 단축되거나 연장될 수도 있습니다.

해설

법원은 개인회생채권자 또는 회생위원이 이의를 진술하지 아니하고 ① 변제계획이 법률의 규정에 적합할 것, ② 변제계획이 공정하고 형평에 맞으며 수행 가능할 것, ③ 변제계획인가 전에 납부되어야 할 비용·수수료 그 밖의 금액이 납부되었을 것, ④ 변제계획의 인가결정일을 기준일로 하여 평가한 개인회생채권에 대한 총변제액이 채무자가 파산하는 때에 배당받을 총액보다 적지 아니할 것(다만, 채권자가 동의한 경우에는 그러하지 아니하다) 등의 요건이 모두 충족된 때에는 변제계획인가결정을 하여야 합니다. 그러나 변제계획안 수정명령에 불응한 경우에는 예외입니다.

또 법원은 개인회생채권자 또는 회생위원이 이의를 진술하는 때에는 위의 각 요건 외에 다음 각호의 요건을 구비하고 있는 때에 한하여 변제계획인가결정을 할 수 있습니다.

① 변제계획의 인가결정일을 기준일로 하여 평가한 이의를 진술하는 개

인회생채권자에 대한 총변제액이 채무자가 파산하는 때에 배당받을 총액보다 적지 아니할 것

② 채무자가 최초의 변제일부터 변제계획에서 정한 변제기간 동안 수령할 수 있는 가용소득의 전부가 변제계획에 따른 변제에 제공될 것

③ 변제계획의 인가결정일을 기준일로 하여 평가한 개인회생채권에 대한 총변제액이 3천만 원을 초과하지 아니하는 범위 안에서 다음 각 목의 금액보다 적지 아니할 것

　가. 변제계획의 인가결정일을 기준일로 하여 평가한 개인회생채권의 총금액이 5천만 원 미만인 경우에는 위 총금액에 100분의 5를 곱한 금액

　나. 변제계획의 인가결정일을 기준일로 하여 평가한 개인회생채권의 총금액이 5천만 원 이상인 경우에는 위 총금액에 100분의 3을 곱한 금액에 1백만 원을 더한 금액

　법원은 변제계획인부결정을 선고하고 그 주문, 이유의 요지와 변제계획의 요지를 공고하여야 합니다. 이 경우 송달은 하지 않을 수 있습니다.

● 회생위원이 하는 일은 무엇인가요?

질문

개인회생절차에서 회생위원이 하는 일은 무엇인가요?

답변

회생위원은 법원에 의하여 선임되고 법원의 감독을 받으며 개인회생절차가 적정하고 원활하게 진행될 수 있도록 법원을 보좌하는 일을 합니다.

회생위원이 주로 하는 일은 다음과 같습니다.

첫째, 채무자의 재산 및 소득을 조사합니다. 둘째, 채무자의 변제계획안 작성을 안내하며 그것이 적정한지를 심사합니다.

셋째, 개인회생채권자집회를 진행합니다. 넷째, 채권자집회결과를 법원에 보고하고, 변제계획안 인가여부에 대한 의견을 법원에 제출하며, 변제계획 인가 후에는 변제계획에 따라 자신의 계좌에 채무자가 납입한 변제액을 채권자들에게 분배하고 변제가 지체되면 그 지체액이 변제액의 3개월분에 달한 경우 법원에 보고합니다.

그밖에도 회생위원은 저당권 등으로 담보된 개인회생채권이 있는 경우 담보목적물의 평가, 부인권 행사명령의 신청 및 그 절차 참가, 그 밖에 법령 또는 법원이 정하는 업무를 담당합니다.

법원은 이해관계인의 신청에 의하거나 직권으로 ① 관리위원회의
관리위원, ② 법원사무관등, ③ 변호사·공인회계사 또는 법무사의 자격
이 있는 자, ④ 법원주사보·검찰주사보 이상의 직에 근무한 경력이 있
는 자, ⑤ 「은행법」에 의한 은행에서 근무한 경력이 있는 사람으로서 회
생위원의 직무수행에 적합한 자, ⑥ 채무자를 상대로 신용관리교육·상
담 및 신용회복을 위한 채무조정업무 등을 수행하는 기관 또는 단체에
근무 중이거나 근무한 경력이 있는 사람으로서 회생위원의 직무수행에
적합한 자, ⑦ ① 내지 ⑥에 규정된 자에 준하는 자로서 회생위원의 직
무수행에 적합한 자, 다음 각호의 해당하는 자를 회생위원으로 선임할
수 있습니다.

법원은 상당한 이유가 있는 때에는 이해관계인의 신청에 의하거나
직권으로 회생위원을 해임할 수 있습니다. 회생위원은 필요한 때에는 그
직무를 행하기 위하여 자기의 책임으로 1인 이상의 회생위원 대리를 선
임할 수 있습니다. 회생위원 대리의 선임은 법원의 허가를 받아야 합니
다. 회생위원 대리는 회생위원에 갈음하여 재판상 또는 재판 외의
모든 행위를 할 수 있습니다.

법원 또는 회생위원은 채무자가 제출한 자료에 보완이 필요한 경우 언
제든지 채무자에게 금전의 수입과 지출 그 밖에 채무자의 재산상의 업무에
관하여 보고를 요구할 수 있고, 필요하다고 인정하는 경우에는 재산상황의
조사, 시정의 요구 그 밖의 적절한 조치를 취할 수 있으며, 채무자가 법원의
보정 요구에 일단 응한 경우에는 그 내용이 법원의 요구사항을 충족시키지
못하였다 하더라도 특별한 사정이 없는 한 법원이 추가적인 보정 요구나 심
문 등을 통하여 이를 시정할 기회를 제공하지 아니한 채 곧바로 그 신청을
기각하는 것은 허용되지 않는다(대법원 2011.6. 21.자 2011마825 결정).

● 개인회생절차를 신청한 채무자가 변제하여야 할 재산의 범위는?

질문

저는 개인회생절차를 신청한 채무자입니다. 그런데 저의 임대차보증금도 반환받아서 변제에 제공하여야 하는가요?

답변

　　개인회생제도는 원칙적으로 가용소득으로 채무를 변제하는 제도이고, 다만 가용소득의 현재가치가 현재 보유하고 있는 재산을 처분할 경우의 청산가치보다 적을 때에만 현재 보유하고 있는 재산을 투입하여야 하는 것으로 되어 있습니다. 이와 같이 현재 보유하고 있는 재산을 투입하게 되어 있는 경우에도, 채무자 또는 그 피부양자의 주거용으로 사용되고 있는 건물에 관한 임차보증금반환청구권으로서 주택임대차보호법 제8조의 규정에 의하여 우선변제를 받을 수 있는 금액의 범위 안에서 채무자 회생 및 파산에 관한 법률 시행령에서 정하는 금액을 초과하지 아니하는 부분은, 변제재원으로부터 면제되는 재산이 될 수 있습니다.

　　따라서 영업소득자인 채무자가 영업장소로 사용하고 있는 상가건물에 대한 임대차보증금반환채권은 이 면제재산에 해당하지 않습니다. 그러나 그러한 상가건물에 대한 임대차보증금반환채권을 변제재원으로 사용하겠다는 내용의 변제계획은, 그 영업의 계속에 장애를 가져올 것이므로, 채무자

가 계속적.반복적 수입을 얻을 것이라는 요건을 훼손하게
될 것입니다.

　채무자가 면제재산으로 결정받기를 원하는 재산이 있으
면, 개인회생절차 개시신청일부터 개시결정 후 14일 이내에
면제재산 목록 및 소명자료를 첨부하여 법원에 이를 면제재
산으로 결정하여 줄 것을 신청하여야 합니다.

　채무자 회생 및 파산에 관한 법률 시행령은 면제재산이
될 수 있는 주택임차보증금반환청구권에 대하여 다음의 구
분에 의한 금액 이하로 정하고 있습니다.

　(1) 수도권정비계획법에 의한 수도권 중 과밀억제권역 :
1,600만원, (2) 광역시(군지역과 인천광역시 지역을 제외한
다) : 1,400만원, (3) 그 밖의 지역 : 1,200만원

● 법원에 제출한 변제계획안의 인가요건은?

채무자인 제가 법원에 제출하는 변제계획안이 법원으로부터 인가를 받기 위해서는 어떤 요건을 갖추어야 하는가요?

채무자가 제출하는 변제계획안이 법원으로부터 인가를 받기 위해서는 다음과 같은 4가지 요건을 갖추어야 합니다.

첫째, 변제계획이 법률의 규정에 적합하여야 합니다. 둘째, 변제계획이 공정하고 형평에 맞아야 하며 수행가능하여야 합니다. 셋째, 변제계획 인가 전에 납부되어야 할 비용, 수수료 그 밖의 금액이 납부되어 있어야 합니다. 넷째, 변제계획의 인가결정일을 기준일로 하여 평가한 개인회생채권에 대한 총변제액이 채무자가 파산하는 때에 배당받을 총액보다 적지 않아야 합니다. 그러나 채권자가 동의한 경우에는 예외로 합니다.

아울러 개인회생채권자 또는 회생위원이 이의를 진술하는 때에는 위 4가지 요건 외에도 다음의 3가지 요건을 추가로 갖추어야만 변제계획안이 인가를 받을 수 있습니다. 첫째, 변제계획 인가 결정일을 기준일로 하여 평가한 이의를 진술하는 개인회생채권자에 대한 총변제액이 채무자가 파산하는 때에 배당받을 총액보다 적지 않아야 합니다. 둘째, 채무자가 최초의 변제일부터 변제계획에서 정한 변제기간 동안 수령할 수 있는 가용소득의 전부가 변제계획에 따른 변제에 제공되어야 합니다. 셋째, 변제계획의 인가 결정일을 기준일로 하여 평가한 개인회생채권의 총금액이 5천만원 미만인 경우에는 5/100에 해당하는 금액, 5천만원 이상인 경우에는 3/100에 100만원을 더한 금액 이상이 변제에 제공되어야 합니다.

해설

변제계획인가결정이 있는 때에는 채무자의 급료·연금·봉급·상여금, 그 밖에 이와 비슷한 성질을 가진 급여채권에 관하여 개인회생절차개시 전에 확정된 전부명령은 변제계획인가결정 후에 제공한 노무로 인한 부분에 대하여는 그 효력이 상실됩니다. 변제계획인가결정으로 인하여 전부채권자가 변제받지 못하게 되는 채권액은 개인회생채권으로 합니다.

변제의 수행은 채무자는 인가된 변제계획에 따라 개인회생채권자에게 변제할 금원을 회생위원에게 임치하여야 합니다. 개인회생채권자는 제1항의 규정에 따라 임치된 금원을 변제계획에 따라 회생위원으로부터 지급받아야 합니다. 개인회생채권자가 지급받지 않는 경우에는 회생위원은 채권자를 위하여 공탁할 수 있습니다. 회생위원이 선임되지 아니한 경우 또는 변제계획이나 변제계획인가결정에서 다르게 정한 경우에는 적용하지 않습니다. 변제계획의 인부결정에 대하여는 즉시항고를 할 수 있습니다.

● 법원에서 변제계획이 인가나면 어떤 효력이 있는지?

질문

저는 법원에 변제계획을 제출하여 인가를 받았습니다. 이 변제계획은 어떤 효력이 있는가요?

답변

변제계획 인가결정은 권리변경의 효력이 없기 때문에 변제계획이 인가되었다고 하더라도 채권자의 권리 자체에 영향을 미치지는 않습니다. 변제계획 인가결정이 있으면 개인회생재단에 속하는 모든 재산은 원칙적으로 채무자에게 다시 귀속됩니다. 따라서 채무자는 변제계획 인가 후에 재산에 대한 소유권을 자유로이 행사할 수 있게 됩니다. 다만 변제계획 또는 변제계획 인가결정에서 이와 다르게 정할 수 있습니다. 변제계획 인가결정이 있는 때에는 개시결정으로 인하여 중지된 파산절차와 개인회생채권에 기한 강제집행, 가압류 또는 가처분은 그 효력을 잃게 됩니다. 다만 변제계획 또는 변제계획 인가결정에서 이와 다르게 정한 때에는 그렇지 않습니다.

해설

변제계획에는 ① 채무변제에 제공되는 재산 및 소득에 관한 사항, ② 개인회생재단채권 및 일반의 우선권 있는 개인회생채권의 전액의 변제에 관한 사항, ③ 개인회생채권자목록에 기재된 개인회생채권의 전부 또는 일부의 변제에 관한 사항을 정하여야 합니다. 변제계획에서 채권의 조를 분류하는 때에는 같은 조로 분류된 채권을 평등하게 취급하여야 합니다. 그러나 불이익을 받는 개인회생채권자의 동의가 있거나 소액의 개인회생채권의 경우에는 예외로 합니다. 변제계획은 변제계획인가일부터 1월 이내에 변제를 개시하여 정기적으로 변제하는 내용을 포함하여야 합니다.

● 법원으로부터 변제계획이 인가되지 않을 경우는?

질문

저는 법원에 변제계획을 신청하였으나 불인가되었습니다. 이런 경우에는 어떻게 해야 되나요?

답변

법원에서는 변제계획이 인가요건을 갖추지 못하면 변제계획 불인가결정 및 개인회생절차폐지결정이 내려지게 되는데, 이 결정이 확정되면 개인회생절차는 종료됩니다. 채무자는 변제계획 불인가결정 및 개인회생절차폐지결정에 대하여 공고일로부터 2주 이내에 즉시항고를 할 수 있습니다.

다만 법원은 확정된 개인회생채권 총액의 20분의 1의 범위 내에서 항고인에게 항고보증금을 공탁할 것을 명할 수 있습니다. 변제계획 불인가결정 및 개인회생절차폐지결정이 확정되면 개인회생채권자는 개인회생절차의 제약에서 벗어나 변제계획과 상관없이 채권을 추심하고 강제집행, 가압류, 가처분을 할 수 있게 됩니다.

해설

채무자는 개인회생절차개시의 신청일부터 14일 이내에 변제계획안을 제출하여야 합니다. 그러나 법원은 상당한 이유가 있다고 인정하는 때에는 그 기간을 늘일 수 있습니다. 채무자는 변제계획안이 인가되기 전에는 변제계획안을 수정할 수 있습니다. 법원은 이해관계인의 신청에 의하거나 직권으로 채무자에 대하여 변제계획안을 수정할 것을 명 할 수 있습니다. 이 수정명령이 있는 때에는 채무자는 법원이 정하는 기한 이내에 변제계획안을 수정하여야 합니다.

● 변제는 어떤 절차로 진행하여야 하는지?

질문

저는 법원으로부터 변제계획의 인가를 받았습니다. 이 변제의 수행은 어떻게 하면 되나요?

답변

변제계획이 인가되면, 채무자는 인가된 변제계획의 내용에 따라 개인회생채권자에게 변제하여야 할 금원을 회생위원에게 임치하여야 하고, 회생위원은 그 임치된 금원을 변제계획 내용대로 각 개인회생채권자에게 지급합니다. 따라서 회생위원이 선임되어 있는 경우에 채무자는 직접 개인회생채권자에게 변제하는 것이 아니라 변제할 금원을 회생위원에게 임치하여야 합니다.

채무자가 회생위원에게 금원을 임치하는 방법은 각 법원별로 지정된 은행에 개설된 회생위원이 관리하는 예금계좌(법원코드, 회생위원번호, 사건번호로 계좌번호가 구성되어 있습니다)에 송금하는 것입니다.

해설

법원은 개인회생채권자 또는 회생위원이 이의를 진술하지 아니하고 ① 변제계획이 법률의 규정에 적합할 것, ② 변제계획이 공정하고 형평에 맞으며 수행 가능할 것, ③ 변제계획인가 전에 납부되어야 할 비용·수수료 그 밖의 금액이 납부되었을 것, ④ 변제계획의 인가 결정일을 기준일로 하여 평가한 개인회생채권에 대한 총변제액이 채무자가 파산하는 때에 배당받을 총액보다 적지 아니할 것(채권자가 동의한 경우에는 예외) 중 어느 요건이 모두 충족된 때에는 변제계획인가결정을 하여야 합니다. 그러나 변제계획안 수정명령에 불응한 경우에는 예외입니다. 또 법원은 개인회생채권자 또는 회생위원이 이의를 진술하는 때에는 제1항 각호의 요건 외에 다음 각호의 요건을 구비하고 있는 때에 한하여 변제계획인가 결정을 할 수 있습니다.

(1) 변제계획의 인가 결정일을 기준일로 하여 평가한 이의를 진술하는 개인회생채권자에 대한 총변제액이 채무자가 파산하는 때에 배당받을 총액보다 적지 아니할 것,

(2) 채무자가 최초의 변제일부터 변제계획에서 정한 변제기간 동안 수령할 수 있는 가용소득의 전부가 변제계획에 따른 변제에 제공될 것,

(3) 변제계획의 인가 결정일을 기준일로 하여 평가한 개인회생채권에 대한 총변제액이 3천만 원을 초과하지 아니하는 범위 안에서 다음 각목의 금액보다 적지 아니할 것

   (가) 변제계획의 인가결정일을 기준일로 하여 평가한 개인회생채권의 총금액이 5천만 원 미만인 경우에는 위 총금액에 100분의 5를 곱한 금액,

   (나) 변제계획의 인가결정일을 기준일로 하여 평가한 개인회생채권의 총금액이 5천만 원 이상인 경우에는 위 총금액에 100분의 3을 곱한 금액에 1백만 원을 더한 금액

아울러 법원은 변제계획인부결정을 선고하고 그 주문, 이유의 요지와 변제계획의 요지를 공고하여야 한다. 이 경우 송달은 하지 아니할 수 있습니다.

● 변제계획의 변경 또는 면책이 가능한지?

질문

저는 급여소득자로 개인회생을 신청하여 개인회생 절차개시결정 및 변제계획인가결정을 받아 현재까지 변제계획을 수행해 오고 있습니다. 그런데 얼마 전 제가 다니던 회사가 매출 부진으로 폐업하는 바람에 갑자기 실직하게 되었고 현재는 다른 직장을 알아보고 있으나 특별한 기술이나 경력이 없는 관계로 취직하기가 쉽지 않은 상황입니다. 당장 다음 달 개인회생 변제금을 내는 것이 막막한 상황인데 이러한 상황에서 제가 취할 수 있는 방법은 무엇이 있는지요?

답변

개인회생제도에 있어서 변제기간은 채무자 회생 및 파산에 관한 법률 제611조 제5항에 의하여 원칙적으로 5년입니다. 이 기간 동안 소득의 증감이나 생계비 변동 등 당초 인가된 변제계획과 다른 사실관계들이 얼마든지 발생할 수 있습니다. 이에 채무자 회생 및 파산에 관한 법률은 변제계획 인가결정 이후 채무자가 변제계획에 따른 변제가 완료되기 전에는 채무자·회생위원 또는 개인회생채권자는 인가된 변제계획의 변경안을 제출할 수 있도록 규정하고 있습니다.

그러나 일반적으로 물가상승과 그로 인한 생계비 증대, 매년 급여의 일정한 상승 등 소득의 증감이나 생계비 변경 등이 당초 인가된 변제계획 인가 당시 합리적으로 예상할 수 있었던 범위 내의 것이라면 변제계획을 변경할 필요성은 없다고 볼 수 있으므로, 변제계획 변경안이 인가되기 위해서는 그 변경의 필요성을 소명해야 할 것입니다. 이에 대하여 같은 법은 변제계획 변경 사유에 대하여 특별히 언급하지 않고 있는데, 일반적 기준으로서 '변제계획 인가 당시 합리적으로 예상할 수 없었던 사정의 변경이 있는 경우'에 변제계획 변경의 필요성을 인정할 수 있다고 할 것입니다.

채무자가 실직, 이직 등으로 급여가 감소되거나 영업을 폐지하게 되는 경우, 부양가족의 증가, 질병 또는 실직 등으로 생계비가 증대되는 경우에 이러한 사정변경이 현저하여 변제계획 인가 당시 이를 합리적으로 예상할 수 없었던 경우라면 변제계획을 변경할 필요성을 인정할 수 있고 따라서 개인회생위원 또는 채무자는 변제계획 변경안을 제출하여 변제계획을 변경할 수 있습니다. 이와 반대로 채무자가 갑작스럽게 승진을 하거나 상속을 받는 등으로 인하여 급여나 재산액이 현저히 증가되어 변제계획 인가 당시 예상치 못한 사정변경이 있는 경우에는 개인회생위원 또는 개인회생채권자는 변제계획 변경안을 제출하여 변제계획을 채권자에게 유리하게 변경할 수도 있습니다. 변제계획 변경 절차는 개인회생절차개시결정 후 변제계획인가결정을 하는 절차를 준용하고 있습니다.

따라서 변제계획 변경안은 청산가치 보장의 원칙 등 같은 법 제614조에서 정한 변제계획인가요건을 모두 충족해야 하고, 법원은 변제계획 변경안을 채무자·알고 있는 개인회생채권자·채무자의 재산을 소지하고 있거나 그에게 채무를 부담하는 자에게 송달하여야 하며, 개인회생채권자 집회기일을 열어 채권자의 이의진술 기회를 제공하고 변제계획 변경안 인가 여부에 대한 결정을 하게 됩니다. 그러나 당초 변제계획 인가 당시 예상할 수 없었던 사정변경이 현저하여 변제계획의 변경을 통한 변제계획 수행이 대단히 곤란한 경우라면 채무자로서는 이와 같은 제도를 이용할 수 없게 됩니다. 이와 같이 변제계획에 따른 변제를 완료하지 못한 경우에도 같은 법은 채무자가 ①채무자가 책임질 수 없는 사유로 인하여 변제를 완료하지 못하였을 것, ②개인회생채권자가 면책결정일까지 변제받은 금액이 채무자가 파산절차를 신청한 경우 파산절차에서 배당받을 금액보다 적지 아니할 것, ③변제계획의 변경이 불가능할 것 등의 요건을 모두 충족하는 경우 법원은 이해관계인의 의견을 들은 후 면책결정을 할 수 있도록 규정하고 있습니다. 위에서 '채무자의 책임질 수 없는 사유'라 함은 채무자의 실직 또는 급여 감소, 영업 폐지, 부양가족의 증가 또는 질병, 실직 등으로 인한 생계비 증대 등 변제계획을 완료하지 못한 사유에 있어서 채무자에게 귀책사유가 없는 경우를 말하며, 채무자가 그 책임 있는 사유로 해고되거나 경영상의 과실로 폐업한 경우에는 일반적으로 채무자의 책임질 수 없는 사유에 해당할 수 없습니다. 또한 변제계획에 따른 변제를 완료한 경우의 면책결정이 필수적인 것과 달리, 채무자가 위 요건을 모두 충족하는 경우에도 법원은 반드시 면책결정을 해야 하는 것은 아닙니다.

　　귀하의 경우 다시 취업하더라도 그 전과 같은 급여를

수령할 수 없고 그 급여 감소액이 당초 변제계획 인가 당시 이를 합리적으로 예상할 수 없었던 범위라면 변제계획을 변경할 필요성을 인정할 수 있으므로 변제계획 변경안을 제출하여 현재의 급여소득 및 부양가족수에 따른 생계비를 기초로 하여 변제계획을 변경할 수 있습니다. 다만, 다른 직장에서의 급여가 현재 부양가족수에 따른 생계비를 하회하여 변제계획 변경을 통한 변제계획 수행이 불가능할 경우라면 면책신청을 고려해볼 수 있는 바, ①귀하의 실직이 회사의 매출부진에 따른 폐업으로 인한 것이라면 귀하에게 귀책사유가 있다고 할 수 없고 ②귀하가 지금까지 채권자들에게 변제한 금액이 귀하의 재산 환가액을 상회한다고 볼 수 있다면 법원은 재량에 따라 귀하의 면책 여부를 결정할 수 있습니다.

해설

　　채무자 회생 및 파산에 관한 법률 제619조 제1항은 개인회생절차에서 인가 후의 변제계획 변경에 관하여 "채무자·회생위원 또는 개인회생채권자는 변제계획에 따른 변제가 완료되기 전에는 인가된 변제계획의 변경안을 제출할 수 있다."고 규정하고 있을 뿐, 인가된 변경계획 변경안의 제출 사유를 제한하고 있지 않습니다. 한편 채무자가 변제계획의 인가 후 인가된 변제계획의 변경안을 제출하면, 법원은 개인회생채권자 등에게 변제계획 변경안을 송달하여야 하고, 채무자·개인회생채권자 및 회생위원에게 개인회생채권자집회의 기일과 변제계획 변경안의 요지를 통지하여야 하며, 개인회생채권자집회 등에서 개인회생채권자 등이 채무자가 제출한 변제계획 변경안에 관하여 이의를 진술하는지 여부를 확인하여야 합니다.

　　나아가 법원은 채무자가 제출한 변제계획의 변경안에 대하여 개인회생채권자 또는 회생위원이 이의를 진술하지 아니하고 채무자 회생 및 파산에 관한 법률 제614조 제1항 각 호의 요건이 모두 충족된 때에는 위 변제계획의 변경안에 대하여 인가결정을 하여야 하고, 개인회생채권자 또는 회생위원이 이의를 진술하는 때에는 채무자 회생 및 파산에 관한 법률 제614조 제1항 각 호의 요건 외에 이른바 '가용소득 전부 제공의 원칙' 등과 같은 제614조 제2항 각 호의 요건을 구비하고 있는 때에 한하여 위 변제계획의 변경안에 대하여 인가결정을 할 수 있습니다.

그리고 채무자 회생 및 파산에 관한 법률 제614조에 의한 인가요건이 갖추어진 변제계획안에 대한 법원의 인가는 재량이 아니라 의무적인 것이고(대법원 2009. 4. 9.자 2008마1311 결정 참조), 이러한 법리는 변제계획의 변경안에 대한 법원의 인가의 경우에도 마찬가지입니다.

● 채무자가 변제계획을 이행하지 않을 경우는?

질문

저는 채권자인데, 채무자가 도중에 변제계획을 지키지 않고 있습니다. 이런 경우 채무자는 어떻게 되나요?

답변

변제계획 수행 도중에 채무자의 실직, 급여의 감소, 생계비의 증가 등으로 인하여 채무자가 변제계획을 지키지 못하는 경우가 생길 수 있습니다. 채무자가 인가된 변제계획을 이행하지 않는 경우에 법원은 이해관계인의 신청에 의하거나 직권으로 개인회생절차폐지결정을 하게 됩니다. 그러나 채무자는 기존의 변제계획을 자신에게 유리하게 변경하는 내용의 변제계획 변경안을 법원에 제출하여 법원으로부터 인가를 받게 되면 개인회생절차폐지결정을 면할 수 있습니다. 또한 채무자는 다음의 3가지 요건을 모두 갖춘 경우에는 당초의 변제 계획을 지키지 못하였더라도 법원으로부터 면책결정을 받을 수 있습니다.

첫째, 채무자가 책임질 수 없는 사유로 인하여 변제를 완료하지 못하였어야 합니다. 둘째, 개인회생채권자가 면책결정일까지 변제받은 금액이 채무자가 파산절차를 신청한 경우 파산절차에서 배당받을 금액보다 적지 않아야 합니다. 셋째, 변제계획의 변경이 불가능한 경우여야 합니다.

채무자 회생 및 파산에 관한 법률 제621조 제1항은 '법원은 다음 각 호의 어느 하나에 해당하는 때에는 이해관계인의 신청에 의하거나 직권으로 개인회생절차폐지의 결정을 하여야 한다'고 규정하면서 제2호로 '채무자가 인가된 변제계획을 이행할 수 없음이 명백할 때'를 들고 있습니다. 이 경우 법원이 채무자가 인가된 변제계획을 이행할 수 없음이 명백한지 여부를 판단함에 있어서는, 인가된 변제계획의 내용, 당시까지 변제계획이 이행된 정도, 채무자가 변제계획을 이행하지 못하게 된 이유, 변제계획의 이행에 대한 채무자의 성실성의 정도, 채무자의 재정 상태나 수입 및 지출의 현황, 당초 개인회생절차개시 시점에서의 채무자의 재정 상태 등과 비교하여 그 사이에 사정변경이 있었는지 여부 및 채권자들의 의사 등 여러 사정을 종합적으로 고려할 것이나, 단순히 변제계획에 따른 이행 가능성이 확고하지 못하다거나 다소 유동적이라는 정도의 사정 만으로는 '이행할 수 없음이 명백한 때'에 해당한다고 할 것은 아닙니다.

● 개인회생제도에 있어서 변제기간 및 면책 여부

질문

　개인회생을 신청할 경우 돈을 일부만 갚고 나머지는 갚지 않아도 된다고 하는데, 개인회생을 신청할 경우 얼마를 언제까지 어떻게 갚아야 하고, 나머지 빚은 어떻게 탕감 받을 수 있는지요?

답변

　개인회생제도란 총 채무액이 무담보채무의 경우에는 5억 원, 담보부채무의 경우에는 10억 원 이하인 개인채무자로서, 장래 계속적으로 또는 반복하여 수입을 얻을 가능성이 있는 급여소득자 또는 영업소득자가, 원칙적으로 5년간 수입 중 생계비를 공제한 금액을 변제하면, 잔존 채무에 대해서는 면책을 받을 수 있는 제도입니다. 개인회생제도는 2004. 9. 23.부터 시행된 「개인채무자회생법」에 따라 처음으로 도입된 제도로서 과거에는 개인에 대한 도산절차로서 청산형으로 파산제도만이 인정되었으나, 위 법이 시행되면서 개인 채무자에게도 재건형·갱생형 도산절차가 도입되게 된 것입니다.

　현재는 「채무자 회생 및 파산에 관한 법률」 제4편에 「개인채무자회생법」이 흡수되어 2006. 4. 1.부터 시행됨에 따라 「개인채무자회생법」은 폐지되었습니다. 개인회생제도는 파산제도와 달리, 일정한 금액을 일정기간 변제하는 내용의 변제계획이 수립되고 수행되어야 하므로 채무자는 장래 계속적으로 또는 반복하여 수입을 얻을 가능성이 있는 급여소득자(연금소득자 포함)나 영업소득자이어야 합니다.

이러한 급여소득자나 영업소득자의 수입에서 일정한 세금과 본인을 포함한 부양가족수를 기준으로 한 생계비를 공제하여 남은 소득을 '가용소득'이라고 하며(채무자 회생 및 파산에 관한 법률 제579조 제4호), 이를 기초로 하여 총 채무금액 중 원칙적으로 원금을 각 개인회생채권자의 원금의 비율에 따라 최장 5년간 안분하여 변제하되, 가용소득이 많거나 채권금액이 적어 5년 이전에 원금을 모두 변제할 수 있는 경우는 5년 미만의 기간 동안 변제하여 나머지 원금 및 이자 채무는 면책결정에 따라 면책 받을 수 있습니다.

[관련판례]

채무자 회생 및 파산에 관한 법률(이하 '법'이라 한다) 제624조 제2항은, 채무자가 변제계획에 따른 변제를 완료하지 못한 경우에도 채무자가 책임질 수 없는 사유로 인하여 변제계획에 따른 변제를 완료하지 못하였을 것(제1호), 개인회생채권자가 면책결정일까지 변제받은 금액이 채무자가 파산절차를 신청한 경우 파산절차에서 배당받을 금액보다 적지 아니할 것(제2호), 변제계획의 변경이 불가능할 것(제3호)의 요건을 모두 충족한 때에는, 법원은 이해관계인의 의견을 들은 후 면책결정을 할 수 있다고 규정하고 있다.

그런데 개인회생절차가 종료한 이후 채무자에게 파산원인이 있는 경우 채무자는 파산절차를 이용할 수 있는 점, 개인회생절차가 종료한 이후에도 채무자가 개인회생절차에 따른 면책신청을 할 수 있다면 개인회생절차로 말미암은 권리행사의 제한에서 벗어난 개인회생채권자의 지위가 불안정하게 되는 점, 면책결정이나 개인회생절차폐지결정이 확정되면 개인회생절차가 종료하는 점, 면책불허가결정이 확정된 때에는 개인회생절차를 폐지하여야 하는데(법 제621조 제1항 제1호), 개인회생절차폐지결정이 확정된 후에 채무자가 면책신청을 하여 법원이 면책결정 또는 면책불허가결정을 하여야 한다면, 이미 종료한 절차가 다시 종료하거나 폐지결정을 다시 하여야 하는 모순이 발생하여 법체계에 맞지 않는 점 등에 비추어 보면, 법 제624조 제2항에 따른 면책은 개인회생절차가 계속 진행하고 있음을 전제로 한 것으로 개인회생절차가 종료하기 전까지만 신청이 가능하다고 봄이 타당하다(대법원 2012.07.12. 자 2012마811 결정).

● 변제계획에 따라 변제를 못한 경우 면책여부는?

변제계획에 따라 변제를 다 하지 못한 경우에도 면책을 받을
수 있나요?

원칙적으로 변제를 완료해야 면책을 받을 수 있으나, 일정
한 요건을 갖춘 경우에는 변제를 완료하지 못했더라도 이해관
계인의 의견을 들은 후 면책결정을 할 수 있습니다.

◇ 변제를 완료하지 못했더라도 면책을 받을 수 있는 요건

① 채무자가 책임질 수 없는 사유로 변제를 완료하지 못한 경
   우일 것

② 개인회생채권자가 면책결정일까지 변제받은 금액이 채무자
   가 파산절차를 신청한 경우 파산절차에서 배당받을 금액보
   다 적지 않을 것

③ 변제계획의 변경이 불가능할 것

◇ 변제를 완료하지 못한 경우의 면책신청

변제계획에 따른 변제를 완료하지 못한 경우 다음 사항을
기재한 서면을 법원에 제출해 면책신청을 할 수 있습니다.

① 사건의 표시

② 채무자, 신청인과 그 대리인의 표시

③ 면책을 신청한 취지

④ 변제를 완료하지 못했으나 면책신청을 할 수 있는 요건을
   갖춘 내용

● 변제계획의 완료 후 효과 및 남은 채무의 면책여부는?

질문

　채무자인 저는 변제계획에 의해서 변제가 완수되면 어떤 효과를 누리게 되나요? 또 아직 남은 채무는 면책이 모두 되나요?

답변

　법원은 채무자가 변제계획에 따른 변제를 완료한 때에는 면책의 결정을 하게 됩니다. 면책결정은 채무자가 신청할 수도 있고 법원이 직권으로 할 수도 있습니다. 면책결정이 확정되면 개인회생절차는 종료됩니다. 면책의 결정이 확정되면 면책을 받은 채무자는 변제계획에 따라 변제하고 남은 채무에 관하여 그 책임이 면제됩니다.

해설

　면책의 결정은 확정된 후가 아니면 그 효력이 생기지 않습니다. 면책을 받은 채무자는 변제계획에 따라 변제한 것을 제외하고 개인회생채권자에 대한 채무에 관하여 그 책임이 면제됩니다. 그러나 ① 개인회생채권자목록에 기재되지 아니한 청구권, ② 조세 등의 청구권, ③ 벌금·과료·형사소송비용·추징금 및 과태료, ④ 채무자가 고의로 가한 불법행위로 인한 손해배상, ⑤ 채무자가 중대한 과실로 타인의 생명 또는 신체를 침해한 불법행위로 인하여 발생한 손해배상, ⑥ 채무자의 근로자의 임금·퇴직금 및 재해보상금, ⑦ 채무자의 근로자의 임치금 및 신원보증금, ⑧ 채무자가 양육자 또는 부양의무자로서 부담하여야 할 비용 등의 청구권에 관하여는 책임이 면제되지 않습니다. 또 면책은 개인회생채권자가 채무자의 보증인 그 밖에 채무자와 더불어 채무를 부담하는 자에 대하여 가지는 권리와 개인회생채권자를 위하여 제공한 담보에 영향을 미치지 않습니다. 면책 여부의 결정과 면책취소의 결정에 대하여는 즉시 항고를 할 수 있습니다.

[관련판례 1]

법 제595조 제7호가 정한 '그 밖에 신청이 성실하지 아니하거나 상당한 이유 없이 절차를 지연시키는 때'에 해당한다는 이유로 개인회생절차 개시신청을 기각하려면, 채무자에게 같은 조 제1호 내지 제5호에 준하는 절차적인 잘못이 있거나 채무자가 개인회생절차의 진행에 따른 효과만을 목적으로 하는 등 부당한 목적으로 개인회생절차 개시신청을 한 경우 또는 법원의 정당한 보정명령을 받고도 장기간 보정에 불응한 경우에 해당한다는 등의 사정이 인정되어야 한다(대법원 2013. 3. 11.자 2012마1744 결정).

[관련판례 2]

법원 또는 회생위원은 채무자가 제출한 자료에 보완이 필요한 경우 언제든지 채무자에게 금전의 수입과 지출 그 밖에 채무자의 재산상의 업무에 관하여 보고를 요구할 수 있고, 필요하다고 인정하는 경우에는 재산상황의 조사, 시정의 요구 그 밖의 적절한 조치를 취할 수 있으며(법 제591조), 만약 채무자가 법원의 보정 요구에 일단 응한 경우에는 그 내용이 법원의 요구사항을 충족시키지 못하였다고 하더라도 법원이 추가적인 보정 요구나 심문 등을 통하여 이를 시정할 기회를 제공하지 아니한 채 곧바로 그 신청을 기각하는 것은 허용되지 않는다(대법원 2011. 7. 25.자 2011마976 결정).

● 면책이 취소될 수 있는지?

질문

저는 채권자인데, 저도 모르게 채무자가 면책을 받았습니다. 이를 제가 취소시킬 수 있나요?

답변

채무자가 면책을 받았다고 하더라도 기망 그 밖의 부정한 방법으로 면책을 받은 때에는 법원은 이해관계인의 신청에 의하거나 직권으로 면책을 취소할 수 있습니다. 그래서 이해관계인인 귀하는 면책결정이 확정된 날로부터 1년 이내에 면책의 취소를 신청하여 취소시킬 수 있습니다.

해설

법원은 채무자가 변제계획에 따른 변제를 완료한 때에는 당사자의 신청에 의하거나 직권으로 면책의 결정을 합니다. 또 법원은 채무자가 변제계획에 따른 변제를 완료하지 못한 경우에도 ① 채무자가 책임질 수 없는 사유로 인하여 변제를 완료하지 못하였을 것, ② 개인회생채권자가 면책결정일까지 변제받은 금액이 채무자가 파산절차를 신청한 경우 파산절차에서 배당받을 금액보다 적지 아니할 것, ③ 변제계획의 변경이 불가능할 것 등의 요건이 모두 충족되는 때에는 이해관계인의 의견을 들은 후 면책의 결정을 할 수 있습니다. 그러나 이러한 규정에 불구하고 법원은 ① 면책결정 당시까지 채무자에 의하여 악의로 개인회생채권자목록에 기재되지 아니한 개인회생채권이 있는 경우, ② 채무자가 이 법에 정한 채무자의 의무를 이행하지 아니한 경우 중 어느 하나에 해당하는 경우에는 면책을 불허하는 결정을 할 수 있습니다. 아울러 법원은 면책의 결정을 한 때에는 그 주문과 이유의 요지를 공고하여야 합니다. 이 경우 송달은 하지 아니할 수 있습니다.

[관련판례]

채무자 회생 및 파산에 관한 법률(이하 '법'이라 한다) 제621조 제1항은 개인회생절차에서 변제계획인가 후 채무자가 인가된 변제계획을 이행할 수 없음이 명백한 때 등의 사유가 있는 때에는 법원은 개인회생절차를 폐지하여야 한다고 규정하고 있다. 개인회생절차에서 개인회생채권자는 변제계획에 의하지 아니하고는 변제하거나 변제받는 등 이를 소멸하게 하는 행위를 하지 못하는데(법 제582조), 개인회생채권자는 개인회생절차폐지결정이 확정된 때에는 채무자에 대하여 개인회생채권자표에 기하여 강제집행을 할 수 있어(법 제603조 제4항) 개인회생채권자가 개인회생절차폐지결정의 확정으로 절차적 구속에서 벗어나는 점 등에 비추어 보면, 개인회생절차폐지결정이 확정된 경우에 개인회생절차는 종료한다고 봄이 타당하다. 채무자 회생 및 파산에 관한 규칙 제96조가 " 법 제624조의 면책결정이 확정되면 개인회생절차는 종료한다."고 규정하고 있으나 이는 면책결정이 확정된 경우의 개인회생절차 종료사유에 관한 것이므로 개인회생절차폐지결정이 확정된 경우에도 개인회생절차가 종료한다고 판단하는 데 장애사유가 되지 아니한다. (대법원 2012.07.12. 자 2012마811 결정)

● 추심행위를 하는 채권자에 대한 제재범위는?

질문

　면책된 채권에 대하여 추심행위를 하는 채권자에 대한 제재로는 무엇이 있나요?

답변

　개인회생절차에서 변제계획에 따른 변제를 완료하거나 법원의 재량에 의하여 면책을 받은 채무자에 대하여, 채권자가 면책된 사실을 알면서 면책된 채권에 기하여 강제집행, 가압류 또는 가처분의 방법으로 추심행위를 한 경우에는 500만원 이하의 과태료에 처해지게 됩니다.

해설

　개인회생절차개시의 결정이 있는 때에는 ① 채무자에 대한 회생절차 또는 파산절차, ② 개인회생채권에 기하여 개인회생재단에 속하는 재산에 대하여 한 강제집행·가압류 또는 가처분, ③ 개인회생채권을 변제받거나 변제를 요구하는 일체의 행위(다만, 소송행위를 제외), ④ 「국세징수법」 또는 「지방세기본법」에 의한 체납처분, 국세징수의 예(국세 또는 지방세 체납처분의 예를 포함한다. 이하 같다)에 의한 체납처분 또는 조세채무담보를 위하여 제공된 물건의 처분 등의 절차 또는 행위는 중지 또는 금지됩니다. 그러나 ② 내지 ④의 절차 또는 행위는 채권자목록에 기재된 채권에 의한 경우에 한합니다.

　개인회생절차개시의 결정이 있는 때에는 변제계획의 인가결정일 또는 개인회생절차 폐지결정의 확정일 중 먼저 도래하는 날까지 개인회생재단에 속하는 재산에 대한 담보권의 설정 또는 담보권의 실행 등을 위한 경매는 중지 또는 금지됩니다. 법원은 상당한 이유가 있는 때에는 이해관계인의 신청에 의하거나 직권으로 중지된 절차 또는 처분의 속행 또는 취소를 명할 수 있습니다. 다만, 처분의 취소의 경우에는 담보를 제공하게 할 수 있습니다. 처분을 할 수 없거나 중지된 기간 중에 시효는 진행되지 않습니다.

● 면책에서 제외되는 채권은?

면책에서 제외되는 채권에는 어떤 것이 있나요?

　　면책의 효력은 개인회생채권자가 채무자에 대하여 갖고 있는 개인회생채권에 대하여 미치는 것이 원칙이지만, 다음의 각 청구권은 면책의 대상에서 제외됩니다.

① 개인회생채권자목록에 기재되지 않은 청구권

② 개인회생절차개시 당시 아직 납부기한이 도래하지 아니한 원천징수하는 조세, 부가가치세.특별소비세.주세 및 교통세, 특별징수의무자가 징수하여 납부하여야 하는 지방세, 본세의 부과.징수의 예에 따라 부과.징수하는 교육세 및 농어촌특별세

③ 벌금.과료.형사소송비용.추징금 및 과태료

④ 채무자가 고의로 가한 불법행위로 인한 손해배상

⑤ 채무자가 중대한 과실로 타인의 생명 또는 신체를 침해한 불법행위로 인하여 발생한 손해배상

⑥ 채무자의 근로자의 임금, 퇴직금 및 재해보상금

⑦ 채무자의 근로자의 임치금 및 신원보증금

⑧ 채무자가 양육자 또는 부양의무자로서 부담하여야 할 비용

● 개인회생절차에서 채무자의 형사처벌 범위는?

질문

저는 개인회생절차를 잘 알지 못하고 신청하려고 하는데, 이 경우에서 채무자인 제가 법률위반으로 인한 형사처벌을 받을 수 있는 사항으로는 무엇이 있나요?

답변

개인회생절차에서 채무자가 법률위반으로 형사처벌되는 사안으로는 첫째는 사기개인회생죄로 채무자가 자기 또는 타인의 이익을 도모하거나 채권자를 해할 목적으로 ① 채무자의 재산을 손괴 또는 은닉하거나 회생채권자·회생담보권자·주주·지분권자에 불이익하게 처분하는 행위, ② 채무자의 부담을 허위로 증가시키는 행위, ③ 법률의 규정에 의하여 작성하여야 하는 상업장부를 작성하지 아니하거나, 그 상업장부에 재산의 현황을 알 수 있는 정도의 기재를 하지 아니하거나, 그 상업장부에 부정의 기재를 하거나, 그 상업장부를 손괴 또는 은닉하는 행위, ④ 「부정수표단속법」에 의한 처벌회피를 주된 목적으로 회생절차개시 또는 간이회생절차개시의 신청을 하는 행위 중 어느 하나에 해당하는 행위를 하고, 채무자에 대하여 회생절차개시 또는 간이회생절차개시의 결정이 확정된 경우 그 채무자는 10년 이하의 징역 또는 1억원 이하의 벌금에 처해지게 됩니다.

둘째로는 보고 등 거절의 죄로 채무자가 정당한 사유

없이 법원 또는 회생위원으로부터 금전의 수입과 지출 그 밖에 재산상의 업무에 관한 보고요구를 받고도 이를 거부하거나 허위 보고를 하는 행위, 법원 또는 회생위원이 필요하다고 인정하여 재산상황을 조사하는 것을 거부하는 행위, 시정요구를 거부하는 행위를 한 경우에는 채무자는 1년 이하의 징역 또는 1천만원 이하의 벌금에 처해지게 됩니다.

해설

① 채무자의 법정대리인, ② 법인인 채무자의 이사, ③ 채무자의 지배인 중 어느 하나에 해당하는 자가 자기 또는 타인의 이익을 도모하거나 채권자를 해할 목적으로 위 각호의 행위를 하고, 채무자에 대하여 회생절차개시 또는 간이회생절차개시의 결정이 확정된 경우 그 자는 5년 이하의 징역 또는 5천만원 이하의 벌금에 처합니다. 또 채무자가 자기 또는 타인의 이익을 도모하거나 채권자를 해할 목적으로 ① 재산을 은닉 또는 손괴하거나 채권자에게 불이익하게 처분하는 행위, ② 허위로 부담을 증가시키는 행위 중 어느 하나에 해당하는 행위를 하고, 채무자에 대하여 개인회생절차개시의 결정이 확정된 때에는 5년 이하의 징역 또는 5천만원 이하의 벌금에 처합니다.

제2편

개인파산

1. 개인파산과 면책의 개념

1-1. 개인파산이란?

봉급생활자, 주부, 학생 등 비영업자가 소비활동의 일환으로 물품을 구입하거나 돈을 차용한 결과 자신의 모든 채무를 변제할 수 없는 상태에 빠진 경우에 그 채무의 정리를 위하여 스스로 파산신청을 하는 경우 이를 관행상 개인파산이라고 합니다.

1-2. 면책이란?

면책이란, 자신의 잘못이 아닌 자연재해나 경기변동 등과 같은 불운(不運)으로 인하여 파산선고를 받은 '성실하나 불운한' 채무자에게 새로운 출발의 기회를 주기 위한 것으로서 파산절차를 통하여 변제되지 아니하고 남은 채무에 대한 채무자의 변제책임을 파산법원의 재판에 의하여 면제시킴으로써 채무자의 경제적 갱생을 도모하는 것으로 개인에게만 인정되는 제도입니다.

1-3. 개인파산의 목적

개인파산제도의 주된 목적은, 모든 채권자가 평등하게 채권을 변제받도록 보장함과 동시에, 채무자에게 면책절차를 통하여 남아 있는 채무에 대한 변제 책임을 면제하여 경제적으로 재기·갱생할 수 있는 기회를 부여하는 것입니다. 개인파산제도는 성실하지만 불운하게도 과도한 채무를 지게 되어 절망에 빠지고 생활의 의욕을 상실한 채무자에게는 좋은 구제책이 될 수 있습니다.

　개인파산을 신청하는 이유는 주로 파산선고를 거쳐 면책
결정까지 받음으로써 채무로부터 해방되기 위한 것이므로, 개
인파산을 신청하기 전에 자신에게 면책불허가 사유가 있는지
여부를 잘 검토하시기 바랍니다. 이 안내문을 읽으실 때에도
면책불허가 사유를 중점적으로 읽으시기 바랍니다.

2. 파산 및 면책 동시신청의 방법

① 파산 및 면책은 자신의 모든 채무를 변제할 수 없는 지급
　불능상태에 빠진 사람이라면 영업자와 비영업자 모두 신청
　할 수 있습니다. 은행대출, 신용카드 사용, 사채 등 원인을
　불문하고, 금액의 많고 적음도 상관없으며 신용불량자가
　아니라도 신청할 수 있습니다.
② 채무자는 파산 및 면책 신청서류를 작성하여 자신의 주소
　지를 관할하는 지방법원 본원(단, 주소지가 서울특별시에
　있는 경우에는 서울중앙지방법원이 관할법원입니다.)의 접
　수계(파산과가 설치되어 있는 법원의 경우에는 파산과 접
　수계를 말합니다.)에 접수시키면 됩니다. 파산 및 면책신청
　서가 없는 경우에는 파산신청서와 면책신청서를 각각 작성
　하여 함께 제출하여도 됩니다.
③ 파산 및 면책 신청서류는 전국 각 지방법원 본원 민사신청
　과(서울중앙지방법원은 파산과)에 상세한 기재례와 함께 비
　치되어 있으며, 법원 홈페이지(http://www.scourt.go.kr ⇒
　전자민원센터 ⇒ 재판서류양식 ⇒ 개인파산 및 면책) 또는

각 지방법원 본원 홈페이지를 방문하셔서(서울중앙지방법원의 홈페이지의 경우 (http://seoul.scourt.go.kr ⇒ 양식 ⇒ 개인파산 및 면책) 다운받아 사용할 수도 있습니다.

3. 파산선고의 불이익

파산선고가 내려지면 채무자는 파산자가 되고 파산자는 다음과 같은 불이익을 받게 됩니다. 그러나 이러한 불이익은 파산자 본인에게 한정되고, 가족 등 다른 사람에게는 아무런 불이익이 없습니다.

3-1. 공·사법(公·私法)상의 제한

① 후견인, 후견감독인, 유언집행자, 수탁자가 될 수 없습니다. 다만, 권리능력, 행위능력 및 소송능력은 제한받지 아니합니다.

② 공법상 공무원, 변호사, 공인회계사, 변리사, 공증인, 부동산중개업자, 사립학교교원 등이 될 수 없습니다. 다만, 대통령, 국회의원, 지방자치단체장의 선거권 및 피선거권은 계속 보유합니다. 자격증에 관한 자세한 사항은 자격증을 발급해주는 기관에 문의하시기 바랍니다.

③ 상법상 합명회사, 합자회사 사원의 퇴사 원인이 됩니다. 주식회사, 유한회사와 위임관계에 있는 이사의 경우 그 위임관계가 파산선고로 종료되어 당연 퇴임하게 됩니다. 회사의 사규나 취업규칙에 파산선고를 받는 것이 당연 퇴직 사유로 규정되어 있는지 확인하시기 바랍니다.

3-2. 신원조회대상

파산을 선고받은 채무자가 전부면책을 받지 못하거나 면책결정이 취소된 경우 또는 면책신청이 각하되거나 기각된 경우에 한하여 채무자의 신원증명업무를 관장하는 등록기준지 시·구·읍·면장에게 파산선고사실이 통지되어 신원조회 시 파산선고사실이 나타나게 됩니다.(가족관계등록부에 기록되는 것은 아닙니다).

3-3. 불이익의 제거

위와 같은 불이익은 전부면책결정이 확정되면 그러한 불이익은 모두 소멸합니다. 면책이 되지 않은 채무자가 뒤에서 설명하는 복권이 된 경우도 마찬가지입니다.

3-4. 파산절차의 종결

개인파산의 경우, 대부분 채무자에게 배당의 재원이 될 만한 재산이 거의 남아있지 아니하여 이를 금전으로 환가하여도 파산절차의 비용에도 충당할 수 없기 때문에 파산관재인의 선임, 파산채권의 조사·확정, 파산재단의 관리·환가, 배당 등의 절차를 진행하지 않고, 파산선고와 동시에 파산절차를 종결하는 동시폐지결정을 합니다. 동시폐지결정이 내려지면 파산절차는 끝나게 되고, 다음으로 면책절차로 넘어가게 됩니다.

4. 파산 및 면책 동시신청 절차의 흐름

4-1. 개인파산의 경우

채무자에게 배당의 재원이 될 만한 재산이 거의 남아있지 아니하여 이를 금전으로 환가하여도 파산절차의 비용에도 충당할 수 없고 또한 부인권 대상 행위(채권자를 해하는 것을 알고 한 재산 처분, 편파변제, 대물변제 행위 등)도 없는 경우에는 파산관재인의 선임, 파산채권의 조사·확정, 파산재단의 관리·환가, 배당 등의 절차를 진행하지 않고, 파산선고와 동시에 파산절차를 종결하는 동시폐지결정을 합니다(배당할 재산이 남아 있거나 부인권 대상 행위가 있으면 채무자에게 절차비용을 예납하게 한 후 파산관재인 선임 등 절차를 진행하게 됩니다). 동시폐지결정이 내려지면 파산절차는 끝나게 되고, 다음으로 면책절차로 넘어가게 됩니다.

4-2. 파산 및 면책 동시신청 절차의 경과순서

① 파산 및 면책 신청서가 제출되면, 법원은 신청서류만을 검토한 후 파산선고를 할 수도 있고, 좀 더 조사가 필요한 경우에는 채권자들에게 의견청취서를 보내고, 파산 심문기일을 지정하여 신청인(채무자)을 법원에 출석 하게 하여 심문을 마친 후 파산선고를 하기도 합니다.

② 법원은 파산 및 면책 신청서가 제출된 사건에 대해서는 파산 여부에 대한 결정과 함께 면책심문기일 또는 이의신청기간을 동시에 지정하고 이를 신청인(채무자) 등 이해관계인에게 통지합니다.

③ 면책심문종결일부터 30일 이내인 이의신청기간 내(면책심
   문기일이 지정된 경우) 또는 법원이 정한 이의신청기간 내
   (면책심문기일이 지정되지 아니한 경우)에 채권자로부터
   이의가 없는 경우에는 위 이의신청기간이 경과된 후에, 이
   의가 있는 경우에는 신청인(채무자)과 이의채권자 쌍방이
   출석하는 의견청취기일 등을 거친 후에 면책여부에 관한
   결정을 합니다.

   ※ 파산 및 면책 동시신청의 경우 신청부터 면책여부의 결정까지는 약
     4～5개월이 소요됩니다. 다만 그 처리기간은 사건량, 파산선고 전 심
     문여부, 재판부의 사정 등에 따라 늘어나거나 줄어들 수 있습니다.
   ※ 면책신청에 관한 재판이 확정될 때까지 채무자의 재산에 대하여 파
     산재권에 기한 강제집행, 가압류 또는 가처분은 금지 또는 중지되고,
     면책결정 확정으로 중지된 강제집행 등은 당연 실효됩니다.

5. 법원에서 교부하는 파산 및 면책 신청서류의 구성과 작성방법

5-1. 파산 및 면책 동시신청의 장점

　　파산 및 면책 신청서류를 같은 날에 동시에 신청함으로써
개별신청시 드는 서류 작성상의 번거로움도 덜 수 있고, 나아
가 면책심문기일을 더 신속하게 지정받을 수 있으므로 여러
가지로 채무자에게 유리합니다.

　　파산 및 면책을 동시에 신청할 경우 그 신청서에 첨부할
서류는 가족관계증명서, 혼인관계증명서(단, 혼인관계증명서는
최근 2년 이내 이혼한 경우) 및 주민등록등본, 진술서로 이루
어져 있습니다. 진술서에는 ① 채권자목록(채권자주소록), ②

재산목록, ③ 현재의 생활상황, ④ 수입 및 지출에 관한 목록의 4가지 서면이 포함되어 있습니다.

5-2.파산 및 면책 신청서류의 작성방법

빈칸에 해당사항을 기재하고, 각 질문사항에 대하여 "(있음, 없음)"란에 ○표를 하는데, "있음"에 ○표를 한 경우에는 반드시 해당란에 그 구체적인 내용을 기재하여야 합니다. 파산 및 면책 신청서류 양식에 기재할 공간이 부족한 경우에는 해당란에 "별지 기재와 같음"이라고 기재한 후 파산 및 면책 신청서와 같은 크기(A4)의 종이에 해당사항을 기재하여 신청서류의 끝부분에 첨부하여 주십시오.

① 파산 및 면책 신청서

신청인(채무자)란에는 성명을 한글로 정확하게 기재하고, 주민등록번호, 주소 및 등록기준지를 주민등록등본 및 가족관계증명서에 적힌 대로 정확히 기재합니다. 채무의 변제에 사용할만한 재산이 있거나 부인권 대상 행위가 있는 등 파산절차를 진행할 필요가 있는 경우에는 신청취지 2항 및 신청이유 2항, 3항 중 괄호 부분을 삭제하고 날인하여야 합니다.

② 진술서

채무자는 파산법원으로 하여금 채무자의 지급불능상황을 보다 상세히 파악하게 하기 위하여 파산 및 면책 신청시에 본인이 직접 다음과 같은 사항에 관하여 사실 그대로 기재한 진술서를 제출하여야 합니다. 파산 및 면책 신청서류의 두 번째

장부터가 진술서 양식입니다.

제1항 : 최종 학력(학교명도 기재), 경력 등의 사항을 정확하
게 기재하여야 합니다. 과거 경력은 근무하던 직장
등을 순서대로 기재합니다.

제2항 : 신청인의 현재까지의 생활을 되돌아보고 해당되는 사
항이 있으면 기재합니다. 채무의 지급이 곤란할 정도
로 경제 사정이 어려워진 이후에, 재산을 처분하거나
일부 채권자에게만 편파 변제한 경험, 개인회생절차
를 이용한 경험 등을 정확하게 기재하여야 합니다.

제3항 :이전에 채권자들과 채무의 지급방법(분할지급 등)에 관
하여 교섭을 한 경우에 기재합니다. 교섭결과 합의가
성립되어 지급된 경우에는 그 지급내역을 구체적으로
기재합니다. 소송·지급명령·압류·가압류명령 등을 받
은 경우에는 법원명·사건번호·상대방(소송 등을 제기
한 상대방 이름)을 기재하고 법원에서 송달받은 가압
류 결정문, 지급명령, 이행권고결정, 소장 등의 사본
을 첨부합니다.

제4항 : 신청인이 제기한 파산 및 면책 신청이 타당한지 여부
를 판단하는 데 중요한 자료가 됩니다. 채무 증대의
경위 및 지급이 불가능하게 된 사정에 관하여 해당
사유의 □ 안에 √표시를 하고, 지급이 불가능하게
된 시점을 기재한 다음, 구체적 사정을 날짜 순서에
따라 기재하여야 합니다(예를 들어, '2006 0. 0. ○○
은행에서 5천만 원을 차용하여 ~에서 분식집을 개업
하였음. 임차보증금으로 2천 5백만 원, 권리금으로 2

천만 원, 시설비로 5백만 원 지급'과 같이 요약적인 기재 가능).

제5항 : 채무를 지급할 수 없게 된 이후에 새로이 차용하거나 채무가 발생한 사실을 상세하게 기재하여야 합니다.

③ 채권자목록

(가) 파산과 면책을 별도로 신청할 경우에는 각 신청서에 채권자목록을 별도로 제출하여야 하지만, 파산과 면책을 동시에 신청하는 경우에는 채권자목록을 하나만 작성하여도 됩니다. 채권자목록은 신청인의 채무상태를 파악하기 위한 중요한 자료입니다. 채권자목록 뒤에 설명되어 있는 <채권자목록 기재방법>을 잘 읽어보신 후 작성하시고, 같은 채권자에 대한 여러 개의 채무는 연이어 기재하되, 오래된 것부터 날짜 순서에 따라 기재하십시오. 채권자목록 양식은 채권자를 최대 17명까지 기재할 수 있도록 작성되어 있습니다. 그 이상의 채권자가 있는 경우에는 필요한 수만큼 미리 채권자목록을 복사하여 사용하시기 바랍니다. 채무자를 위하여 보증을 해 준 사람이 있으면 그 보증인도 구상채권자로서 별도의 채권자란에 가지번호(예 : 1-1, 5-1 등)를 붙여 정확하게 기재하여야 합니다.

(나) 채권자의 주소는 번지까지 정확하게 기재하여야 합니다. 보증인이 있는 경우에는 해당 채권자(보증인이 보증을 한 채권자)의 보증인란에 그 보증인의 성명을 반드시 기재하여야 합니다. 또한 '채권자 주소록'란에는 위와 같이 채권자목록에 기재된 모든 채권자의 주소를 반드시 정확하

게 기재하여야 합니다. 보증인도 역시 채권자에 해당되므로 그 주소를 반드시 정확하게 기재하여야 합니다.

(다) 신용카드사용자는 해당 카드회사 또는 은행을 방문하여 신용카드사용내역서(신용카드를 마지막으로 사용한 날로부터 과거 1년간)의 신용카드사용 내역이 기재되어 있는 것)를 발급받은 후 그 사용내역서의 첫 장 아래쪽 여백에 채권자목록의 순번과 카드회사명을 기재하여 순번에 따라 첨부하여 주십시오. 금융기관에서 대출을 받거나 사채를 사용한 경우에는 차용증(약정서), 독촉장이나 부채증명원 등 채무액을 소명할 수 있는 자료를 첨부하시기 바랍니다.

(라) 금융기관에서 개인정보에 관한 자료를 주지 않을 경우에는 금융감독원(http://www.fss.or.kr/ 02-3771-5114)에 문의하시면 해결이 됩니다.

※ 채권자목록에 기재하여야 할 채권자 이름 및 주소를 일부라도 기재하지 아니하거나, 허위 또는 부정확하게 기재한 경우에는 파산·면책절차가 지연 될 수 있습니다. 만약 채무자가 특정인이 자신의 채권자라는 사실을 알고 있으면서 그 채권자를 채권자목록에 기재하지 아니하면 면책결정을 받더라도 그 채권자에 대한 채무는 면책되지 않는 불이익을 입을 수 있으므로, 채무자는 자신이 알고 있는 채권자를 채권자목록에서 누락하지 않도록 주의하여야 합니다.

④ 재산목록

(가) 재산목록은 신청인의 재산 보유상태를 정확히 파악하기 위한 서류이므로 신청시의 보유재산을 빠짐없이 기재하여야 합니다. 재산목록 요약표의 각 항목의 □있음 □없음 란에 √표시를 하여야 합니다. "있음"에 √표시를 한 경우

에는 해당란에 그 내용을 구체적으로 기재하고 ☆표에서 설명하는 자료를 첨부하여야 합니다. 첨부자료는 재산목록에 기재한 순서에 따라 정리하여야 합니다. "없음"에 √표시를 한 경우에는 해당란을 기재할 필요가 없습니다.

(나) 보험에 가입하여 신청서를 작성할 당시에도 보험이 유지되고 있는 경우에는 3항에 해약반환금을 기재하시고, 보험회사로부터 해약반환금 예상액이 기재된 서류를 작성받아 제출하십시오.

(다) 부동산, 차량 등의 등기·등록 명의가 신청인으로 되어 있지만 실제로는 타인 소유에 속하는 재산도 모두 기재한 후 그렇게 된 경위를 구체적으로 설명하여야 하며, 시가 증명자료와 부동산 등기부 등본 또는 자동차등록원부를 반드시 첨부하십시오.

※ 재산목록에 기재할 재산을 고의로 누락하면 사기파산죄로 처벌될 수 있고, 면책불허가 사유에도 해당되므로 누락되는 일이 없도록 주의하여야 합니다.

⑤ 현재의 생활상황

신청인의 현재 생활상황을 정확히 파악할 수 있도록 빠짐없이 기재하고 ☆표에서 설명하는 자료를 첨부합니다. 특히 주거상황에 관하여서는 그 내용을 정확히 기재하고 첨부자료가 누락되는 일이 없도록 주의하시기 바랍니다.

⑥ 수입 및 지출에 관한 목록

누구의 수입으로 어떻게 생계를 꾸려 나가고 있는지 알 수 있도록 신청일이 속한 달의 전달의 수입·지출 내역을 가계

수지표의 해당란에 기재하여야 합니다. 따라서 「수입·지출」란에는 신청인 본인의 수입·지출 이외에 가계를 같이하고 있는 사람의 수입·지출도 함께 기재하여야 합니다. 또한 채무자의 가용소득란에는 채무자가 개인회생절차를 신청한다고 가정할 경우의 가용소득(월 평균 소득에서 부양가족을 기준으로 한 보건복지부 공표 최저생계비의 1.5배를 뺀 소득)을 기재합니다.

5-3 파산·면책 신청시 첨부할 서류

① 가족관계증명서, 혼인관계증명서(단, 혼인관계증명서는 최근 2년 이내 이혼한 경우) 및 주소변동내역이 포함된 주민등록등본(외국인의 경우 외국인등록증명서) 각 1부

② 진술서(채권자목록, 재산목록, 현재의 생활상황, 수입 및 지출에 관한 목록) 1부 : 파산 및 면책 신청서 양식에 첨부되어 있으므로 5.항에서 설명한 대로 작성하여 첨부하면 됩니다.

③ 기타 첨부서류 : 파산 및 면책 신청서 양식 중 각 해당란 ☆표에서 설명하는 첨부서류를 제출하여야 합니다. 다만, 자료를 첨부할 수 없는 경우에는 그 이유를 기재한 진술서와 그에 대신할 수 있는 자료가 될 만한 것을 첨부합니다.

④ 위임장 및 인감증명서 각 1부 : 대리인에 의하여 파산 및 면책 신청을 하는 경우에는 위임장 및 인감증명서를 첨부합니다(대리인에 의하여 파산 및 면책 신청을 하였더라도 심문기일에는 반드시 본인이 출석하여야 합니다).

6. 파산 및 면책 동시신청시 소요 비용

파산과 면책을 동시에 신청한다 하더라도 원칙적으로 사건은 파산사건 및 면책사건이라는 별개의 두 사건입니다. 따라서 동시신청의 경우에도 실제 절차비용을 납부할 경우에는 아래 비용을 각 파산신청 사건 및 면책신청 사건 별로 구분하여 계산, 납부한 후 각 절차에 해당하는 '정부수입인지', '송달료납부서'를 별개로 제출하여야 합니다.

① 신청수수료 : 2,000원 → '정부수입인지'를 구입하여 파산 및 면책 신청서에 풀로 붙임.

※ 파산신청서와 면책신청서를 각각 작성할 경우에는 각 신청서에 1,000원의 인지를 붙이기 바랍니다. 정부수입인지는 각 법원 구내 은행 또는 우체국에서 구입할 수 있습니다.

② 송달료 납부서 2부 : 각 법원 구내 은행에 납부한 후 '송달료납부서'를 받아서 접수계에 제출.

파산송달료 37,000원 + (채권자수 × 3,700원 × 3)

면책송달료 37,000원 + (채권자수 × 3,700원 × 3)

③ 공고 비용 예납금 : 필요 없음

공고는 대법원 홈페이지(http://www.scourt.go.kr) 법원공고란에 게시되므로 구 파산법상 필요하였던 공고 비용 예납금은 납부하지 않아도 됩니다.

④ 파산절차 진행을 위한 예납금 : 예납명령이 있는 경우

원칙적으로 신청시에는 필요 없으나, 법원에서 심리 후재산 환가, 부인권 행사 등을 위하여 파산절차를 진행할 필요가 있는 사건에 대하여 예납명령을 발하는 경우에는 예납금을

납부해야 합니다(예납명령을 받고 예납을 하지 않는 경우 파산신청이 기각됩니다).

7. 면책불허가 사유

① 모든 채무자가 법원으로부터 면책을 허가 받을 수 있는 것은 아닙니다. 즉, 법원은 채무자를 심문하거나 채권자로부터도 의견을 청취한 다음 면책을 허가할 것인지를 판단합니다. 그리고 다음에서 예시한 일정한 사유가 있는 경우에는 채무자 회생 및 파산에 관한 법률 제564조에 의해 원칙적으로 면책허가결정을 받을 수 없습니다.

② 면책불허가 사유는 아래와 같습니다. 면책이 허가되지 아니한 경우에는 파산의 원인이 된 채무를 모두 변제하여야 할 뿐만 아니라 파산을 선고받은 채무자로서 법률에 정하여진 여러 가지 제약을 받게 되므로 파산 및 면책 신청을 하기 전에 미리 면책불허가 사유가 있는지 신중히 검토하시기 바랍니다.

(가) 채무자가 자기 재산을 숨기거나 부수거나 다른 사람 명의로 바꾸거나 헐값에 팔아버린 행위

(나) 채무자가 채무를 허위로 증가시키는 행위

(다) 채무자가 과다한 낭비 또는 도박 등을 하여 현저히 재산을 감소시키거나 과대한 채무를 부담하는 행위

(라) 채무자가 신용거래로 구입한 상품을 현저히 불리한 조건으로 처분하는 행위

(마) 채무자가 파산원인인 사실이 있음을 알면서 어느 채권자

에게 특별한 이익을 줄 목적으로 채무자의 의무에 속하지 않거나 그 방법 또는 시기가 채무자의 의무에 속하지 않는데도 일부 채권자에게만 변제하거나 담보를 제공하는 행위(아직 변제기가 도래하지 않은 일부 채권자에게만 변제하거나 원래 대물변제 약정이 없는데도 일부 채권자에게 대물변제하는 행위를 포함)

(바) 채무자가 허위의 채권자목록 그 밖의 신청서류를 제출하거나 법원에 대하여 그 재산 상태에 관하여 허위의 진술을 하는 행위

(사) 채무자가 파산선고를 받기 전 1년 이내에 파산의 원인인 사실이 있음에도 불구하고 그 사실이 없는 것으로 믿게 하기 위하여 그 사실을 속이거나 감추고 신용거래로 재산을 취득한 사실이 있는 때

(아) 과거 일정 기간(개인파산 면책 확정일부터 7년, 개인회생 면책 확정일부터 5년) 내에 면책을 받은 일이 있는 때

8. 면책의 효력

8-1. 채무자에 대한 효력

면책허가결정이 확정되면 채무자는 당연히 복권되고, 공·사법상의 신분상 제한이 소멸됩니다. 그러나 채무 중 일부에 대하여서만 면책을 허가하는 일부 면책허가결정은 동시에 일부 면책불허가결정의 성질을 띠고 있어 "면책의 결정이 확정된 때"에 해당하지 아니하므로 당연히 복권되지 않습니다. 일부 면책허가결정을 받으신 분은 면책 받지 못한 채무를 변제

하신 후 복권절차를 신청함으로써 파산선고로 인한 불이익을 제거할 수 있습니다.

8-2. 파산채권자에 대한 효력

채무자는 면책허가결정이 확정되면 파산채권을 변제하여야 하는 책임이 면하게 됩니다. 면책결정(일부면책은 제외)이 확정되면 전국은행연합회 신용정보관리규약 제6조 제5항에 의하여 "연체 등"정보는 해제가 되나, 파산으로 인한 면책결정 사실이 특수기록정보로 7년간 등록됩니다. 면책결정이 확정되면 법원은 전국은행연합회에 면책결정 확정통지를 하게 되므로 이를 통하여 면책결정 확정 후 채권 금융기관의 추심 행위는 상당 정도 억제될 수 있을 것입니다.

면책결정이 확정된 이후 파산채권자가 면책된 사실을 알면서 채무자의 재산에 대하여 강제집행, 가압류 또는 가처분을 한 경우에는 채권자를 금 500만 원 이하의 과태료에 처할 수 있습니다.

8-3. 면책에서 제외되는 채무

면책허가결정이 확정되더라도 다음의 각 청구권에 대한 변제 책임은 소멸하지 않으므로, 채무자는 이를 계속하여 변제하여야 합니다.

① 조세
② 벌금, 과료, 형사소송비용, 과징금, 과태료
③ 채무자가 고의로 가한 불법행위로 인한 손해배상
④ 채무자가 중대한 과실로 타인의 생명 또는 신체를 침해한

불법행위로 인하여 발생한 손해배상

⑤ 채무자의 근로자의 임금·퇴직금 및 재해보상금

⑥ 채무자의 근로자의 임치금 및 신원보증금

⑦ 채무자가 악의로 채권자목록에 기재하지 아니한 청구권

⑧ 채무자가 양육자 또는 부양의무자로서 부담하여야 하는 비용

8-4. 보증인에 대한 효력

면책은 파산채권자가 채무자의 보증인, 기타 채무자와 더불어 채무를 부담하는 자에 대하여 가지는 권리 및 파산채권자를 위하여 제공한 담보에는 영향을 미치지 아니합니다. 보증인은 면책과 상관없이 자신의 보증채무를 변제하여야 합니다. 그러나 보증인은 보증채무를 변제하더라도 면책 받은 채무자에게 구상권(대신 갚은 돈의 청구)을 행사할 수 없습니다.

8-5. 한 번 내려진 면책결정이 취소될 수도 있습니다.

면책결정이 확정된 후에도 사기파산죄에 관하여 채무자에 대한 유죄의 판결이 확정된 때와 채무자가 부정(不正)한 방법으로 면책을 얻은 경우에는 파산채권자의 신청에 의하거나 파산법원의 직권으로 면책이 취소될 수 있습니다.

9. 복권(復權)

9-1. 복권(復權)이란?

면책이 불허된 경우(일부면책 포함)에 채무자가 변제 기타 방법에 의하여 파산채권자에 대한 채무의 전부에 관하여 변제

나 면제, 상계 등으로 그 채무를 면한 때에는 채무자의 신청과 법원의 심리절차를 거쳐 복권됩니다.

9-2. 복권의 효력

복권이 되면 파산선고를 받기 전과 같은 상태로 돌아가며, 파산선고로 인한 공·사법(公·私法)상의 불이익이 없어집니다.

9-3. 복권신청시 소요되는 비용

① 신청수수료 : 1,000원 → 정부수입인지를 구입하여 복권신청서에 풀로 붙임.
② 송달료 : 37,000원 + (채권자수 × 3,700원 × 3) → 각 법원 구내 은행에 납부한 후 송달료납부서를 받아서 접수계에 제출.
③정부수입인지는 각 법원 구내 은행 또는 우체국에서 구입할 수 있습니다.

10. 개인파산·면책사건의 소송구조 지정변호사 제도

① 경제적 여유가 없는 서민이 소송구조를 통하여 변호사의 도움을 받아 편리하게 개인파산을 신청하기 위한 제도입니다.
② 법원의 소송구조신청(민원) 창구에서 소송구조 대상인 사실을 증명하는 서류(아래 소명자료 참조)를 준비하여 신청하면 됩니다.
③ 소송구조 대상자

- 「국민기초생활보장법」에 따른 수급자 ⇨ 수급자 증명서 (시, 군, 구청 발행)
- 「국민기초생활보장법」에서 정한 최저생계비의 150% 이하 소득자임을 소명하는 자 ⇨ 급여명세서 등 증빙서류
- 「한부모가족지원법」에 따른 보호대상자 ⇨ 한부모가족 증명서(시, 군, 구 ,읍, 면, 동사무소 발행)
- 60세 이상인 자 ⇨ 주민등록등본
- 「장애인복지법」에 따른 장애인 ⇨ 장애인 증명서(시,군, 구청 발행) 또는 장애인복지카드

④ 소송구조를 받는 소송비용은 변호사 비용 및 송달료에 한합니다(공고료, 인지 등 절차비용은 본인 부담)

● 개인파산의 의의와 절차는?

질문

　개인파산을 신청할 경우 현재 본인이 부담하고 있는 모든 빚을 쉽게 탕감 받을 수 있다고 들었습니다. 이러한 파산 제도는 무엇이고, 또한 어떤 절차로 진행이 되고, 소문대로 모든 빚을 손쉽게 탕감 받을 수 있는 제도인지요?

답변

　파산이란 채무자의 채무가 재산을 초과하거나, 채무자가 채무를 장래에 일반적·계속적으로 변제할 수 없는 경우, 채무자의 총재산을 모든 채권자에게 공평하게 변제할 것을 목적으로 하는 사법절차를 말하며, 그 중 채무자가 법인 아닌 개인인 파산사건을 일반적으로 개인파산이라고 합니다.

　개인파산은 비영업자가 소비활동의 일환으로 변제능력을 초과하여 물품 등을 구입한 결과 자신의 모든 재산으로도 채무를 완제할 수 없어 이를 해결하고자 스스로 파산을 신청하는 '소비자파산'과, 개인사업자가 영업활동을 통하여 채무를 부담하고 파탄에 이르러 파산을 신청하는 '영업자파산'을 모두 포함합니다. 파산절차는 채무자의 총재산을 환가하여 이를 채권자들에게 평등하게 분배하는 것을 본래적인 목적으로 하는 청산절차이나, 개인파산의 경우 총재산을 환가하여 분배하는 절차비용을 충당할 재산이 없는 경우가 대부분이며, 법인과 달리 개인의 경우 파산이 종결 또는 폐

지된다고 하여도 여전히 사회경제의 주체로서 금융 및 소비
생활을 계속하게 되므로 '성실하나 불운한' 채무자를 구제
하여 갱생을 도모하는 제도가 필요하게 되는데 이러한 제도
가 바로 면책제도입니다.

결국 파산제도는 청산절차로서의 파산과 채무를 변제할
책임을 소멸케 하는 면책이라는 두 가지 절차로 구성되어
있으며, 일반적으로 파산절차 보다는 면책절차에 채무자들
의 실질적인 관심이 있다고 할 것입니다. 그러나 채무가 많
다고 하여 모두 파산을 신청하여 면책을 받을 수 있는 것
은 아닙니다. 파산의 경우 파산원인으로서 지급불능 즉, 채
무자의 연령, 직업, 기술, 건강, 재산 및 부채의 규모 등을
종합적으로 고려하여 채무자의 재산, 노동력, 신용으로 채
무를 변제할 수 없음이 일반적·계속적으로 불가능하다고 판
단되어야하고, 일반적으로 소액의 채무가 있는 경우 지급불
능으로 평가될 수 없어 파산 자체가 불가능할 수 있습니다.

또한 면책의 경우 낭비, 재산은닉 등 채무자 회생 및
파산에 관한 법률에 정한 일정한 면책불허가사유가 없어야
면책허가결정을 받을 수 있으며, 이미 개인파산절차에서 면
책을 받은 사실이 있다면 그 면책결정 확정일로부터 7년이
경과하지 않으면 면책 받을 수 없습니다(같은 법 제564조
제1항 제4호). 또한 면책결정이 된다 하더라도 면책의 효력
을 부여하는 것이 부적당한 채권에 대하여는 면책에서 제외
하고 있습니다 (같은 법 제566조 단서). 따라서 단순히 현
재 갚을 능력이 없다는 사유만으로 무조건 모든 빚을 탕감
받을 수 있는 것은 아니라고 할 것입니다.

● 파산신청서의 재산목록 작성 방법은?

질문

파산신청서의 재산목록 작성과 관련하여 ①자녀가 보험계약을 체결하고 보험료를 납부하고 있으며 본인은 피보험자 또는 보험수익자인 경우, ②배우자 또는 자녀, 부모님 명의로 임대차계약이 체결된 경우, ③본인이 과거에 직장동료에게 빌려 준 돈 2천만 원이 있는데 직장동료는 이를 갚지 않고 현재 그 소재를 알 수 없는 상황인 경우, ④종중의 선산을 본인 명의로 소유하고 있는 경우 및 그 시가증명 방법, ⑤차량을 담보로 채권자에게 넘겨주거나 차량구입 명의 대여로 인하여 차량등록 명의인은 본인이나, 해당 차량은 제3자에게 전전 양도되어 그 소재를 알 수 없는 경우(일명 대포차가 된 경우), ⑥본인과 상관없이 형성된 친족의 재산의 경우에는 각각 어떻게 해야 하는지요?

답변

파산신청서의 재산목록은 파산재단 즉, 파산선고 당시 채무자가 보유하고 있는 총 재산으로서 채권들에게 배당할 재산의 목록을 의미하며, 파산재단의 환가액이 파산 절차비용에도 미치지 못하는 경우 파산선고와 동시에 파산절차를 폐지하는 결정(동시폐지 결정)을 하고, 파산절차 비용을 충당하고도 남는 재산이 있거나 고의로 파산채권자를 해하는 재산처분행위를 한 경우와 같이 부인권 대상행위가 있다고 평가되는 경우 파산관재인 선임을 통해 청산절차를 진행합니다. 이와 같이 채무자가 제출한 재산목록은 동시폐지 또는 파산관재인 선임 여부를 결정하는 중요한 내용으로서 재산목록의 허위 기재는 면책불허가사유가 될 뿐 아니라, 면책결정을 받아 확정된 경우라도 면책취소사유로서 부정한 방법으로 면책을 받은 경우에 해당하므로 그 기재에 있어서 오류가 없어야 합니다.

① 보험의 경우, 보험을 재산목록에 기재하는 이유는 보험계약을 해지할 경우 그 해약반환금을 재산으로 파악하기 위함이며, 해약반환금은 원칙적으로 보험계약자가 보험계약을 해지할 경우 발생하므로 신청인 본인이 보험계약자일 경우 이를 재산목록에 기재하고 보험증권 사본과 보험자가 발행하는 해약반환금 예상액 확인서를 첨부하여야 합니다. 다만 해약반환금을 담보로 약관대출을 받은 경우 이를 일종의 별제권(채권질권)으로 보아 해약반환금에서 약관대출금을 공제한 금액을 신청서의 해약반환금 란에 기재합니다.

② 임차보증금의 경우, 임대차계약기간 만료 기타 임대차계약관계가 종료될 경우 임차인은 임대인에 대하여 보증금 반환채권을 취득하므로 그에 대한 재산적 가치를 재산목록에 기재합니다. 임대차계약서의 임차인 명의가 신청인 아닌 배우자, 부모, 자녀 등일 경우 원칙적으로 신청인은 임차보증금채권자가 아니므로 이를 기재할 필요가 없으나, 추심 회피를 위해 신청인의 재산을 타인 명의로 임대차계약을 체결한 경우 또는 부부가 공동으로 형성한 재산으로 볼 수 있는 경우에는 그러한 사유를 재산목록 하단이나 별지로 진술서를 통해 작성하는 것이 바람직합

니다. 「채무자 회생 및 파산에 관한 법률」은 면제재산제도를 신설하여, 채무자 또는 그 피부양자의 주거용으로 사용되고 있는 건물에 관한 임차보증금반환청구권으로서 일정액(최고 3천2백만원까지) 부분을 채무자의 신청 또는 직권으로 파산재단에서 면제할 수 있도록 하여 파산 신청인의 최소한의 주거생활을 보장하고 있습니다.

③ 대여금의 경우, 역시 신청인이 그 대여금 채무자로부터 일정액을 수령할 경우 이를 재산적 가치로 평가하여 파산재단에 편입하고 청산가치를 파악해야 할 필요성이 있으므로 이를 재산목록에 기재합니다. 다만 대부분의 경우 해당 금원을 돌려받지 못하는 사정이 있어 파산 신청에 이르게 되므로 신청인의 입장에서는 이를 재산으로 생각하지 않고 재산목록에 기재하지 않는 경우가 많습니다. 그러나 회수가 어려운 경우라도 신청인인 이를 재산목록에 기재하되, 회수가능금액 란에 실제 회수 가능한 금액을 기재하고, 회수가 어려운 사정을 진술한 진술서와 소명자료(형사고소장, 재산명시신청에 따른 재산목록, 말소자주민등록 초본 등)를 첨부하여 이를 소명해야 합니다.

④ 부동산의 경우, 채무자 소유 부동산에 근저당권자나 대항력 있는 임차인 등이 있어 그 가치가 근저당권자 등에 의해 이미 파악되어 있는 경우 해당 부동산의 평가액에서 담보채권이나 임차보증금을 공제한 금액이 청산가치로 파악되므로, 이렇게 평가된 부동산의 가치가 크지 않을 경우 청산절차 없이 파산절차가 폐지되고 면책될 수도 있습니다(다만, 면책을 받은 경우라도 근저당권

자의 임의경매신청을 막을 수는 없습니다). 본 사안과 같이 종중의 선산을 신청인이 명의로 소유하고 있는 경우 일반적으로 명의신탁관계로 해석되어 실질적으로는 종중이 소유권자라고 할 수 있으나, 그러한 명의신탁관계를 인정받을 소명자료(종중과 본인이 확인한 소유권 귀속에 관한 인증서 등)를 제출하여 소명하지 못한다면 결국 해당 부동산은 신청인의 소유로 해석될 수밖에 없으며, 부동산의 가액이 상당하다면 파산관재인을 통한 청산절차를 진행해야 하는 경우도 있을 것입니다. 부동산의 시가 산정은 인터넷 부동산 사이트에서 일반적으로 평가된 거래 시세를 화면 출력하여 제출하거나 인근 부동산중개업소의 확인서를 제출하되, 이러한 자료를 제출할 수 없는 경우 구청이나 군청에서 발급받은 개별공시지가나 공동주택가격 확인서와 위자료를 제출할 수 없는 사유를 기재한 진술서를 제출하는 것이 바람직합니다.

⑤ 자동차의 경우에도 등록된 근저당권에 의해 이미 그 가치가 파악되어 있어 이를 공제한 차량 가액이 근소하거나, 근저당등록이 없어도 차량 자체의 가액이 근소한 경우에는 부동산의 경우와 같이 동시폐지결정에 의해 청산절차를 거치치 않을 수 있고 결과적으로 차량의 보유가 허락되는 경우가 있습니다. 문제는 본 사안과 같이 신청인에게 차량등록 명의만이 남아 있을 뿐, 실재 차량의 소재를 알 수 없는 경우(소위 대포차의 경우) 이를 신청인의 재산으로 재산목록에 기재해야 하는지 문제됩니다. 위에서와 같이 차량 가액이 근소한 경우는 이를 재산목

록에 기재하고 차량의 소재를 알 수 없다는 취지의 진술서를 작성하여 제출할 수 있으며, 차량가액이 상당한 경우에는 위 진술서 이외에 차량의 소재를 알 수 없게 된 사유를 소명하는 자료(차량양도계약서, 고소장 및 접수증명, 과태료 독촉장 등)를 첨부해야 할 것입니다. 다만 이러한 경우 일부 채권자에게 편파적으로 변제하거나 담보를 제공한 것 또는 신용거래 상품을 현저히 불이익한 조건으로 처분한 것으로 해석되어 면책불허가사유의 하나로 삼을 수는 있습니다.

⑥ 가족 재산의 경우, 배우자·부모·자녀 중 1인 명의로 1천만 원 이상의 재산이 있는 경우에 해당 재산의 내용 및 취득 경위를 진술해야 하고, 그 재산 취득 시점이 신청인이 지급불능 시점 2년 이내일 경우 구체적인 재산 취득 자금에 관한 금융자료 등 소명자료를 첨부해야 합니다. 이는 파산신청인이 지급불능 시점 전 후로 재산을 친족 명의로 허위양도하거나 상속재산을 포기하는 등 은닉한 사실이 있는지 여부를 확인하고 이에 대한 납득할 만한 소명이 없는 경우 일응 부인대상행위가 존재하는 것으로 보아 부인권 행사를 위한 파산관재인을 선임할 것입니다. 이러한 경우에 해당할 사안이라면 법원은 특별한 사정이 없는 한 파산관재인 선임 등 절차비용으로 3백만 원에서 5백만 원 정도의 예납명령을 발하고, 신청인이 이를 예납한 경우 파산선고와 동시에 파산관재인을 선임하여 해당 파산관재인으로 하여금 부인권을 행사하도록 하나, 신청인이 위 예납명령에 불응한 경우 법원은

채무자의 파산신청을 기각합니다. 따라서 친족 스스로 그 재산을 형성해 오는 등 신청인에게 위와 같은 사유가 없다면 이에 대한 진술서와 그에 따른 소명자료를 제출하고, 그렇지 않을 경우 파산신청을 재고하는 것이 타당할 것입니다.

● 파산신청서의 채권자목록 및 채권자주소록 작성 방법은?

질문

남편의 암 투병으로 인한 병원비, 생활비 부족으로 신용카드를 발급받아 사용하던 중 신용한도의 축소로 돌려 막기가 불가능하여 사채업자로부터 돈을 빌려 사용하다가 더 이상 갚을 능력이 없어 파산을 준비하고 있습니다. 그런데 채권자와 관련하여 ①어느 금융기관에서 돈을 빌렸는지 기억나지 않는 상황이고 ②알고 있는 금융권 채권자들 또한 채권을 수차례 다른 회사로 넘겨 현재 어느 기관으로 채권이 넘어갔는지 알 수 없으며 ③부채증명서를 발급받고자 방문하였으나 부채증명서 발급비용으로 20만원을 요구하거나 아예 부채증명서를 발급해 줄 수 없다고 하는 기관도 있으며 ④동네 주민에게 빌린 돈은 그 주민의 호칭을 "똘이 엄마"라고 알고 있을 뿐 정확한 본명을 알지 못하고 ⑤사채업자의 경우 일수장부에 그 이름은 있지만 그 주소지를 알 수 없습니다. 이러한 경우 파산신청서의 채권자 목록과 채권자 주소는 어떻게 작성해야 하는지요?

답변

개인파산에 있어서 채권자목록의 작성은 파산단계에서 파산채권자들을 밝혀 그 채권의 액수와 그에 따른 배당액을 정하고, 면책단계에서 면책되는 채권의 효력범위를 정하고자 하는 의미가 있으며, 채권자 주소의 기재는 파산단계에서 파산채권자들에게 파산선고 사실을 통지하여 배당절차에 참여하게 하고 면책이의신청의 기회를 부여하는 의미가 있습니다. 결국 신청인이 '악의'로 채권자목록에 기재하지 아니한 청구권은 면책되지 않으므로, 채권자목록 및 채권자주소는 정확히 기재해야 할 것입니다.

①의 질문과 관련하여, 어느 금융기관에 돈을 빌린 지 알 수 없는 경우 우선 전국은행연합회를 방문하여(인터넷으로도 공인인증서를 통해 본인 신용조회 서비스를 받을 수 있음) 자신의 연체정보등록현황을 조회해볼 수 있습니다. 이를 조회하면 본인의 연체정보를 등록한 각 금융기관을 확인할 수 있으므로 그 등록 금융기관에 문의하여 채권발생원인, 채권금액 등을 확인할 수 있을 것입니다. 다만, 금융기관 아닌 개인 간의 금전거래 행위 등은 이를 조회할 수 없습니다.

②의 질문과 관련하여, 금융기관 채권자들은 재무구조의 건전성을 높이고자 「금융기관부실자산 등의 효율적 처리 및 한국자산관리공사의 설립에 관한 법률」및 「자산유동화에 관한 법률」에 따라 부실채권을 동 법에 의해 설립된 한국자산관리공사와 각종 유동화전문유한회사에 양도하고 있으며, 또한 개별적으로 각 금융기관의 경영판단에 따라 부실채권을 다른 금융기관으로 양도하여 손실처리를 하고 있습니다. 이러한 경우 채권양도인이 채무자에게 그 양도사실을 통지하지 않거나 채무자가 이를 승낙하지 않으면 채권양수인은 채무자에게 양도사실을 대항하지 못하는 것이 원칙이나, 파산을 신청하는 채무자의 입장으로서 그 채권양도에 대하여 커다란 이해관계를 갖지 않으므로 현실적으로는 최종 양수인을 채권자로 하여 채권자목록을

작성하면 될 것이며, 채권양도 관계는 해당 금융기관에 문의하여 확인할 수 있습니다. 다만, 채권을 매각 등으로 양도한 것이 아니라 독촉 등 추심행위만을 위임하는 경우 이러한 업무를 위임받은 회사 등(보통 'OO신용평가' 또는 'OO신용정보'라는 상호를 사용함)은 채권양수인이 아니며, 이러한 경우 위임한 회사(보통 독촉장 등에 위임회사나 입금 예금주를 표시함)를 채권자로 기재해야 할 것입니다.

③의 질문과 관련하여, 개인파산에 있어서 신청인은 파산채권내용이나 금액 등 파산채권의 내용을 소명하기 위한 자료를 제출해야 하며, 그 소명자료로서 일반적으로 채권자가 발급해주는 부채증명서를 첨부합니다. 그러나 일부 금융기관 또는 기업형 사채업자의 업무담당자 등은 부채확인서를 발급해 주면서 수수료 명목으로 규정에 없는 과다한 금원을 요구하거나 심지어 일부를 변제해야 이를 발급해 준다고 하여 채무자가 채무발생내용, 채무금액을 확인하는데 어려움을 겪는 채무자가 많이 있습니다. 일반적으로 파산채권의 내용을 소명하기 위한 자료는 반드시 부채증명서에 한정되지 않으며, 금전대여계약서, 차용증, 채권금액 입금통장 사본, 파산채권자나 그 추심회사가 보내온 독촉장 등 파산채권의 존재 및 그 금액 등을 알 수 있는 서류를 제출할 수 있으며, 파산채권의 내용을 소명할 자료를 취득하지 못하는 부득이한 사유가 있는 경우 이러한 사유를 작성한 채무진술서로 소명자료에 갈음할 수 있을 것입니다(다만 채권금액은 유선 상으로 확인하는 등의 방법으로 이를 채권자목록에 기재해야 할 것입니다).

④의 질문과 관련하여, 채권자의 명칭은 채권자를 특정하는 방법이며, 채권자 명칭을 정확히 알 수 없어 채권자가 특정되지 않을 경우 면책의 효력을 주장할 채권자가 특정되지 않는 문제가 있으므로, 최소한 채권자의 명칭은 정확히 파악하여 기재해야 합니다. 다만, 파산신청 당시 채권자명칭에 오류가 있는 경우 채권자표시정정신청을 통해 이를 바로잡을 수 있습니다.

⑤의 질문과 관련하여, 주소지를 알 수 없는 채권자가 있는 경우 「채무자 회생 및 파산에 관한 법률」은 공고로써 해당 채권자에의 송달을 갈음할 수 있도록 규정하고 있으므로(같은 법 제10조 제1항), 이러한 경우 해당 채권자에게 파산선고사실 및 채권자 면책이의신청기간 등을 공고할 수 있습니다. 그러나 채권자가 법원 공고를 확인하여 채무자의 면책신청에 대한 이의를 제기한다는 것은 일반적으로 기대하기 어려우므로, 파산채권자의 이의신청권의 실질적인 보장을 위해 법원은 우선적으로 신청인이 기재한 파산채권자의 주소지에 파산결정문 등을 송달하고, 송달되지 않을 경우 주소보정을 명합니다. 신청인은 법원의 주소보정 명령서로 동사무소에 채권자의 주민등록초본발급을 신청하면 채권자의 주민등록번호나 그 과거 주민등록상 주소지를 알고 있는 경우 채권자의 주민등록초본을 발급해 주고 있습니다. 그럼에도 불구하고 채권자의 주소가 파악되지 않아 송달불능에 이를 경우, 법원은 신청인으로 하여금 주소를 알 수 없는 사유 및 주소를 확인하기 위해 어떠한 노력을 했는지에 대한 사유서를 제출받고 공고로서 송달에 갈음하고 있습니다.

● 개인파산, 개인회생, 개인워크아웃 제도 중 어느 제도가 유리한지요?

질문

　저는 중학생 자녀 한명과 배우자를 두고 있는 회사원입니다. 그런데 금융권에 부채가 8천만 원 정도 되며 친지 및 사채업자에게 진 부채가 약 1천 5백만 원 정도 있습니다. 급여는 약 150만 원 정도이며 현재 다니고 있는 회사가 폐업할 예정이어서 다른 직장을 알아보고 있는데, 대부분의 회사의 급여가 현재 회사의 급여에 미치지 못하는 실정입니다. 이곳 저곳 문의해 보니 파산을 권하는 사람이 있는 반면에 저의 경우 개인회생이나 개인워크아웃을 해야 한다는 사람도 있습니다. 저는 어떤 제도를 이용해야 하는지요?

답변

　현재 시행되고 있는 신용회복제도는 크게 개인파산, 개인회생, 개인워크아웃이 있습니다. 위 각 제도는 다음과 같은 구체적인 점에서 차이가 있습니다.

① 제도 운영주체에 있어서, 개인파산과 개인회생제도는 채무자 회생 및 파산에 관한 법률에 따라 법원이 재판을 통해 결정하는 방식으로 운영하고 있으나, 개인워크아웃은 금융감독위원회의 허가를 받아 설립된 신용회복위원회가 운영하고 있습니다.

② 제도가 적용될 채권자의 범위에 있어서도 개인파산과 개

인회생제도는 제한이 없으나 개인워크아웃제도는 협약에 가입되어 있는 금융기관만을 그 대상으로 하고 있어 개인 간 채권관계나 사채업자들을 그 대상에서 제외하고 있습니다.

③ 제도를 이용할 채무자의 요건으로서, 개인파산의 경우 지급불능으로 인정된다면 채무액의 제한은 없으나 개인회생의 경우 지급불능 또는 그러한 염려가 있는 급여·영업·연금소득자로서 담보채무의 경우 10억원, 무담보채무의 경우 5억원 이하이어야 하고, 개인워크아웃의 경우 연체정보가 등록된 자로 최저생계비 이상의 소득이 있거나 그 미만의 소득이 있더라도 채무상환이 가능하다고 인정된 채무자로서 5억원 이하의 채무를 부담하고 있는 경우에 한하고 있습니다.

④ 채무조정 내용에 있어서도 개인파산의 경우 전부 또는 일부면책을 받을 수 있으나 개인회생의 경우 원칙적으로 5년 동안 원금 일부를 변제하고 나머지를 면책 받을 수 있으며, 개인워크아웃의 경우 원칙적으로 10년 이내 원금 전부 및 이자 일부를 변제하고 나머지를 면책 받을 수 있습니다. 귀하의 경우 개인워크아웃을 이용한다면 친지 및 사채업자에 대한 채무를 해결할 수 없게 되어 개인파산 또는 개인회생제도의 이용을 고려해볼 수 있습니다. 그런데 귀하는 현재 부양가족수가 3인 가구로 평가되어 2015년 기준 보건복지부 공표 3인 가구 최저 생계비 1,359,688원의 1.5배(개인회생시 법원인정 생계비)인 금 2,039,532원[2012년 기준 보건복지부 공표 3인 가구 최

저생계비 1,218,873원의 1.5배인 금 1,828,310원]을 공제하면 남는 소득이 없을 뿐만 아니라 실직 가능성도 있어 개인회생절차를 이용하기는 어려울 것으로 보입니다. 따라서 채무증대과정에 있어서 낭비, 재산은닉 등 면책불허가사유가 없다면 개인파산을 고려해 볼 수 있을 것입니다.

[관련판례]

채무자회생 및 파산에 관한 법률상 개인파산·면책제도의 주된 목적 중의 하나는 파산선고 당시 자신의 재산을 모두 파산배당을 위하여 제공한, 정직하였으나 불운한 채무자의 파산선고 전의 채무의 면책을 통하여 그가 파산선고 전의 채무로 인한 압박을 받거나 의지가 꺾이지 않고 앞으로 경제적 회생을 위한 노력을 할 수 있는 여건을 제공하는 것이다. 그러나 한편, 채무자회생 및 파산에 관한 법률은 채권자 등 이해관계인의 법률관계를 조정하고 파산제도의 남용을 방지하기 위하여, 같은 법 제309조에서 법원은 파산신청이 성실하지 아니하거나 파산절차의 남용에 해당한다고 인정되는 때에는 파산신청을 기각할 수 있도록 하고, 같은 법 제564조 제1항의 각 호에 해당하는 경우에는 법원이 면책을 불허가할 수 있도록 하고, '채무자가 고의로 가한 불법행위로 인한 손해배상청구권' 등 같은 법 제566조의 각 호의 청구권은 면책대상에서 제외하며, 같은 법 제569조에 따라 채무자가 파산재단에 속하는 재산을 은닉 또는 손괴하는 등 사기파산죄로 유죄의 확정판결을 받거나 채무자가 부정한 방법으로 면책을 받은 경우 법원의 결정에 의하여 면책이 취소될 수 있도록 하고 있다. 따라서 개인파산·면책제도를 통하여 면책을 받은 채무자에 대한 차용금 사기죄의 인정 여부는 그 사기로 인한 손해배상채무가 면책대상에서 제외되어 경제적 회생을 도모하려는 채무자의 의지를 꺾는 결과가 될 수 있다는 점을 감안하여 보다 신중한 판단을 요한다(대법원 2007.11.29. 선고 2007도8549 판결).

● 면책채권에 대한 지급약정의 효력은?

질문

저는 파산을 신청하여 파산선고를 받았는데, 면책 결정을 기다리고 있는 때에 파산채권자 중 한 사람이 계속 돈을 갚으라고 저희 집에 찾아와 면책결정과 관계없이 빚을 갚는다는 각서를 쓰라고 강요하여 어쩔 수 없이 서명해 주었습니다. 지금은 면책결정을 받아 확정되었는데 그 채권자는 위 각서를 근거로 계속적으로 빚을 갚으라고 독촉하고 있으며, 그렇지 않을 경우 집기류를 압류하겠다고 엄포를 놓고 있습니다. 그 채권자에 대해서 각서를 작성한 것으로 인해 그 채권은 면책되지 않는 것인지요?

답변

개인파산에서 면책결정이 선고되면 법원은 그 주문과 이유의 요지를 공고하여야 하고(채무자 회생 및 파산에 관한 법률 제564조 제3항), 공고가 있은 다음날부터 14일이 경과할 때까지 즉시항고가 제기되지 않으면 면책결정은 확정됩니다. 면책결정은 확정되어야 그 효력이 발생하며, 그 효력은 다음과 같습니다.

첫째, 파산채권자에 대하여 채무를 변제할 책임이 면제됩니다. 여기서 책임의 면제라는 의미는 채무 자체는 존속하나 채무자에게 변제의 책임을 물을 수 없다는 것(자연채무화)으로, 채권자는 통상의 채권이 가지는 소제기 권능과 집행력을 상실하여 채무자에게 채권을 추심하거나 기존의 판결문 등을 가지고 집행할 수 없게 됩니다. 다만, 채무 자체는 여전히 남아있는 것으로 해석되므로 채무자가 파산채권자에게 임의로 변제하는 것은 유효하며 채무자에 대하여 부당이득이 되지는 않습니다.

둘째, 중지된 강제집행 등의 효력이 상실됩니다. 즉, 파산선고 전 채무자의 재산에 대하여 행하여진 파산채권에 기한 강제집행, 가압류 또는 가처분은 파산선고 및 동시폐지 결정의 확정으로 중지되며, 중지된 강제집행, 가압류 또는 가처분은 면책결정의 확정으로 당연히 실효됩니다. 위와 같이 채무자에 대한 면책결정 확정으로 채무자는 파산채권에 대하여 변제할 책임이 없게 되는데,

귀하의 사안과 같이 면책결정 확정 전 파산채권에 대하여 각서를 작성함으로써 새로운 채무부담행위를 한 경우 그 파산채권에 대해서는 면책의 효력을 주장할 수 없는지 문제됩니다. 만일 이를 허용하게 된다면, 파산채권자들은 채무자에 대하여 각서의 작성 등 새로운 채무부담행위를 강요하게 될 것이고, 면책결정을 기다리는 채무자로서는 면책 여부가 불투명한 불안하고 궁박한 상태에서 어쩔 수 없이 해당 파산채권자와의 개별적 합의를 통해 빨리 면책결정을 받으려고 할 것이므로, 채무자의 경제적 갱생과 재기의 기회를 부여하고자 하는 면책제도의 취지에 비추어 볼 때, 면책결정 확정 전 새로운 채무부담행위가 있다고 하더라도 그 파산채권에 대하여 면책의 효력이 미친다고 해석되고 있습니다.

또한 면책결정 확정 후에도, 채무자가 면책된 파산채권이라는 충분한 인식을 바탕으로 새로운 경제적 이익을 얻기

위해 동일한 채무에 대해 다시 새로운 채무부담행위를 한 경우에는 면책의 효력과 상관없이 그러한 채무부담행위의 효력을 인정할 수 있으나, 면책된 파산채권자의 강요나 기망에 의하여 새로운 채무부담행위를 한 경우 채무자에게 아무런 경제적 이익이 없다면 그러한 채무부담행위에 대하여 무효를 주장할 수 있을 것으로 생각됩니다. 그리고 파산채권자가 면책된 사실을 알면서 면책된 채권에 기하여 강제집행, 가압류, 가처분 등의 방법으로 추심행위를 하면 500만 원 이하의 과태료가 부과될 수 있습니다.

[관련판례]

　개인회생에서 면책취소절차는 비송절차의 성질을 가지고 있는 점, 개인회생절차는 채무자와 그를 둘러싼 채권자 등 이해관계인의 법률관계를 한꺼번에 조정하여 채무자의 효율적인 회생을 도모하는 집단적 채무처리절차의 성격을 가지고 있으므로 어느 이해관계인의 의사에 따라 면책취소 결정의 효력이 좌우되는 것은 제도의 취지와 성격에 부합하지 아니한 점 등에 비추어 보면, 법원이 이해관계인의 신청에 의하여 면책취소 여부를 심리한 다음 면책취소 결정을 하였다면 그 후 이해관계인이 면책취소의 신청을 취하하더라도 그 취하는 면책취소 결정에 영향을 미치지 못한다(대법원 2015.04.24. 자 2015마74 결정).

.

● 채권자를 누락하거나 오기한 경우 면책의 효력은?

질문

저는 A은행으로부터 본인 소유 아파트에 근저당권을 설정하여 대출을 받고 그 은행의 신용카드를 발급 받아 사용하였습니다. 또 B기금으로부터 사업자금을 대출받아 사업을 운영해 오던 중 거래업체의 연쇄 부도로 본인도 사업을 정리하게 되었습니다. 이로 인하여 A은행은 근저당권자로서 본인 소유 아파트를 경매하여 대출금을 회수해 갔으며, 저는 A은행에 대한 대출금이 경매로 모두 변제한 것으로 생각하고 A은행에 대한 신용카드대금 및 B기금의 사업자금 대출금 채무에 대하여 파산을 신청하여 얼마 전 면책결정을 받아 확정되었습니다. 그런데 A은행은 과거 제 소유 아파트 경매 시 배당받지 못한 채권이 있다며 지금에 와서 이를 갚으라고 하고 있습니다. 또한, B기금은 면책결정이 확정 된 후 저에게 소송을 제기해 왔는데, 제가 신청한 파산신청서 상의 채권자 목록을 확인 한 결과 저의 실수로 채권자의 명칭과 주소를 B기금이 아닌 C보증보험으로 기재한 사실을 알게 되었습니다. 이러한 경우 저는 A은행과 B기금의 대출금을 모두 갚아야 하는지요?

답변

파산을 선고받고 면책심리를 통해 면책결정이 확정된 경우 면책결정의 효과로서 파산채권자에 대한 채무를 변제할 책임이 면제됩니다. 그러나 파산채권 중 채무자가 '악의'로 채권자목록에 기재하지 아니한 청구권은 면책되지 않습니다. 이러한 규정의 취지는 파산채권자가 면책불허가 사유 유무 등에 대해 다툼으로써 채무자의 면책신청에 대한 이의를 제기할 수 있는 기회를 박탈당하였으므로 그 파산채권자에 대해서는 채무자의 면책을 정당화할 수 없기 때문에 이를 비면책채권으로 규정한 것입니다. 따라서 파산채권자가 어떠한 사유로든 파산선고 있었음을 알고 채무자의 면책신청에 대하여 이의를 제기할 수 있는 기회가 제공되었다면 채무자는 그 채권자에 대하여 면책의 효력을 주장할 수 있고, 이에 대하여 채무자 회생 및 파산에 관한 법률 제566조 제7호 단서는 '다만, 채권자가 파산선고 있음을 안 때에는 그러하지 아니한다.'라고 규정하고 있습니다.

　따라서 채무자가 채무의 존재 사실을 알지 못한 때에는 비록 그와 같이 알지 못한 데에 과실이 있더라도 위 법조항에 정한 비면책채권에 해당하지 아니하지만, 이와 달리 채무자가 채무의 존재를 알고 있었다면 과실로 채권자목록에 이를 기재하지 못하였다고 하더라도 위 법조항에서 정하는 비면책채권에 해당합니다.

　귀하의 경우 A은행에 대한 신용카드대금채무에 대해서는 이를 채권자목록에 기재하면서 A은행에 대한 대출금채무에 대해서는 이를 기재하지 않았으나 ①A은행에 대한 대출금채무는 귀하 아파트 경매로 인한 배당으로 모두 변제완료된 것으로 생각하여 이를 기재하지 않은 점 ②일반적으로 대출채권의 존재를 알면서 채권자목록에 이를 기재하지 않을 이유가 없는 점에 비추어 볼 때, 귀하가 A은행의 대출금채권의 존재를 알지 못한 데 과실이 있다고는 할 수 있으나 이를 알면서 채권자목록에 기재하지 않았다고 볼 수는 없으므로 귀하는 A은행의 대출금채권에 대하여 면책의 효력을 주장할 수 있을 것으로 보입니다. 또한 귀하는 A은행에 대한 신용카드대금채무를 채권자목록에 기재하여 파산을 신청하여 파산을 선고받아 그 파산선고결정문이 A은행에 송달되었을 것이므로 A은행은 이미 귀하의 파산선고사실을 알고 있는 경우에 해당하여 같은 법 제566조 제7호 단서에 의해서도 비면책채권에서 제외될 수 있을 것으로 보입니다. 그러나 귀하가 B기금에 대하여 채권자명칭을 C보증보험으로 기재한 것은 채권자목록 작성에 있어서 단순한 기재의 오류라고 볼 수는 있으나, 최소한 B기금에 대한 대출금채무의 존재 사실은 인식하고 있는 것으로 평가되므로 과실로 채권자목록에 이를 기재하지 못하였다고 하더라도 B기금의 대출금채권은 '악의로 채권자목록에 기재하지 않은 청구권'에 해당 될 수 있어, B기금이 귀하의 파산선고사실을 알지 못하여 면책 이의를 제기할 기회를 박탈당하였다면 귀하는 B기금의 대출금채권에 대하여 면책의 효력을 주장하기 어려울 것으로 보입니다.

해설

　　판례는 "채무자 회생 및 파산에 관한 법률 제566조 제7호에서 말하는 '채무자가 악의로 채권자목록에 기재하지 아니한 청구권'이라고 함은 채무자가 면책결정 이전에 파산채권자에 대한 채무의 존재 사실을 알면서도 이를 채권자목록에 기재하지 않은 경우를 뜻하므로, 채무자가 채무의 존재 사실을 알지 못한 때에는 비록 그와 같이 알지 못한데에 과실이 있더라도 위 법조항에 정한 비면책채권에 해당하지 아니 하지만, 이와 달리 채무자가 채무의 존재를 알고 있었다면 과실로 채권자목록에 이를 기재하지 못하였다고 하더라도 위 법조항에서 정하는 비면책채권에 해당합니다. 이와 같이 채권자목록에 기재하지 아니한 청구권을 면책대상에서 제외한 이유는, 채권자목록에 기재되지 아니한 채권자가 있을 경우 그 채권자로서는 면책절차 내에서 면책신청에 대한 이의 등을 신청할 기회를 박탈당하게 될 뿐만 아니라 그에 따라 위 법 제564조에서 정한 면책불허가사유에 대한 객관적 검증도 없이 면책이 허가, 확정되면 원칙적으로 채무자가 채무를 변제할 책임에서 벗어나게 되므로, 위와 같은 절차 참여의 기회를 갖지 못한 채 불이익을 받게 되는 채권자를 보호하기 위한 것입니다. 따라서 사실과 맞지 아니하는 채권자목록의 작성에 관한 채무자의 악의 여부는 위에서 본 위 법 제566조 제7호의 규정 취지를 충분히 감안하여, 누락된 채권의 내역과 채무자와의 견련성, 그 채권자와 채무자의 관계, 누락의 경위에 관한 채무자의 소명과 객관적 자료와의 부합 여부 등 여러 사정을 종합하여 판단하여야 하고, 단순히 채무자가 제출한 자료만으로는 면책불허가 사유가 보이지 않는다는 등의 점만을 들어 채무자의 선의를 쉽게 인정하여서는 아니 된다."라고 하였습니다(대법원 2010. 10. 14. 선고 2010다49083 판결).

● 파산신청을 할 때 강제집행을 막을 방법은?

저는 사업하다가 과다한 투자로 실패를 하여 금융권에 대출금 및 신용카드대금 연체, 그리고 세무서에 부가가치세가 체납되어 있고, 또 현재는 교통사고로 장애인이 되어 더 이상 변제할 능력이 없어 최근 법원에 파산을 신청하여 그 결과를 기다리고 있습니다. 그런데 파산을 신청한지 얼마 후 신용카드사에서 제 집안의 TV, 냉장고 등 유체동산에 압류집행을 하였고, 또 세무서에서는 체납처분으로 제 소유 장애인용 자동차를 공매한다고 통지해 왔습니다. 위 집기류와 장애인용 자동차는 제가 기본적인 생활을 해 나가기 위한 최소한의 필수적인 재산입니다. 채권자의 강제집행을 막을 방법은 없는 지요?

원칙적으로 파산신청이 있다고 하여 채권자의 강제집행이나 보전처분의 집행이 중지되는 것은 아니며, 파산선고로 인하여 비로소 파산채권을 근거로 한 채무자의 재산에 대하여 행하여진 강제집행 및 보전처분의 집행은 파산재단에 대하여 그 효력을 잃게 됩니다. 파산선고 후 채무자의 재산에 대한 관리처분권은 파산관재인에게 전속하며 따라서 파산선고 후 채권자의 개별적 강제집행 또한 금지됩니다.

그러나 일반적으로 개인파산사건은 환가할 재산이 없는 경우가 대부분으로서 위와 같이 파산관재인이 선임되어 청산절차를 진행하지 않고 파산선고와 동시에 청산절차로서의 파산절차를 폐지하는 결정(동시폐지 결정)을 하는 경우, 채무자는 자신 소유 재산에 대한 관리처분권을 상실하지 않고 파산재단 자체가 형성되지 않아 채권자는 개별적으로 강제집행할 수 있다고 보는 것이 구 파산법상의 해석론이었습니다.

채무자 회생 및 파산에 관한 법률은 위와 같이 동시폐지결정이 선고될 경우 채권자가 개별적인 강제집행을 허용하는 입법적 불비를 보완하여, 면책신청이 있고 파산폐지결정의 확정 또는 파산종결결정이 있는 때에는 면책신청에 관한 재판이 확정될 때까지 채무자의 재산에 대하여 파산채권에 기한 강제집행·가압류 또는 가처분을 할 수 없고, 채무자의 재산에 대하여 파산선고 전에 이미 행하여지고 있던 강제집행·가압류 또는 가처분은 중지된다고 규정하고 있습니다.

귀하의 경우 파산선고 및 동시폐지결정이 선고되고 파산선고 등의 사실이 공고된 후부터 14일 이내 동시폐지결정에 대한 즉시항고가 제기되지 않아 동시폐지결정이 확정된 경우, 유체동산 압류 및 매각절차의 속행을 중지시키고 체납처분으로서 자동차 공매를 금지시킬 수 있습니다. 구체적으로는 ①면책신청 접수증명원과 ②동시폐지결정이 있는 파산선고결정 정본 및 그 확정증명원을 압류 집행한 집행관과 관할 세무서에 제출함으로써 유체동산 압류 및 매각절차와 자동차 공매절차를 중지 또는 금지시킬 수 있습니다. 다만, 파산선고 및 동시폐지결정 전 유체동산 매각절차가 속행되어 강제집행이 종료될 우려가 있는 경우, 위 압류된 유체동산이 6개월간의 생계비에 사용할 특정재산에 해당한다고 주장하며 면제재산을 신청하고, 그와 동시에 면제재산에 대한 유체동산 매각절차의 중지를 신청하여 법원의 결정으로 이를 중지시킬 수는 있습니다.

[관련판례]

채무자 회생 및 파산에 관한 법률 제566조 제7호에서 말하는 '채무자가 악의로 채권자목록에 기재하지 아니한 청구권'이라고 함은 채무자가 면책결정 이전에 파산채권자에 대한 채무의 존재 사실을 알면서도 이를 채권자목록에 기재하지 않은 경우를 뜻하므로, 채무자가 채무의 존재 사실을 알지 못한 때에는 비록 그와 같이 알지 못한 데에 과실이 있더라도 위 법조항에 정한 비면책채권에 해당하지 아니하지만, 이와 달리 채무자가 채무의 존재를 알고 있었다면 과실로 채권자목록에 이를 기재하지 못하였다고 하더라도 위 법조항에서 정하는 비면책채권에 해당한다. 이와 같이 채권자목록에 기재하지 아니한 청구권을 면책대상에서 제외한 이유는, 채권자목록에 기재되지 아니한 채권자가 있을 경우 그 채권자로서는 면책절차 내에서 면책신청에 대한 이의 등을 신청할 기회를 박탈당하게 될 뿐만 아니라 그에 따라 위 법 제564조에서 정한 면책불허가사유에 대한 객관적 검증도 없이 면책이 허가, 확정되면 원칙적으로 채무자가 채무를 변제할 책임에서 벗어나게 되므로, 위와 같은 절차 참여의 기회를 갖지 못한 채 불이익을 받게 되는 채권자를 보호하기 위한 것이다. 따라서 사실과 맞지 아니하는 채권자목록의 작성에 관한 채무자의 악의 여부는 위에서 본 위 법 제566조 제7호의 규정 취지를 충분히 감안하여, 누락된 채권의 내역과 채무자와의 견련성, 그 채권자와 채무자의 관계, 누락의 경위에 관한 채무자의 소명과 객관적 자료와의 부합 여부 등 여러 사정을 종합하여 판단하여야 한다(대법원 2010. 10. 14. 선고 2010다49083 판결).

● 사채업자의 전세보증금 양도저지를 위한 파산절차는?

질문

저는 사업 실패로 인하여 그 동안 이자만 갚아 왔던 은행 대출금 5천만 원을 전혀 갚지 못하고 있자 은행에서는 연체이자라도 빨리 갚으라고 독촉하며 그렇지 않을 경우 전세보증금에 압류를 하겠다고 하였습니다. 저는 당장의 급한 불을 끄기 위해 신문에 난 사채 광고를 보고 연락하여 유일한 재산인 금 3천만 원의 전세보증금 계약서를 담보로 약 2천만 원의 사채를 사용하게 되었는데 그 돈도 다른 채무 및 사채이자 변제, 생활비에 사용하고 나니 한푼도 남지 않게 되었습니다. 사채업자는 제 전세계약서를 가지고 제 명의로 집주인에게 전세보증금채권 양도통지를 한 후 제가 전셋집을 나가면 보증금을 자기가 갖는다고 합니다. 저와 같은 경우 파산신청을 하면 어떻게 되는지요?

답변

파산절차란 채권자의 개별적 집행대신 채무자가 파산선고 시 보유하고 있는 재산 즉, 파산재단을 환가하여 채권자들에게 평등 배당하는 것을 제도적인 취지로 하고 있습니다. 채무자에게 파산절차비용을 초과하는 재산이 있는 경우 법원은 파산재단을 환가하여 배당하는 업무를 수행할 파산관재인을 선임하고 청산 및 배당절차를 진행시키게 됩니다.

그러나 파산관재인은 채무자가 보유한 재산 뿐 아니라 파산선고 전 채무자가 파산채권자들을 해하는 행위를 한 경우 그러한 행위의 효력을 부인하여 일탈한 재산을 파산재단에 회복시키는 권리를 행사할 수 있는데 이러한 권리를 부인권(否認權)이라고 합니다(채무자 회생 및 파산에 관한 법률 제391조). 채무자에게 파산선고 당시 청산절차를 진행할 비용을 넘는 재산이 없다고 하더라도 채권자를 해하는 행위가 있는 경우 부인권 행사를 위하여 법원은 파산관재인을 선임하고 파산재단을 충실히 한 후 이를 환가하여 배당하게 됩니다.

파산관재인이 부인할 수 있는 채무자의 행위는 ①채무자가 파산채권자를 해한다는 사실을 알고 한 행위(고의부인) ②채무자의 사해의사와 관계없이, 채무자가 지급정지나 파산신청 등 위기의 시기에 한 담보제공, 변제 등 채무소멸에 관한 행위로 인하여 다른 파산채권자의 이익을 해하는 행위(위기부인) ③채무자가 지급정지 또는 파산신청이 있는 또는 그 전 6월 이내에 한 무상행위 및 이와 동일시할 수 있는 유상행위(무상부인)으로 나눌 수 있습니다. 다만 ①②의 경우 채무자의 행위로 이익을 받은 자가 그 행위 당시 파산채권자를 해하게 되는 사실을 알지 못한 경우 또는 지급정지나 파산신청이 있은 것을 알지 못하는 경우 부인 대상행위에 해당하지 않습니다. 부인 대상행위에 해당할 경우 법원은 파산채권자의 신청 또는 직권으로 파산관재인에게 부인권의 행사를 명할 수 있고, 파산관재인은 파산선고가 있은 날로부터 2년, 부인 대상행위가 있은 날로부터 10년 내 부인의 소, 부인의 청구 또는 부인의 항변의 방법으로 부인권을 행사합니다.

적법한 부인권 행사에 의하여 일탈되었던 재산은 파산재단에 당연히 복귀하는 것으로 해석되고 있습니다. 귀하의 경우, 채무초과로 지급불능상태에서 사채업자에게 유일한 재산인 전세보증금반환채권을 담보로 제공하고 자금을 차용하여 기존의 채무 중 일부 채무자에 대하여 변제를 하고 나머지는 생활비로 사용하였다고 하므로 이는 다른 파산채권자가 귀하의 책임재산을 평등하게 배당받아 갈 권리를 해한 것으로서 귀하도 사해의사가 있었다고 볼 수 있고, 그렇지 않다고 하더라도 귀하가 객관적으로 변제가 불가능하게 되었던 시기 이후에 다른 파산채권자들을 해하는 행위를 한 것으로 판단되어 부인대상행위로서 위기부인에 해당할 수 있다고 보입니다. 다만 고의부인에 있어서 사채업자가 담보를 제공 받음으로써 귀하에 대한 다른 채권자들을 해한다는 사실을 알지 못한 경우, 위기부인에 있어서 사채업자가 귀하의 지급불능 사실을 알지 못한 경우에는 파산관재인은 귀하의 담보제공행위를 부인할 수 없게 됩니다.

● 파산신청할 때 면제재산의 범위는?

질문

저는 남편의 상습적인 폭행으로 협의이혼을 하였습니다. 이혼을 하면서 위자료와 양육비 한 푼 받지 못하고 두 자녀를 모두 데리고 나와, 지금은 친정의 도움으로 간신히 보증금 1천만 원에 월세 15만원 하는 집에서 생활하면서 할인마트 판매원으로 매월 1백여만 원의 급여를 받으며 중·고등학생 두 자녀와 생계를 유지하고 있습니다. 그러나 도저히 더 이상 견디기가 어려워 파산을 신청하려고 합니다. 현재 저의 재산으로는 위 보증금 1천만 원 이외에 매월 5만원씩 불입하고 있는 적금 6백만원이 전 재산입니다. 제가 파산을 신청한다면 보증금과 적금을 모두 처분해야 하는지요?

답변

개인파산제도는 본래 파산 선고 시 채무자가 보유하고 있는 재산 즉, 파산재단을 환가하여 채권자들에게 평등 배당하는 것을 제도적인 취지로 하고 있습니다. 따라서 파산재단의 가액이 청산절차 비용(일반적으로 300만원)을 초과할 경우 법원은 파산선고와 동시에 파산관재인을 선임하는 결정을 하고, 이에 따라 선임된 파산관재인은 채무자의 채권을 조사하고 재산목록 등을 작성하여 파산재단을 관리하여 채권자들에게 파산재단을 환가·배당하는 절차를 진행하며 그에 따라 청산절차가 종결된 이후 법원은 면책심리에 나아가게 됩니다.

그러나 최소한 생계유지에 필요한 의식주가 보장되지 않는다면 면책제도의 취지인 채무자의 경제적 재기·갱생의 보장은 이루어 질 수 없게 되므로 채무자 회생 및 파산에 관한 법률은 면제재산제도를 신설하여, 특정재산에 대하여는 파산재단에서 제외하도록 하고 있습니다.

면제대상 재산으로는 ①채무자 또는 그 피부양자의 주거용으로 사용되고 있는 건물에 관한 임차보증금반환청구권 중 일정 부분(주택가격의 1/2을 초과하지 않는 범위에서 서울특별시는 3,200만원까지, 수도권 중 과밀억제권역은 2,700만원까지, 광역시(수도권정비계획법에 따른 과밀억제권역에 포함된 지역과 군 지역은 제외한다), 안산시, 용인시, 김포시 및 광주시는 2,000만원까지, 그 밖의 지역은 1,500만원까지)과 ②채무자 및 그 피부양자의 생활에 필요한 6월간의 생계비에 사용할 특정한 재산으로서 일정 부분(금 900만원까지)입니다.

그런데 같은 법 제383조 제2항의 규정상 채무자는 위에서 제시한 면제재산 중 어느 하나만을 선택하여 신청할 수 있는 것으로 해석될 여지가 있으나, 이는 구 개인채무자회생법에 규정된 면제재산의 규정 중 "각 호의 1에 해당하는 재산"을 풀어 쓴 것에 지나지 않으므로 두 재산 모두가 면제재산이 될 수 있습니다. 구체적으로 위 면제재산을 인정받기 위해서는 파산을 신청한 법원에 그 신청일 이후 파산 선고 후 14일 이내에 면제재산목록 및 소명에 필요한 자료를 첨부한 서면을 제출해야 합니다.

또한 파산을 신청하려고 하거나 이미 신청한 경우에 위

면제재산에 대하여 채권자가 강제집행, 가압류, 가처분을 할 염려가 있거나 이미 이를 실행한 경우, 법원은 채무자의 신청 또는 직권으로 파산선고가 있을 때까지 위 면제재산에 대한 강제집행, 가압류 또는 가처분의 중지 또는 금지를 명할 수 있으므로, 이러한 경우 채무자는 면제재산신청과 동시 또는 그 이후에 강제집행 등의 중지 또는 금지를 신청하여 면제재산에 대한 집행을 저지시킬 수 있습니다. 따라서 귀하의 경우 귀하의 임대보증금 및 적금이 면제재산 범위 내에 속하므로 별도의 처분을 할 필요는 없어 보입니다.

[관련판례]

갑이 개인파산 및 면책을 신청하면서 을 주식회사에 대한 신용카드대금 채무의 기재를 누락하였고 이후 파산 및 면책 결정을 받아 위 각 결정이 확정된 사안에서, 갑이 위 파산 및 면책 신청 당시 을 회사에 대한 신용카드대금 채무의 존재 사실을 알고 있었으면서도 순간적인 착각이나 부주의로 채권자목록에 기재하는 것을 누락한 것으로 보이므로, 위 채무는 채무자 회생 및 파산에 관한 법률 제566조 제7호에서 정한 '채무자가 악의로 채권자 목록에 기재하지 아니한 것'이어서 면책채무에 해당하지 아니한다(전주지방법원 2014.08.21. 선고 2013나12054 판결).

● 낭비로 인한 파산의 경우, 면책불허가 여부는?

질문

저는 제1금융권에서 대출을 받고 신용카드를 발급 받아 현금서비스, 카드대출을 받아 주식에 투자하였으나 실패하여 많은 빚을 지게 되었습니다. 다시 빚을 갚아 보고자 신용카드와 사채를 통해 만든 돈으로 다단계판매업에 뛰어들었으나 역시 큰 손해를 보았습니다. 신용카드 돌려막기, 속칭 카드깡을 통해 빚을 갚고 생활비에 사용해 왔지만 이마저도 더 이상은 불가능하게 되어 파산을 신청하고자 합니다. 저의 경우에도 면책을 받을 수 있는지요?

답변

개인파산은 채무자의 재산을 환가하여 채권자들에게 안분·배당하는 절차인 파산절차와 채무증대 및 지급 불가능 경위에 있어서 채무자 회생 및 파산에 관한 법률에서 정한 면책불허가사유 유무를 판단하는 면책절차로 구분되며, 대부분의 개인파산사건의 경우 환가할 채무자의 재산이 없는 관계로 파산절차는 주로 파산원인으로서의 지급불능 즉, 채무자가 장래변제능력이 부족하여 변제기가 도래한 채무를 일반적·계속적으로 변제할 수 없는 객관적인 상태에 이르렀는지 여부를 심사하는 것에 초점을 맞추게 됩니다.

그러나 현재 법원의 실무는 파산절차에서도 면책불허가사유 유무를 심사하고 있습니다. 그에 따라 파산원인으로서

의 지급불능이 인정되고 파산 절차비용에 충당할 채무자의
재산이 없는 경우 법원은 파산선고와 동시에 파산절차를 폐
지(동시폐지 결정)하고 면책심리에 나아가 채무자에게 면책
불허가사유가 있는지 여부를 판단하게 됩니다. 면책불허가
사유의 주요 내용은 다음과 같습니다.

① 채무자가 파산선고의 전후를 불문하고 자기 또는 타인의
   이익을 도모하거나 채권자를 해할 목적으로 파산재단에
   속하는 재산을 은닉, 손괴 또는 채권자에게 불이익하게
   처분하는 행위

② 채무자가 파산선고의 전후를 불문하고 자기 또는 타인의
   이익을 도모하거나 채권자를 해할 목적으로 파산재단의
   부담을 허위로 증가시키는 행위

③ 채무자가 파산선고의 전후를 불문하고 자기 또는 타인의
   이익을 도모하거나 채권자를 해할 목적으로 법률의 규정
   에 의하여 작성하여야 할 상업장부를 작성하지 아니하거
   나 이에 재산의 현황을 알 수 있는 정도의 기재를 하지
   아니하거나 또는 부실한 기재를 하는 행위 또는 이를
   은닉하거나 손괴하는 행위

④ 채무자가 파산선고의 전후를 불문하고 신용거래로 상품을
   구입하여 현저히 불이익한 조건으로 이를 처분하는 행위

⑤ 채무자가 파산선고의 전후를 불문하고 지급불능을 알면서
   어느 채권자에게 특별한 이익을 줄 목적으로 한 담보의
   제공 또는 채무의 소멸에 관한 행위로서, 채무자의 의무
   에 속하지 아니하거나 그 방법 또는 시기가 채무자의 의
   무에 속하지 아니하는 행위(아직 변제기가 도래하지 않은

일부 채권자에게만 변제하거나 원래 대물변제 약정이 없는데도 일부 채권자에게 대물변제하는 행위를 포함)

⑥ 채무자가 파산선고 전 1년 내에 지급불능임에도 불구하고 그 사실을 속이거나 감추고 신용거래로 인하여 재산을 취득한 사실이 있는 때

⑦ 채무자가 허위의 채권자목록 그 밖의 신청서류를 제출하거나 법원에 대하여 그 재산 상태에 관하여 허위의 진술을 한 때

⑧ 개인파산을 통해 면책을 받아 그 면책허가결정 확정일부터 7년이 경과되지 아니하거나, 개인채무자회생절차에서 면책을 받아 그 면책허가결정 확정일부터 5년이 경과되지 않은 때

⑨ 채무자가 채무자 회생 및 파산에 관한 법률에서 정하는 채무자의 의무를 위반한 때

⑩ 채무자가 파산선고 전후를 불문하고 과다한 낭비 또는 도박 기타 사행행위를 하여 현저히 재산을 감소시키거나 과대한 채무를 부담한 사실이 있는 때

귀하의 경우 위에서 제시한 면책불허가사유 중 과다한 낭비, 도박 기타 사행행위, 신용거래 구입상품의 현저한 불이익 조건 처분이 문제될 수 있습니다.

면책불허가사유의 하나인 '낭비'라고 함은 '당해 채무자의 사회적 지위, 직업, 영업상태, 생활수준, 수지상황, 자산상태 등에 비추어 사회통념을 벗어나는 과다한 소비적 지출행위'를 말하며(대법원 2004. 4. 13.자 2004마86 결정), '사행행위'란 우연에 의하여 이익을 얻는 행위로서 각종 투기

외에 모험적 거래가 포함된다고 해석되고 있습니다.

귀하의 경우 ①초단타매매와 같이 시세차익을 목적으로 한 과도한 주식투자 ②모험적 투자행위로서 과도한 다단계 판매 매출행위 등이 있는 경우 이로 인하여 재산을 현저히 감소시키거나 과도한 채무를 부담하였다면 면책불허가사유에 해당할 수 있습니다. 또한 물품거래를 가장하여 신용카드로 물품대금을 결제하고 거래처로부터 해당 매출금에서 수수료를 공제한 현금을 받는 행위 또는 신용카드에 의해 구입한 물품을 즉시 매각하여 현금으로 융통하는 행위(속칭 카드깡)는 면책불허가사유 중 하나인 신용거래 구입상품의 현저한 불이익 조건 처분에 해당할 수 있습니다.

그러나 위와 같은 면책불허가사유가 있는 경우라도 파산에 이르게 된 경위, 그 밖의 사정을 고려하여 상당하다고 인정되는 경우 면책을 허가할 수 있습니다. 따라서 주식투자의 방법, 시기, 거래규모, 채무변제 노력과 물품거래로 가장한 금액의 다과·횟수·융통 금원을 기존 채무의 변제나 생활비에 사용하였는지 여부 등을 감안하여 재량적으로 면책될 여지가 있을 수 있습니다.

해설

판례는 "면책불허가사유가 있는 경우라도 파산에 이르게 된 경위, 그 밖의 사정을 고려하여 상당하다고 인정되는 경우에는 면책을 허가할 수 있고, 또한 그와 같은 재량면책을 함에 있어서는 불허가사유의 경중이나 채무자의 경제적 여건 등 제반 사정을 고려하여 예외적으로 채무액의 일부만을 면책하는 소위 일부면책을 할 수도 있으나, 채무자의 경제적 갱생을 도모하려는 것이 개인파산제도의 근본 목적이라는 점을 감안

할 때 채무자가 일정한 수입을 계속적으로 얻을 가능성이 있다는 등의
사정이 있어 잔존채무로 인하여 다시 파탄에 빠지지 않으리라는 점이 소
명된 경우에 한하여 그러한 일부면책이 허용된다."라고 하였습니다(대법
원 2006. 9. 22.자 2006마600 결정).

● 면책 취소와 형사처벌 여부는?

질문

　저는 사업에 실패하고 빌려준 돈 3,000만원을 받지 못하여 많은 빚을 지게 되면서 신용카드로 돌려 막기를 하며 빚을 갚고 생활비를 마련하여 생활하던 중, 신용카드 이용한도가 갑자기 축소되면서 더 이상 빚을 갚지 못하게 되었습니다. 이러한 상황에서 제가 가지고 있던 유일한 재산인 시가 약 1,800만 원 정도의 차량에 채권금액 1,500만원의 근저당을 설정하고 사채업자에게 금 500만원을 빌려 생활비에 사용하다가 더 이상 사채이자를 감당할 수 없어 사채업자에게 차량을 넘기고 등록명의는 이전 하지 않은 채 파산을 신청하였는데, 파산신청서의 채권자목록에는 카드대금 1,000만원의 은행 및 잔여 사채대금 500만원의 사채업자를 채권자로 기재 하였고, 본인 소유 차량과 대여금채권 3,000만원은 이를 재산목록에 기재하지 않았습니다. 얼마 전 법원으로부터 면책결정을 받아 확정되었는데, 이를 알게 된 사채업자가 본인을 파산범죄로 경찰에 고소하고 법원에는 면책취소신청을 해 놓았다고 합니다. 현재 저는 재산이 거의 없는 상태인데 신청서를 일부 잘못 기재하였다고 형사처벌을 받고 면책의 효력도 취소될 수 있는지요?

답변

　일정한 사실관계의 존재에 대하여 입증하는 방법에 관하여, 이에 대한 확신을 얻은 상태에까지 입증해야 하는 일반의 민사소송절차에서의 '증명'과 달리, 파산 및 면책절차의 경우 파산원인으로서의 지급불능이나 면책불허가사유의 존부 등은 일응 그러한 사실관계가 확실할 것이라는 추측을 얻은 상태로 족하다고 보는 '소명'의 방법에 의하여 판단하게 됩니다. 이에 따라 법원은 신청인이 제출한 신청서, 진술서, 첨부서류 등에 의하여 이를 의심할 만한 특별한 사정이 없는 한 이를 진실한 것으로 인정하여 별도의 심문 없이 지급불능, 면책불허가사유 등의 요건사실을 인정하고 파산선고, 동시폐지결정, 면책결정을 하고 있습니다. 다만, 위와 같이 소명에 의한 입증의 진실성을 담보하기 위하여 채무자 회생 및 파산에 관한 법률은 신청인의 면책불허가사유 중 일정한 행위를 사기파산죄, 과태파산죄로 규정하여 형사처벌하고 있으며, 또한 일정한 경우 이미 확정된 면책결정을 취소할 수 있도록 하고 있습니다.

면책취소결정은 면책결정을 받은 신청인이 ①위 사기파산으로 유죄의 확정판결을 받은 때 파산채권자의 신청에 의하거나 법원의 직권으로 취소결정을 할 수 있고 ②채무자가 부정한 방법으로 면책을 받은 경우에 파산채권자가 면책 후 (면책결정 확정 후) 1년 이내에 면책의 취소를 신청한 경우에 역시 면책취소결정 할 수 있습니다. 다만, 면책취소사유가 면책절차에서 심리되어 재량면책 된 경우이거나 그렇지 않은 경우라도 면책취소심리 시 재량면책 사유가 있다면 면책취소신청이 기각될 수 있습니다.

귀하의 경우, 파산재단에 속하는 1,800만원의 자동차에 대하여 원금 500만원을 담보하고자 채권최고액 1,500만원의 근저당권을 설정하고 이후 그 차량가액에 현저히 미달하는 채무를 변제하기 위해 차량은 양도한 점에 비추어 사기파산죄의 파산재단에 속하는 재산의 불이익 처분행위 또는 파산재단의 부담을 허위로 증가시키는 행위에 해당할 수 있습니다. 또한, ①귀하가 사기파산으로 유죄의 확정판결을 받은 경우 또는 ②재산목록 중 대여금채권을 기재하지 않아 재산상태에 관하여 허위의 진술한 것으로 평가되는 경우 부정한 방법으로 면책을 받은 것으로 보아 면책이 취소될 수 있습니다. 다만, 생계유지를 위한 것이거나 다른 채권자를 해하는 정도가 심하지 않는 등 일정한 재량면책사유가 있다고 인정될 경우 채권자의 면책취소신청은 기각될 수 있습니다.

해설

　'사기파산죄'는 총 채권자의 이익을 보호함으로써 파산절차의 적정한 실현을 도모하기 위한 것으로서, 채무자가 파산선고의 전후를 불문하고 자기 또는 타인의 이익을 도모하거나 채권자를 해할 목적으로 ① 파산의 선고를 지연시킬 목적으로 신용거래로 상품을 구입하여 현저히 불이익한 조건으로 이를 처분하는 행위, ② 파산의 원인인 사실이 있음을 알면서 어느 채권자에게 특별한 이익을 줄 목적으로 한 담보의 제공이나 채무의 소멸에 관한 행위로서 채무자의 의무에 속하지 아니하거나 그 방법 또는 시기가 채무자의 의무에 속하지 아니하는 행위, ③ 법률의 규정에 의하여 작성하여야 하는 상업장부를 작성하지 아니하거나, 그 상업장부에 재산의 현황을 알 수 있는 정도의 기재를 하지 아니하거나, 그 상업장부에 부정의 기재를 하거나, 그 상업장부를 은닉 또는 손괴하는 행위, ④ 제481조의 규정에 의하여 법원사무관등이 폐쇄한 장부에 변경을 가하거나 이를 은닉 또는 손괴하는 행위를 하고, 그 파산선고가 확정되었다면 10년 이하의 징역 또는 1억 원 이하의 벌금에 처할 수 있도록 규정하고 있습니다(같은 법 650조).
　'과태파산죄'는 파산선고 전후를 불문하고 ① 파산의 선고를 지연시킬 목적으로 신용거래로 상품을 구입하여 현저히 불이익한 조건으로 이를 처분하는 행위, ② 파산의 원인인 사실이 있음을 알면서 어느 채권자에게 특별한 이익을 줄 목적으로 한 담보의 제공이나 채무의 소멸에 관한 행위로서 채무자의 의무에 속하지 아니하거나 그 방법 또는 시기가 채무자의 의무에 속하지 아니하는 행위, ③ 법률의 규정에 의하여 작성하여야 하는 상업장부를 작성하지 아니하거나, 그 상업장부에 재산의 현황을 알 수 있는 정도의 기재를 하지 아니하거나, 그 상업장부에 부정의 기재를 하거나, 그 상업장부를 은닉 또는 손괴하는 행위, ④ 제481조의 규정에 의하여 법원사무관등이 폐쇄한 장부에 변경을 가하거나 이를 은닉 또는 손괴하는 행위를 한 경우 그 파산선고가 확정되었다면 5년 이하의 징역 또는 5,000만 원 이하의 벌금에 처할 수 있도록 규정하고 있습니다(같은 법 제651조).

[관련판례]

차용금의 편취에 의한 사기죄의 성립 여부는 차용 당시를 기준으로 판단하여야 하므로, 피고인이 차용 당시에는 변제할 의사와 능력이 있었다면 그 후에 차용금을 변제하지 못하였다고 하더라도 이는 단순한 민사상의 채무불이행에 불과할 뿐 형사상 사기죄가 성립한다고 할 수 없고, 한편 사기죄의 주관적 구성요건인 편취의 범의의 존부는 피고인이 자백하지 아니하는 한 범행 전후의 피고인의 재력, 환경, 범행의 내용, 거래의 이행과정, 피해자와의 관계 등과 같은 객관적인 사정을 종합하여 판단하여야 한다(대법원 1996. 3. 26. 선고 95도3034 판결 참조).

● 주민등록상 주소와 거소가 상이한 경우 파산 관할법원은?

질문

　저와 딸은 남편이 사업을 하는데 보증채무를 부담 하였습니다. 그런데 남편의 사업이 부도나면서 채권자들의 독촉을 피하기 위해 주민등록상 주소지는 과거 살았던 집(대구)으로 해 두고, 실제로 남편은 건설현장에서 일용직으로 일을 하면서 현장 숙소(대전)에서 생활하고, 저와 제 딸은 제 명의로 임대차계약을 체결한 월세 집(서울)에서 살고 있습니다. 이러한 경우 어느 법원에 파산을 신청할 수 있는지요? 그리고 가족 모두 한 곳의 법원에 파산을 신청할 수는 없는지요?

답변

　　개인파산사건의 관할은 원칙적으로 채무자의 보통재판적 소재지를 관할하는 지방법원본원에 전속하며, 사람의 보통재판적은 그 주소에 따라 이를 정하므로, 결국 파산신청의 관할은 채무자의 주소지 관할 지방법원 본원에 신청해야 합니다. 다만, 서울의 경우 5개의 지방법원이 있으나 파산사건은 서울중앙지방법원의 관할에 전속합니다(채무자 회생 및 파산에 관한 법률 제3조 제8항).

　　파산사건의 관할은 전속관할로서 관할법원 아닌 다른 법원에 파산을 신청할 경우 관할법원으로 이송됩니다. 주소는 생활의 근거되는 곳으로서, 일반적으로 주민등록법에 의해 주소로 등록된 곳을 의미하나, 주민등록상 주소지와 생활의 근거되는 곳은 여러 가지 사유로 달라질 수 있고 이러한 경우 법적으로는 생활의 근거되는 곳 즉, 객관적으로 보아 채무자가 주로 생활하는 것으로 판단되는 장소를 주소로 보아 그 장소의 관할 지방법원 본원에 파산을 신청해야 합니다.

그러나 주민등록상 주소와 실제 생활의 근거지가 상이한 경우 실제 생활의 근거지임을 소명해야 관할을 인정할 수 있으며, 그 소명자료로서는 신청인이 임차인으로 기재되어 있는 임대차계약서, 생활 근거지로 송달된 소장 등 소송서류나 우편물, 기타 이를 확인해 줄 수 있는 이해관계인(건물주 등)의 확인서 등이 있습니다. 위 관할 규정에도 불구하고 "①주채무자 및 그 보증인 ②채무자 및 그와 함께 동일한 채무를 부담하는 자(연대채무자, 연대보증인, 부진정연대채무자, 채무의 병존적 인수인 등) ③부부" 중 어느 일방이 한 법원에 파산을 신청하여 그 사건이 계속되어 있는 때에는 다른 일방도 해당 법원에 관할권이 없다고 하더라도 파산을 신청할 수 있습니다. 귀하의 경우 주민등록상 주소지는 대구이나 실제 생활 근거지는 서울이므로 서울중앙지방법원에 파산을 신청할 수 있을 것으로 보입니다. 다만, 생활 근거지를 소명할 자료로서 임대차계약서상 귀하가 임차인으로 되어 있는 임대차계약서 사본을 제출해야 합니다. 또한 귀하의 딸의 경우 귀하와 동거하고 있으므로 역시 서울중앙지방법원에 파산을 신청할 수 있을 것이나 주소지 소명자료로서 임대차계약서상 임대인의 확인서가 첨부되는 것이 바람직합니다.

귀하의 배우자의 경우 생활의 근거지는 대전으로 볼 수 있어 원칙적으로는 대전지방법원에 파산을 신청해야 할 것이나, 배우자와 귀하 간에는 주채무자 및 그 보증인의 관계에 있으므로 관할의 특례가 인정되어 귀하가 서울중앙지방법원에 파산을 신청하였거나 배우자와 동시에 신청한다면 배우자도 역시 서울중앙지방법원에 파산을 신청할 수 있다고 보이며, 딸의 경우도(실제 생활 근거지와 상관없이) 배우자의 채무에 연대보증을 한 경우라면 역시 위와 같은 이유로 서울중앙지방법원에 파산을 신청할 수 있을 것으로 보입니다.

[관련판례]

변호사 아닌 자가 법률사무의 취급에 관여하는 것을 금지함으로써 변호사제도를 유지하고자 하는 변호사법 제109조 제1호의 규정 취지에 비추어 보면, 위 법조에서 말하는 '대리'에는 본인의 위임을 받아 대리인의 이름으로 법률사건을 처리하는 법률상의 대리뿐만 아니라, 법률적 지식을 이용하는 것이 필요한 행위를 본인을 대신하여 행하거나, 법률적 지식이 없거나 부족한 본인을 위하여 사실상 사건의 처리를 주도하면서 그 외부적인 형식만 본인이 직접 행하는 것처럼 하는 등으로 대리의 형식을 취하지 않고 실질적으로 대리가 행하여지는 것과 동일한 효과를 발생시키고자 하는 경우도 당연히 포함된다 (대법원 1999. 12. 24. 선고 99도2193 판결, 대법원 2002. 11. 13. 선고 2002도2725 판결 참조).

● 재산이 있는 경우의 파산절차는?

질문

　저는 얼마 전 법원에 파산을 신청하여 결정을 기다리고 있었는데, 최근 법원에서 파산 심문기일을 지정하고 출석을 요청하여 출석하였습니다. 그런데 법원에서 부동산을 매각하여 채권자들에게 배당하라고 권유하며 그 결과를 금융자료와 함께 제출하라고 하였습니다. 제가 소유하고 있는 부동산은 선산으로서 시가가 약 5백만 원 정도에 이르지만 시골 임야로서 이를 매각하기가 쉽지 않고 또한 선산이라 이를 팔기도 난처한 상황입니다. 만일 법원의 권유에 따르지 않을 경우 제가 신청한 파산사건은 어떻게 처리 되는지요?

답변

　　개인파산 및 면책제도는 신청인에게 면책절차를 통한 경제적 재기·갱생의 기회를 부여하는 것을 목적으로 하나, 그 본래적인 목적은 파산관재인을 통해 신청인의 재산을 처분하고 이를 채권자에게 평등하게 배당하는 것에 있습니다. 그러나 대부분의 개인파산사건은 파산 선고 시 채무자가 보유하고 있는 재산이 파산관재인 선임 등 절차비용에도 미치지 못하여 재산처분을 통한 배당절차를 생략하고 바로 파산절차를 폐지(채무자 회생 및 파산에 관한 법률 제317조)하여 면책절차에 들어가게 되는데, 이렇게 파산선고와 동시에 파산절차를 폐지하는 결정을 실무상 동시폐지 결정이라고 합니다.

일반적으로 동시폐지결정을 할 수 있는 파산재단 상한선은 청산절차 비용, 즉 파산관재인 선임 및 사무처리비용 등으로서, 개별적인 사안이나 법원마다 다를 수 있어 일률적으로 제시할 수는 없으나 실무상 3백만원을 기준으로 동시폐지 여부를 결정하며, 이에 따라 채무자가 파산 선고 시 보유한 재산의 가액이 이를 상회한다면 법원은 파산절차를 폐지하지 아니하고 청산절차를 진행합니다. 파산절차를 폐지하지 않는 경우 법원은 신청인에게 파산관재인 선임 비용에 대하여 예납명령을 발하고 신청인이 비용을 예납하면 법원은 파산을 선고함과 동시에 미리 작성된 법원의 파산관재인 명부에 기초하여 파산관재인을 선임하는 결정을 하게 됩니다.

　　선임된 파산관재인은 채무자의 채권을 조사하고 재산목록 등을 작성하여 파산재단을 관리하여 채권자들에게 파산재단을 환가·배당하여 파산절차를 종결시키거나 채권자들의 동의가 있는 경우 또는 비용부족으로 청산절차를 진행할 수 없는 경우 법원에 파산폐지를 신청하여 그 결정(동시폐지와 비교하여 실무상 이를 이시(異時)폐지결정이라고 함)에 따라 파산절차를 종결시킵니다. 다만, ①파산절차비용을 충당하기에는 부족하나 동시폐지결정을 하기에는 많은 재산을 보유하고 있는 경우 또는 ②신청인에게 절차비용에 충당할 수 있는 재산이 있다고 하더라도 그 가액이 소액으로서 신청인이 스스로 채권자들에게 안분배당하고 이에 대한 금융자료를 제출하여 소명함으로서 일응 청산절차의 공정성을 보장할 수 있는 경우, 법원은 채무자 스스로 재산을 매각하여 채권자에게 배당할 것을 권고(실무상 이를 자주배당의 권유라고 함)하는 경우가 있습니다. 귀하의 경우 소유하고 있는 부동산인 선산이 중중으로부터 명의신탁을 받았다는 등 본인 소유가 아니라는 사실을 소명하지 못하는 이상, 원칙적으로 본인 소유 재산으로 취급되고, 법원은 귀하가 동시폐지결정으로 그 재산을 보유하게 하는 것이 적당치 않다고 평가하여 귀하에게 자주배당을 권유한 것으로 보입니다. 만일 귀하가 이러한 법원의 자주배당 권유에 불응할 경우 사안에 따라서는 위와 같이 파산관재인 선임을 통한 청산절차가 진행되어 결과적으로는 임야를 매각당해야 하는 처지에 이를 수 있고, 개인파산의 주된 목적인 면책결정까지는 상당한 시일이 소요될 것으로 우려되므로 가급적 법원의 권유에 응하는 것이 타당해 보입니다.

[관련판례]

구 파산법(2005. 3. 31. 법률 제7428호 채무자 회생 및 파산에 관한 법률 부칙 제2조로 폐지) 제346조의 해석상, 법원은 같은 조의 각 호에서 정하는 면책불허가사유가 있는 경우라도 파산에 이르게 된 경위, 그 밖의 사정을 고려하여 상당하다고 인정되는 경우에는 면책을 허가할 수 있고, 또한 그와 같은 재량면책을 함에 있어서는 불허가사유의 경중이나 채무자의 경제적 여건 등 제반 사정을 고려하여 예외적으로 채무액의 일부만을 면책하는 소위 일부면책을 할 수도 있으나, 채무자의 경제적 갱생을 도모하려는 것이 개인파산제도의 근본 목적이라는 점을 감안할 때 채무자가 일정한 수입을 계속적으로 얻을 가능성이 있다는 등의 사정이 있어 잔존채무로 인하여 다시 파탄에 빠지지 않으리라는 점이 소명된 경우에 한하여 그러한 일부면책이 허용된다(대법원 2006.09.22. 자 2006마600 결정).

● 파산선고결정문에 있는 동시폐지의 의미는?

질문

저는 파산선고결정문을 받았는데 '동시 폐지한다.'는 문구가 쓰여 있습니다. 파산을 동시 폐지한다는 말이 제가 파산이 되지 않는다는 말인가요?

답변

파산절차를 동시폐지한다는 말은 파산선고로 인한 여러 불이익을 받지 않고 바로 면책절차로 넘어간다는 말입니다.

동시폐지결정은

① 개인파산의 경우, 채무자에게 배당의 재원이 될 만한재산이 거의 남아있지 않아 이를 금전으로 환가해도 파산절차의 비용에도 충당할 수 없고, 또한 부인권 대상 행위(채권자를 해하는 것을 알고 한 재산처분 등)도 없는 경우에는 파산관재인의 선임, 배당 등의 절차를 진행하지 않고, 파산선고와 동시에 파산절차를 종결하는 동시폐지결정을 합니다.

② 배당할 재산이 남아 있거나 부인권 대상 행위가 있으면 채무자에게 절차비용을 예납하게 한 후 파산관재인 선임 등의 절차를 진행합니다.

③ 동시폐지결정이 내려지면 파산절차는 끝나게 되고, 다음으로 면책절차로 넘어가게 됩니다.

● 파산선고로 인하여 근무관계가 종료되는지?

질문

저는 대기업 건설회사에서 근무해 오고 있습니다. IMF 이전 처남이 부동산사업을 하면서 처남의 부탁으로 은행에 보증을 서 준 것이 있는데 처남의 사업 실패로 인하여 저도 수 천만 원의 보증채무를 부담하게 되어 현재 개인파산을 고려하고 있습니다.

그런데 회사 인사규정에 의하면 '파산자로서 복권되지 아니한 자'를 당연 퇴직 사유로 규정하고 있어 파산을 신청한다면 회사를 더 이상 다니지 못 할 것 같아 몇 년째 파산을 신청하지 못하고 있습니다. 저와 같은 경우 파산을 한다면 정말 회사를 그만 두어야 하는지요?

답변

파산선고와 관련하여 공무원, 변호사, 공증인, 공인회계사, 공인노무사, 세무사, 변리사, 국공립·사립학교 교수, 전임강사 및 교사, 증권거래소 임원, 상장법인의 상근감사 등의 경우, 각 개별법에서 "파산을 선고받아 복권되지 아니한 자"를 당연퇴직사유 또는 면허·등록의 임의적 또는 필요적 취소사유로 규정하고 있고(국가공무원법 제33조 제1항 제2호, 제69조 등), 법원은 파산선고가 그 면허·등록의 임의적 또는 필요적 취소사유로 되어 있는 자격을 가지고 있는 채무자에 대해 면책신청이 각하·기각되거나 면책불허가 또는 면책취소결정이 확정된 때 면허·등록의 주무관청에 이를 통지하고 있습니다. 결국 위와 같이 법률에 퇴직 또는 등록·

면허 취소 사유에 해당하는 경우 법률의 규정에 따라 근로관계가 종료되거나 면허 등이 박탈될 수 있습니다. 그러나 본 사안과 같이 법률의 규정이 아닌 근로계약, 취업규칙, 인사규정에 근거하여 당연퇴직사유로 규정되어 있는 경우에도 위 법률의 규정에 근거한 경우와 같이 근로관계가 당연히 종료되는지 여부에 관하여, 「채무자 회생 및 파산에 관한 법률」제32조의2는 "누구든지 이 법에 따른 회생절차·파산절차 또는 개인회생절차 중에 있다는 사유로 정당한 사유 없이 취업의 제한 또는 해고 등 불이익한 처우를 받지 아니한다."라고 규정하고 있으나 그 적용 문제와 관련하여 다툼이 있습니다.

이에 대하여 최근 하급심 판례는 "①인사규정에 근거한 당연퇴직사유는 근로자의 의사와 관계없이 사용자 측에서 일방적으로 근로관계를 종료시키는 것으로서 성질상 이는 해고에 해당하며 「근로기준법」제23조 소정의 정당한 이유가 있어야 하고 ②당연퇴직규정은 「채무자 회생 및 파산에 관한 법률」제32조의2 규정의 취지에도 명시적으로 반하여 직원의 근로의 권리, 직업행사의 자유를 과도하게 침해하는 것으로, 결국 그 사회통념상 상당성을 인정하기 어렵다."라고 판시하여 해고가 무효임을 확인한 바 있습니다(서울중앙지방법원 2006.7.14. 선고 2006가합17954 판결).

따라서 귀하가 파산을 신청하여 파산선고를 받는 경우에도 위 하급심 판결 이유에서 제시한 바와 같이 회사는 귀하의 파산선고사실을 근거로 당연퇴직(해고)시킬 수 없다고 보이며, 만일 회사가 귀하를 당연퇴직(해고)시킬 경우 귀하는 관할법원에 해고무효확인소송을 제기하거나, 관할 지방노동위원회에 부당해고구제를 신청해 해고의 효력을 다툴 수 있다고 보입니다.

[관련판례]

　채무자 회생 및 파산에 관한 법률 제566조 제7호에서 말하는 '채무자가 악의로 채권자목록에 기재하지 아니한 청구권'이라고 함은 채무자가 면책결정 이전에 파산채권자에 대한 채무의 존재 사실을 알면서도 이를 채권자목록에 기재하지 않은 경우를 뜻하므로, 채무자가 채무의 존재 사실을 알지 못한 때에는 비록 그와 같이 알지 못한 데에 과실이 있더라도 위 법조항에 정한 비면책채권에 해당하지 아니하지만, 이와 달리 채무자가 채무의 존재를 알고 있었다면 과실로 채권자목록에 이를 기재하지 못하였다고 하더라도 위 법조항에서 정하는 비면책채권에 해당한다. 이와 같이 채권자목록에 기재하지 아니한 청구권을 면책대상에서 제외한 이유는, 채권자목록에 기재되지 아니한 채권자가 있을 경우 채권자로서는 면책절차 내에서 면책신청에 대한 이의 등을 신청할 기회를 박탈당하게 될 뿐만 아니라 그에 따라 위 법 제564조에서 정한 면책불허가사유에 대한 객관적 검증도 없이 면책이 허가·확정되면 원칙적으로 채무자가 채무를 변제할 책임에서 벗어나게 되므로, 위와 같은 절차 참여의 기회를 갖지 못한 채 불이익을 받게 되는 채권자를 보호하기 위한 것이다. 따라서 사실과 맞지 아니하는 채권자목록의 작성에 관한 채무자의 악의 여부는 위에서 본 위 법 제566조 제7호의 규정 취지를 충분히 감안하여 누락된 채권의 내역과 채무자와의 견련성, 채권자와 채무자의 관계, 누락의 경위에 관한 채무자의 소명과 객관적 자료와의 부합 여부 등 여러 사정을 종합하여 판단하여야 한다. 그리고 여기에서 '채무자가 채무의 존재 사실을 알지 못한 때'에는 채무자가 채무 발생 사실 자체를 알지 못한 경우는 물론, 채무자가 채무가 소멸한 것으로 잘못 안 경우, 오랜 기간의 경과나 그 밖의 사정으로 채무의 존재 사실을 잊어버린 경우 등은 포함되나, 채무자가 채무의 존재 사실을 알고 있었으면서도 단순히 순간적인 착각이나 부주의로 채권자목록에 기재하는 것을 누락한 경우까지 포함되는 것은 아니라고 보아야 한다(전주지방법원 2014.08.21. 선고 2013나12054 판결).

● 파산선고를 받을 경우 어떤 불이익이 있는지?

질문

저는 남편의 사업 실패로 인한 생활비 부족으로 신용카드를 발급받아 사용하면서 부채가 많게 되었습니다. 그런 후 남편까지 사망하여 현재 식당에서 일을 하면서 초등학교, 중학교에 재학중인 자녀들과 근근이 생계를 유지하고 있어 파산을 신청하고자 합니다. 그런데 사람들의 말에 의하면 파산을 할 경우 가족관계증명서에 빨간 줄이 가서 평생 파산자로 낙인찍혀 금융기관도 전혀 이용할 수 없고 주소도 함부로 옮길 수 없으며, 자녀들에게도 영향이 있다고 합니다. 파산을 하면 어떤 불이익이 있으며 정말 가족관계증명서에 파산자로 기재가 되는 지요?

답변

파산을 선고받을 경우 민법 등 개별 법률에 의하여 다음과 같은 법률상 불이익이 있습니다. 첫째, 사법상의 불이익으로서 민법상 후견인, 친족회원, 유언집행자, 신탁법상 수탁자가 될 수 없고, 상법상 합명회사, 합자회사 사원의 퇴사원인이 되고, 주식회사, 유한회사의 이사의 경우 위임관계가 종료되어 당연 퇴임하게 됩니다. 둘째, 공법상 불이익으로서 공무원, 변호사, 공증인, 공인회계사, 공인노무사, 세무사, 변리사, 국공립·사립학교 교수, 전임강사 및 교사, 증권거래소 임원, 상장법인의 상근감사, 등이 될 수 없거나, 그 직을 계속 수행할 수 없습니다.

그러나 위와 같은 신분상의 공·사법상 제한은 복권이

되면 없어지며, 면책 결정이 확정되면 당연히 복권이 됩니다. 한편 과거 의사, 한의사, 간호사, 약사, 건축사 등에 대한 자격제한은 해당 법률의 개정으로 삭제되어 파산선고를 받더라도 결격사유에 해당되지 않습니다. 그러나 공인중개사의 경우 자격제한은 없으나 복권되지 않은 경우 중개사무소 개설등록을 할 수 없고 소속공인중개사 또는 중개보조원이 될 수 없습니다. 신원증명사항과 관련하여, 개인파산 및 면책신청사건의 처리에 관한 예규 제6조 제1항은 "법원은 개인인 채무자에 대하여 다음 각호의 사유가 있는 때에는 채무자의 신원증명업무 관장자인 등록기준지 시(구가 설치된 시에 있어서는 구)·읍·면의 장에게 그 사실을 통보하여야 한다. 다만 제2호 내지 제4호의 사실은 제1호의 사실이 통보된 채무자에 한하여 통보한다. ① 파산선고가 확정된 때. 다만 채무자가 법 제556조제1항에 따른 면책신청을 하거나 동조제3항에 따라 면책신청을 한 것으로 보는 경우에는 그 면책신청이 각하·기각되거나 면책불허가결정이 내려지거나 면책취소의 결정이 확정된 때에 한하여 통보한다. ② 법 제574조제1항 제1· 2호의 사유가 발생된 때 ③ 복권결정이 확정된 때 4.면책취소의 결정이 확정된 때"라고 규정하고 있어 여러 가지 사회적 평가 상의 불이익을 받을 소지를 줄였습니다.

　금융기관과의 거래와 관련하여, 파산을 선고받아 면책결정이 확정된 경우 법원은 전국은행연합회장에게 사건번호, 채무자의 성명 및 주민등록번호 등을 통보하고(동 예규 제5조), 전국은행연합회는 채무자의 기존 연체등록정보(구

신용불량정보)를 공공정보로 변경 등록하고(신용정보관리규약 제11조 제1항 제8호), 등록사유 발생일로부터 5년간 공공정보를 1201 코드로 관리하게 됩니다. 특수기록정보 등록자라고 하더라도 일반적인 통장개설은 가능하며, 최근에는 체크카드의 발급도 가능하게 되었습니다. 그러나 신용카드 발급이나 대출 등 신용거래는 각 금융기관이 개별적으로 정할 내용으로서 일반적으로 다시 신용이 발생하기 전까지는 어렵다고 볼 수 있습니다.

결론적으로 ①파산을 선고받더라도 면책결정이 확정될 경우 가족관계등록부나 신원증명사항에 어떠한 기재도 하지 않으며, 만일 면책결정을 받지 못하더라도 가족관계등록관서가 관리하고 있는 신원증명사항에 기재될 뿐, 가족관계등록부에 직접 파산자로 기재되지는 않고 ②금융기관 이용과 관련하여 특수기록정보 등록자로서 신용거래는 불가능할 것으로 보이나 일반적인 통장개설 등의 금융기관 이용이 제한당하지는 않으며 ③파산 및 면책으로 인한 불이익은 신청당사자에게만 효력이 있으므로, 자녀들에게 불이익이 발생하는 일은 없습니다.

● 사업폐업에 따른 파산원인의 판단기준은?

질문

　저는 경영학과를 졸업한 후 친구들과 벤쳐기업(법인)을 설립하여 대표이사로 회사를 운영하면서 은행으로부터 사업자금을 대출받고 이에 개인자격으로 보증을 서 준 사실이 있습니다. 그러나 법인은 매출 부진으로 인하여 투자자들이 투자를 중단하는 바람에 갑자기 자금이 경색되어 결국 폐업하게 되었고, 이로 인하여 저는 개인적인 부채와 보증채무 등 합계 금 1천5백만 원의 채무가 남아 있는 상황이 있으며, 현재 저는 부모님 집에 거주하면서 다른 회사를 알아보고 있는 상황입니다. 이러 경우에도 파산이 가능한지요?

답변

　개인파산을 신청하기 위해서는 파산원인으로서의 지급불능 즉, 변제능력이 부족하여 변제기가 도래한 채무를 일반적·계속적으로 변제할 수 없는 객관적인 상태가 인정되어야 하며(대법원 2010.9.20. 선고 2010마868 결정), 단순히 채무가 보유 재산액을 초과한 것만으로는 지급불능이라고 볼 수 없습니다. 또한 지급불능은 신용, 노동력, 재산으로 평가되며, 구체적으로는 채무자의 재산, 학력, 현재 수입, 채무의 액수, 연령, 장애 유무, 부양가족수 등에 따라 지급불능 여부가 결정될 수 있습니다.

　구체적으로 ①채무를 변제할 재산이 있다고 인정되거나 현재 생계비 이상의 수입이 있는 경우 ②고등교육을 받아

장차 일정한 생계비 이상의 소득이 있을 것으로 예상되는 경우 ③채무 총액이 소액으로서 특별한 사정이 없는 한 이를 변제할 수 있는 것으로 인정되는 등의 경우는 지급불능으로 평가되기 어렵습니다.

그러나 채무자가 다른 재산이 없는 상태에서 ①고령으로 계속적인 소득활동을 할 수 없다고 인정되는 경우 ②장애가 있어 일반적인 사람들과 같은 소득을 얻을 수 없다고 인정되는 경우 ③일정한 수입이 있는 경우라도 부양가족수에 따른 생계비를 고려할 때 변제능력이 없다고 평가될 경우는 파산원인으로서 지급불능을 인정받을 수 있을 것입니다. 귀하의 경우 현재는 소득이 없다고 하더라도 4년제 대학교를 졸업하여 다른 곳에 취업하여 생계비 이상의 소득을 얻을 것으로 예상되는 점, 연령이 만 32세로서 경제적인 재기의 기회가 남아 있어 향후 계속적으로 소득활동을 할 것으로 예상되는 점, 채무 총액이 1,500만원에 불과하여 장애가 있거나 부양가족이 많다는 등 특별한 사정이 없는 한 일반적으로 이를 감당할 수 있는 것으로 보이는 점 등에 비추어 볼 때, 일반적으로 파산원인으로서 지급불능에 이른 것으로 평가되기 어려워 파산신청이 기각될 가능성이 높습니다. 다만, 이러한 판단은 일반적인 견해이며 개별적 사정에 따라 결론이 달라질 수는 있습니다.

● 연대보증 후 면책결정과 강제집행의 관계는?

질문

저는 여러 친척에게 연대보증을 서 준 관계로 보증채무가 발생하였고, 친척이 이를 갚지 못하여 부득이 얼마 전 파산을 신청하여 면책결정을 받아 확정되었습니다. 그러나 파산선고 전 ①일부 채권자는 본인 명의 상속 부동산(시골 논) 지분(시가 약 5백만 원)에 가압류를 하였고 ②일부 채권자는 본인 명의인 금 3천만원 주택임대차보증금반환채권에 대해 채권압류 및 추심명령을 집행하였으나 아직 보증금을 회수해 가지 않았으며 ③다른 일부 채권자는 본인의 집기류(유체동산)에 압류를 해 놓았습니다. 이러한 상황에서 면책의 효력을 주장하여 가압류나 압류를 해제할 수는 없는지요? 가능하다면 절차는 어떻게 되는지요?

답변

개인파산에 있어서 파산선고가 되면 파산채권을 근거로 한 채무자의 재산에 대하여 행하여진 강제집행, 가압류 또는 가처분의 집행은 파산재단에 대하여 그 효력을 잃게 되고, 파산재단의 관리처분권이 파산관재인에게 전속하여 파산채권자들은 파산절차에 참가하여 그 권리를 행사할 수 있을 뿐입니다. 그러나 개인파산사건은 환가할 재산이 없는 경우가 많아 대부분 청산절차를 진행하지 않고 파산선고와 동시에 청산절차로서의 파산절차를 폐지하는 결정(동시폐지결정)을 하며 이러한 경우, 면책신청이 있고 파산폐지결정의 확정 또는 파산종결결정이 있는 때에는 면책신청에 관한 재판이 확정될 때까지 채무자의 재산에 대하여 파산채권에 기한 강제집행, 가압류 또는 가처분을 할 수 없고, 채무자의 재산에 대하여 파산선고 전에 이미 행하여지고 있던 강제집행, 가압류 또는 가처분은 중지됩니다.

또한 동시폐지결정 등의 확정으로 중지된 강제집행·가압류 또는 가처분은 이후 면책결정의 확정에 의하여 별도의 조치 없이 당연히 그 효력을 상실하게 됩니다. 따라서, 파산선고 전 채무자의 재산에 대하여 이미 행하여지고 있던 강제집행·가압류 또는 가처분은 면책결정 확정 이후부터는 법적으로 효력이 없게 되는 것입니다. 그러나 법적으로 효력이 없음에도 불구하고 현실적으로는 부동산(가)압류에서의 (가)압류 기입등기 등과 같이 강제집행·가압류 또는 가처분 집행 결과는 여전히 남아있어 이러한 외관을 제거해야할 필요성은 있습니다. 부동산가압류 또는 강제경매신청에 의한 압류기입등기는 가압류를 명한 법원 또는 경매를 진행하는 집행법원에 ①면책결정 정본 및 파산 채권자목록 ②그 확정증명을 첨부하여 부동산(가)압류 집행해제신청을 하여 부동산(가)압류 기입등기를 말소할 수 있습니다.

채권가압류나 채권 압류 및 추심명령의 경우 가압류 또는 압류법원에 위 ①②의 서류를 첨부하여 집행해제신청을 하면 집행법원은 가압류 또는 압류가 실효되었다는 취지를 제3채무자에게 통지함으로써 그 외관을 제거합니다. 다만, 채권 압류 및 전부명령에 있어서 파산 동시폐지결정 확정 전에 이미 전부명령이 확정되었거나, 채권 압류 및 추심명령에 있어서 파산 동시폐지결정 확정 전에 이미 압류채권자의 추심권 행사로 채권자가 추심금을 모두 수령하여 추심신고가 이루어졌다면 강제집행은 이미 종료된 것이므로 소급하여 무효로 되지는 않습니다. 유체동산 압류의 경우 위 ① ②의 서류를 해당 집행관에게 제출하면 집행관은 압류 표지를 부착하여 채무자 등에게 보관 중인 유체동산의 압류를 해제하고 이를 채무자에게 교부합니다. 귀하의 경우 파산 및 면책결정이 확정되었다고 하므로 위에서 제시한 각 경우에 따라 강제집행, 가압류 또는 가처분의 해제를 신청할 수 있을 것으로 보입니다.

● 파산신청이 기각되는 경우는?

파산신청이 기각되는 경우도 있다고 하던데, 어떤 경우인가요?

답변

　　파산신청이 기각되는 사유로는 ① 신청인이 절차비용을 미리 납부하지 않은 경우, ② 법원에 회생절차 또는 개인회생절차가 계속되어 있고 그 절차에 의함이 채권자 일반의 이익에 부합하는 경우, ③ 채무자에게 파산원인이 존재하지 않은 경우, ④ 신청인이 소재불명인 경우, ⑤ 그 밖에 신청이 성실하지 않은 경우, ⑥ 채무자에게 파산원인이 존재하더라도 파산신청이 파산절차의 남용에 해당한다고 인정되는 경우(심문을 거쳐야 함) 등입니다.

● 소득이 있는 사람도 파산신청을 할 수 있는지?

질문

현재 소득이 있는 사람도 파산절차를 신청할 수 있나요?

답변

　채무자가 부양가족을 포함한 생계비보다 더 적은 소득으로 생활을 해야 한다면 파산절차를 신청할 수 있습니다.

　가용소득이란 채무자의 소득은 채무자가 수령하는 근로소득·연금소득·부동산임대소득·사업소득·농업소득·임업소득, 그 밖에 합리적으로 예상되는 모든 종류의 소득합계금액을 말합니다.

　가용소득에서 공제되는 금액은 ① 소득세, 주민세 균등분·개인지방소득세, 건강보험료, 국민연금보험료, 고용보험료, 산업재해보상보험료, ② 채무자 및 그 피부양자의 인간다운 생활을 유지하기 위해 필요한 생계비로서, 최저생계비, 채무자 및 그 피부양자의 연령, 피부양자의 수, 거주지역, 물가상황, 그 밖에 필요한 사항을 종합적으로 고려해 법원이 정하는 금액을 말합니다. 이는 개인회생절차개시신청 당시의 최저생계비에 1.5배를 곱한 금액을 말하며, 특별한 사정이 있는 경우에는 적절히 증감할 수 있습니다.

● 복권이란 무엇을 말하는지?

질문

파산면책을 받은 후에 복권신청을 해야 한다고 하던데 복권이라는 것이 무엇인가요?

답변

　　파산면책 결정이 확정된 채무자는 복권신청을 하지 않아도 당연히 복권됩니다. 만약 당연복권이 되는 요건을 갖추지 못해 변제 그 밖의 방법으로 파산채권자에 대한 채무의 전부에 관해 그 책임을 면한 경우의 파산자는 별도로 복권신청을 할 수 있습니다.

　　당연복권은 파산선고를 받은 채무자는 ① 면책결정이 확정된 경우, ② 채무자가 파산채권자의 동의를 받아 파산폐지신청을 해서 파산폐지결정이 확정된 경우, ③ 파산선고를 받은 채무자가 파산선고 후 사기파산죄로 유죄확정판결을 받음이 없이 10년이 경과한 경우 중 어느 하나에 해당하는 경우에는 복권됩니다. 신청에 의한 복권은 파산선고를 받은 채무자가 당연복권이 되는 요건을 갖추지 못해 변제 그 밖의 방법으로 파산채권자에 대한 채무의 전부에 관해 그 책임을 면한 경우 파산법원은 파산선고를 받은 채무자의 신청에 의해 복권결정을 해야 합니다. 당연복권의 요건을 갖추지 못한 파산선고를 받은 채무자가 복권신청을 하는 경우 그 책임을 면한 사실을 증명할 수 있는 서면을 제출해야 합니다.

● 파산절차비용 납부 시기는?

파산절차비용은 언제 납부하여야 합니까?

　　파산절차비용은 통상 파산신청시에 법원에 전액 예납하게 되어 있습니다. 그러나 송달료는 위와 같이 우표로 납부하여야 합니다. 채무자가 스스로 신청하는 자기파산신청의 경우에는 신청인을 위하여 국가가 파산절차비용을 일시적으로 대신 지급하여 주는 「국고가지급」제도가 있습니다.

　　그러나 다음과 같은 이유로 가능한 한 파산신청시에 파산절차비용을 예납하는 것이 편리합니다. 첫째, 「국고가지급」 제도는 어디까지나 일시적인 대체 지급이고 파산절차가 종료되면 즉시 가지급된 금액을 국가에 상환하여야 하기 때문에 절차가 신속하게 종료되는 소비자파산사건에서는 그 지급유예효과가 그다지 크지 않습니다. 둘째, 파산결정이 난 후 면책신청을 할 경우 면책절차의 비용은 「국고가지급」제도의 대상이 되지 않기 때문에 면책허가결정을 받기 위하여는 어차피 절차비용을 예납 하여야 하기 때문입니다.

● 면책신청비는 얼마인가요?

질문

면책신청에는 어느 정도의 절차비용을 납부해야 하나요?

답변

면책신청은 먼저 파산결정이 난 후에 다시 신청서를 제출하여야 하는데 그 절차비용은 각급 법원에 따라 조금씩의 차이가 날 수 있으나 보통 다음과 같습니다.

① 신청서 첨부인지 : 1,000원.

② 송달료(우표): 채권자 수 x3 x3,700원 +37,000원.

③ 관보게재료(정부수입인지) : 7,800원 x3 =23,400원.

④ 신문공고료 : 120,000원 x3 =360,000원.

그리고 동시 폐지되는 소비자파산사건에서의 면책절차비용은 파산 신청시에 예납한 파산절차비용이 남아 있는 경우 면책 신청시에는 부족한 비용만 추가로 납부하시면 됩니다. 또한 면책절차비용은 위에서 설명한 바와 같이 [국고가 지급] 제도의 대상이 되지 않으므로 면책신청 시에 필히 그 절차비용을 예납하여야 합니다.

● 소비자파산이란 무엇인가요?

질문

소비자파산절차란 어떠한 절차인가?

답변

　　소비자파산이란, 봉급생활자, 주부, 학생 등 개인소비자가 소비 활동의 일환으로 신용카드 등을 이용하여 상품을 구입하거나 금전을 차용한 결과 발생한 채무가 자신의 변제능력으로 감당할 수 없게 되어 자신의 모든 재산을 충당하여도 모든 채무를 변제할 수 없는 지급불능상태에 빠진 경우에, 법원에서 채무자의 모든 재산을 강제적으로 금전으로 환가하여 채권자 전원에게 공평하게 배당하는 절차를 말합니다.

● 소비자파산절차와 파산절차의 차이점은?

질문
소비자파산절차도 통상의 파산절차와 동일하게 진행됩니까?

답변
　　소비자파산절차는 일반적 파산절차와는 달리 채권자가 파산신청을 하는 경우가 드물고 대부분 채무자 신청에 의하여 개시됩니다. 이와 같이 채무자가 스스로 신청하는 파산을 「자기파산신청」이라고 합니다.

　　또 채무자의 재산이 거의 없어 이를 금전으로 환가 하여도 파산절차의 비용에도 충당할 수 없으므로, 법원은 파산관재인을 선임함이 없이 파산선고와 동시에 파산절차를 종료시키는 동시폐지결정을 하고, 채무자의 재산을 관리하거나 금전으로 환가 하여 배당하는 절차는 행하여지지 않습니다.

● 소비자파산 신청비용은?

질문

소비자 파산신청에는 어느 정도의 절차비용이 소요됩니까?

답변

　채무자가 스스로 신청하는 소비자파산신청에 소요되는 비용은 각급 법원에 따라 조금씩의 차이가 날 수 있으나 보통 다음과 같습니다.

① 신청서 첩부인지 : 1,000원.

② 송달료(우표) : 채권자 수 x3 x3,700원 +37,000원.

③ 관보게재료(정부수입인지) : 7,800원.

④ 신문공고료 : 120,000원(단, 2억원 이하의 소파산의 경우에는 신문공고료는 필요 없음).

　그리고 파산자의 재산이 매우 적어 동시폐지 될 것으로 예상되는 동시폐지신청사건에 있어서는 특별한 경우 외에는 비용이 따로 추가되지 않습니다. 다만, 파산신청을 변호사에게 의뢰하는 경우에는 위 파산절차 비용과는 별도로 변호사에 대한 보수와 비용을 지급하여야 합니다.

부 록

참고자료

개인회생사건처리지침(재민2004-4)

제1조(목적)

이 예규는 개인회생사건의 사무처리에 필요한 사항을 정함을 목적으로 한다.

제2조(신청서 양식)

① 개인회생사건을 관할하는 지방법원은 다음 각호의 양식을 작성, 비치하여야 한다.

1. 개인회생절차개시신청서 : [전산양식 D5100]

2. 재산목록 : [전산양식 D5101]

3. 채무자의 수입 및 지출에 관한 목록 : [전산양식 D5103]

4. 진술서 : [전산양식 D5105]

5. 개인회생채권자목록 : [전산양식 D5106]

6. 재산조회신청서 : [전산양식 D5128]

7. 개인회생재단에 속하지 않는 재산목록 제출서 : [전산양식 D5108]

8. 면제재산결정신청서 : [전산양식 D5109]

9. 개인회생채권조사확정재판 신청서 : [전산양식 D5124, 또는 전산양식 D5125]

10. 변제계획안 : [전산양식 D5110, 또는 전산양식 D5111]

11. 변제계획안 간이양식 : [전산양식 D5112]

12. 개시신청용 간이양식 모음 :

간이양식에 의한 개인회생절차 신청서류 작성요령,

개인회생절차개시신청서 [전산양식 D5100과 동일],

재산목록 간이양식 [전산양식 D5102],

개인회생채권자목록 간이양식 [전산양식 D5107],

수입 및 지출에 관한 목록 간이양식 [전산양식 D5104],

진술서 [전산양식 D5105과 동일]

변제계획안 간이양식[전산양식 D5112과 동일]

13. 소득증명서 [전산양식 D5115]

14. 소득진술서 및 확인서 [전산양식 D5116, D5117]

15. 자료송부청구서 및 자료송부서 [전산양식 D5118, D5119]

16. 채권자 계좌번호 신고서 [전산양식 D5123]

17. 채권자 명의변경 신청서(채권양도·양수) [전산양식 D5129], 채권자 명의변경 신청서(전부·일부 대위변제) [전산양식 D5130], 채권자 명의변경 신청서(채권자 상호변경) [전산양식 D5131]

② 접수담당 법원서기관·법원사무관·법원주사 또는 법원주사보(다음부터 "법원사무관등"이라 한다)는 개인회생절차의 신청인, 개인회생채권자로 하여금 제1항 기재의 양식을 사용하도록 창구지도를 하여야 한다.

제3조(접수 후 서류 심사 및 안내)

① 개인회생절차의 개시신청서를 접수한 다음 접수담당 법원사무관등은 신청서의 기재사항에 오류나 누락이 있는 경우 보정을 권고할 수 있고, 정확히 기재하도록 안내를 하여야 한다.

② 개인회생절차의 개시신청서를 접수한 다음 접수담당 법원사무관등은 「채무자 회생 및 파산에 관한 법률」(다음부터 "법"이라 한다) 제589조제2항 및 「채무자 회생 및 파산에 관한 규칙」(다음부터 "규칙"이라 한다) 제79조에 규정된 개인회생절차개시신청서에 첨부하여야 하는 서류가 첨부되어 있는지 여부를 확인하고, 제대로 첨부하도록 안내를 하여야 한다.

③ 채무자는 제2조 제1항 기재의 간이양식을 사용하여 개인회생 절차의 개시신청을 할 수 있다. 간이양식을 사용한 개시신청서를 접수한 다음 접수담당 법원사무관등은 그 채무자에게 제출할 필요가 있는 정식양식이 있는 경우에는 그 양식을 교부하고 작성요령을 안내하여야 한다.

④ 삭제(2012.02.24.제1382호)

제4조(제출 서류)

① 규칙 제79조제1항의 규정에 따라 개인회생절차개시신청서에 첨부할 서류 중 관공서에서 작성하는 서류는 특별한 사정이 없는 한 신청일로부터 2개월 내에 발급받은 것이어야 한다.

② 개인회생절차를 신청하고자 하는 채무자가 개인회생채권자 발행의 부채확인서 등 채무 내역을 소명할 자료를 입수하려고 노력하였으나 입수하여 제출하기 곤란한 경우에는 규칙 제82조의 규정에 따라 개인회생채권자에 대하여 개인회생채권의 발생일, 원금, 원금 잔액, 이자 잔액, 이자율 등에 관한 자료의 송부를 청구한 다음 그 청구서 사본을 첨부하는 방법으로 소명자료에 갈음할 수 있다.

③ 개인회생채권자가 제2항의 청구에 따른 자료를 송부하여 온 경우에 채무자는 지체 없이 그 사본을 법원에 제출하여야 하며, 송부해온 자료를 검토한 후 필요한 경우에는 개인회생채권자목록의 기재를 수정하여 다시 제출하여야 한다.

제4조의2(보전처분 또는 중지·금지명령)

① 법원은 법 제592조의 규정에 의한 보전처분 또는 법 제593조의 규정에 의한 중지·금지명령의 신청이 있는 경우에는 특별한 사정이 없는 한 지체 없이 그에 관한 결정을 하여야 한다.

② 삭제(2006.12.26.제1103호)

제5조(변제계획안의 제출)

① 채무자는 개인회생절차개시신청을 한 날로부터 14일 이내에 법 제610조에 규정된 변제계획안을 제출하여야 한다. 다만, 채무자는 절차의 신속한 진행을 위하여 개인회생절차개시신청과 동시에 변제계획안을 제출할 수 있다.

② 삭제(2012.02.24.제1382호)

③ 회생위원은 변제계획안의 기재사항에 오류나 누락이 있는 경우 채무자에게 보정을 권고할 수 있다.

제6조(공고의 방법)

① 개인회생절차에서의 공고는 전자통신매체를 이용한 방법에 의한 공고를 원칙으로 한다.

② 규칙 제6조 제1항 제2호의 규정에 따른 전자통신매체를 이용한 공고는 공고사항을 법원 홈페이지 법원 공고란에 게시하는 방법으로 한다.

③ 제2항의 규정에 따른 공고를 한 때에는 법원사무관등은 공고문을 출력하여 기록에 편철하여야 한다.

제7조(채무자의 소득의 산정)

① 법 제579조 제4호제가목의 소득의 합계금액은 다음과 같이 산정하되 특별한 사정이 있는 경우에는 증감할 수 있다.

1. 최근 1년간 직장의 변동이 없는 경우에는 1년간의 실제 소득액을 평균한 월평균 소득을 기초로 하여 산정하고, 직장이 변동이 있는 경우에는 직장 변동 이후의 실제 소득액을 평균한 월평균 소득을 기초로 하여 산정한다.

2. 영업소득자가 그 소득에 관한 소명자료가 없는 경우에는 임금구조 기본통계조사보고서 등의 통계소득을 기초로 하여 산정할 수 있다.

② 법 제579조 제4호 제다목의 " 국민기초생활보장법 제6조의 규정에 따라 공표된 최저생계비, 채무자 및 그 피부양자의 연령, 피부양자의 수, 거주지역, 물가상황, 그 밖에 필요한 사항을 종합적으로 고려하여 법원이 정하는 금액"은 국민기초생활보장법 제6조의 규정에 따라 공표된 개인회생절차개시신청 당시의 기준 중위소득에 100분의 60을 곱한 금액으로 산정하는 것을 원칙으로 하되, 특별한 사정이 있는 경우에는 적절히 증감할 수 있다.

③ 채무자는 법 제610조 제1항에 규정된 변제계획안을 제출하면서 변제계획안의 인가이전이라도 변제계획안의 제출일로부터 60일 후 90일 내의 일정한 날을 제1회로 하여 매월 일정한 날에 그 변제계획안상의 매월 변제액을 회생위원에게 임치할 뜻을 기재함으로써, 그 변제계획안이 수행 가능함을 소명할 수 있다.

제7조의2(신청자격)

① 법 제579조 제2호의 급여소득자에는 아르바이트, 파트타임 종사자, 비정규직, 일용직 등 그 고용형태와 소득신고의 유무에 불구하고 정기적이고 확실한 수입을 얻을 가능성이 있는 모든 개인을 포함한다.

② 법 제579조 제3호의 영업소득자에는 소득신고의 유무에 불구하고 수입을 장래에 계속적으로 또는 반복하여 얻을 가능성이 있는 모든 개인을 포함한다.

제8조(변제기간)

① 채무자는 법 제611조의 규정에 따른 변제계획에서 정하는 변제기간을 변제개시일로부터 5년을 초과하지 아니하는 범위 내에서 정할 수 있다.

② 채무자가 제1항의 변제기간을 정함에 있어서는 다음과 같이 하는 것이 바람직하다.

1. 채무자는 변제계획안에서 정하는 변제기간 동안 그 가용소득의 전부를 투입하여 우선 원금을 변제하고 잔여금으로 이자를 변제한다.
2. 채무자가 3년 이내의 변제기간 동안 원금과 이자를 전부 변제할 수 있는 때에는 그 때까지를 변제기간으로 한다.
3. 채무자가 3년 이내의 변제기간 동안 원금의 전부를 변제할 수 있으나 이자의 전부를 변제할 수 없는 때에는 변제기간을 3년으로 한다.
4. 채무자가 3년 이상 5년 이내의 변제기간 동안 원금의 전부를 변제할 수 있는 때에는 이자의 변제 여부에 불구하고 원금의 전부를 변제할 수 있는 때까지를 변제기간으로 한다.
5. 채무자가 5년 이내의 변제기간 동안 원금의 전부를 변제할 수 없는 때에는 그 변제기간을 5년으로 한다.
③ 채무자가 제2항 제1 내지 5호의 규정에 정한 기간보다 단기간을 변제기간으로 작성하여 제출한 경우에는 법원은 위 각 호의 기간으로 변제기간을 수정할 것을 명할 수 있다. 다만, 법원은 법 제614조의 변제계획 인가요건, 채무자의 수입 등 제반 사정을 종합적으로 고려하여, 변제기간을 달리하여 수정을 명할 수 있다.
④ 채무자가 제7조 제3항의 규정에 의하여 변제계획안의 인가 전에 매월 변제액을 회생위원에게 임치한 경우에는 그 임치한 기간을 위 각 항의 변제기간에 산입한다.
⑤ 농업소득자, 임업소득자 등 소득이 매월 발생하지 않는 채무자는 채무를 매월 변제하지 아니하고 수개월 간격으로 변제하는 것으로 변제계획안의 내용을 정할 수 있으며, 법원은 법 제611조 제4항의 규정에 따라 이를 허가할 수 있다.

제8조의2(채권자집회의 진행)

① 법원은 특별한 사정이 없는 한 개인회생채권자집회를 직접 진행하여야 한다.

② 법원이 직접 개인회생채권자집회를 진행하는 경우에는 회생위원은 개인회생채권자집회의 기일 전에 규칙 제88조 제1항 제1호 및 제7호의 사항을 기재한 보고서를 법원에 제출하여야 한다.

제9조(회생위원의 선임과 사임)

① 법원은 특별한 사정이 없는 한 법 제601조 제1항 각 호에 해당하는 사람 중 1인을 회생위원으로 선임한다.

② 개인회생사건을 관할하는 지방법원의 법원장은 회생위원 업무를 담당할 인원이 여러 명 있는 경우에는 그 사람들에게 번호를 부여하여야 한다.

③ 법원은 회생위원의 선임시에 제2항 기재의 번호를 부여하여야 한다. 삭제(2006.12.26.제1103호)

④ 회생위원은 법원의 허가를 받아야 사임할 수 있으며, 회생위원이 사임을 원하는 경우 법원은 미리 후임 회생위원을 물색하여 둠으로써 업무수행에 공백이 없도록 조치하여야 한다.

⑤ 회생위원으로 선임된 때 또는 사임하거나 퇴임한 때에는 지체없이 자신의 직위와 성명을 관리은행에 통지하여야 한다.

제9조의2(전임회생위원의 위촉 등)

① 법원행정처장은 법 제601조 제1항 제1호, 제3호 내지 제7호에 해당하는 사람을 개인회생사건을 관할하는 지방법원의 회생위원 업무를 전임하여 담당하도록 위촉할 수 있다.

② 법원행정처장은 다음 각 호의 경우에는 제1항에 의한 회생위원(이하 "전임회생위원"이라고 한다)을 해촉 할 수 있다.

1. 품위를 잃은 행위를 한 경우

2. 법원에 대한 보고의무를 다하지 아니하는 등 회생위원 업무 처리가 불성실한 경우

3. 그 밖에 회생위원으로서 계속 활동하기 어렵다고 인정할 상당한 이유가 있는 경우

③ 전임회생위원의 위촉기간은 2년으로 하되, 재위촉할 수 있다.

④ 전임회생위원이 위촉기간 중 해촉되어 새로이 전임회생위원을 위촉하는 경우 새로 위촉된 전임회생위원의 위촉기간은 해촉된 전임회생위원의 잔여 위촉기간으로 한다. 다만, 특별한 사정이 있는 경우에는 위촉기간을 이와 다르게 정할 수 있다.

⑤ 전임회생위원은 법원행정처장의 허가 없이 영리를 목적으로 하는 다른 직무를 겸할 수 없다.

⑥ 법원행정처장은 전임회생위원의 효율적인 개인회생사건 처리를 위하여 필요하다고 판단하는 때에는 개인회생사건을 관할하는 지방법원의 법원장으로 하여금 전임회생위원에게 그 업무의 수행에 필요한 사무실 등 물적 시설을 제공하게 할 수 있다.

⑦ 개인회생사건을 관할하는 지방법원은 매년 1회 이상 정기적으로 전임회생위원이 수행한 업무의 적정성을 평가하여야 한다. 이 경우 법원은 관리위원회의 의견을 들어야 한다.

제9조의3(전임회생위원 선발위원회의 구성 등)

① 법원행정처장은 전임회생위원 위촉후보자의 선발 및 전임회생위원의 위촉, 해촉 등에 관한 업무의 적정을 도모하기 위하여 전임회생위원 선발위원회(이하 '위원회'라 한다)를 둘 수 있다.

② 위원회의 위원장은 법원행정처 차장이 되고, 주무위원은 사법지원실장이 되며, 5인의 일반위원으로 구성하되, 개인회생사건을 관할하는 지방법원의 부장판사 2인, 변호사 1인, 대학교수 1인, 학식과 경험이 있는 자 1인으로 한다.

③ 일반위원은 법원행정처장이 위촉하며, 임기는 1년으로 하되

연임할 수 있다.

④ 위원회의 업무에 관한 구체적 사항은 법원행정처 내규로 정한다.

⑤ 개인회생사건을 관할하는 지방법원은 위원회의 요청에 따라 제9조의2 제7항의 평가 결과를 위원회에 제공하여야 한다.

제9조의4(비전임회생위원의 위촉 등)

① 개인회생사건을 관할하는 지방법원의 법원장은 법 제601조 제1항 제1호, 제3호 내지 제7호에 해당하는 사람을 개인회생사건을 관할하는 지방법원의 회생위원 업무를 담당하도록 위촉(단, 전임회생위원은 제외한다)할 수 있다.

② 개인회생사건을 관할하는 지방법원의 법원장은 제9조의2 제2항 각호의 사유가 있는 경우 제1항에 의한 회생위원(이하 "비전임회생위원"이라고 한다)을 해촉 할 수 있다.

③ 제9조의2 제3항 내지 제4항, 제7항의 규정은 비전임회생위원에 대하여 이를 준용한다.

제9조의5(비전임회생위원 선발위원회의 구성 등)

① 개인회생사건을 관할하는 지방법원의 법원장은 비전임회생위원 위촉후보자의 선발 및 비전임회생위원의 위촉, 해촉 등에 관한 업무의 적정을 도모하기 위하여 비전임회생위원 선발위원회를 둘 수 있다.

② 비전임회생위원 선발위원회의 구성 및 업무에 관한 구체적 사항은 개인회생사건을 관할하는 지방법원의 내규로 정한다.

제9조의6(법원사무관등이 아닌 회생위원을 선임할 사건)

① 전임회생위원 또는 비전임회생위원(이하 '법원사무관등이 아닌 회생위원'이라 한다)이 위촉되어 있는 지방법원에서는 법 제579조의 규정에 의한 영업소득자인 채무자의 개인회생절차개시신청

사건에 대해서는 법원사무관등이 아닌 회생위원을 선임한다. 다만, 접수 사건수의 추이, 위촉된 회생위원의 수 등 여러 사정을 고려하여 법원사무관등이 아닌 회생위원을 선임하는 것이 적당하지 않다고 판단되는 경우에는 그러하지 아니하다.

② 법 제579조의 규정에 의한 급여소득자인 채무자의 개인회생절차개시신청사건의 경우에도 부인권 대상 행위의 존부, 접수 사건수의 추이 등 여러 사정을 참작하여 법원사무관등이 아닌 회생위원을 선임할 수 있다.

제10조(회생위원의 보수)

① 회생위원이 법원사무관등인 경우에는 보수를 지급하지 아니하는 것을 원칙으로 한다.

② 삭제(2012.02.24.제1382호)

③ 법원사무관등이 아닌 회생위원의 보수는 [별표 1]의 보수기준액으로 정하되, 변제액, 사안의 난이, 회생위원이 수행한 직무의 내용 등을 참작하여 적절히 증감할 수 있다. 다만 특별한 사정이 없는 한 [별표 1]의 보수상한액을 넘을 수 없다.

④ 제9조의6에 따라 법원사무관등이 아닌 회생위원을 선임하는 개인회생사건의 채무자는 규칙 제87조에 따라 [별표 1] 인가결정 이전 업무에 대한 보수기준액 상당 금액을 예납하여야 한다.

제11조(변제액의 임치와 지급)

① 개인회생사건의 회생위원으로 선임되면 지체 없이 대법원장이 지정하는 각 법원별 관리은행(다음부터 "관리은행"이라 한다)에 별단예금 계좌를 개설하여야 한다. 이 계좌에는 법원코드, 회생위원번호, 사건번호를 표시하여야 한다.

② 대법원장이 지정하는 각 법원별 관리은행은 [별표 2]와 같다.

③ 제7조제3항과 법 제617조제1항의 규정에 따른 임치는 제1항

의 별단예금 계좌의 입금계좌번호에 송금하는 방법으로 한다.

④ 법 제617조 제2항의 규정에 따른 지급은 규칙 제84조에 따라 신고된 계좌로 송금 받는 방법으로 하는 것을 원칙으로 한다.

⑤ 규칙 제84조제1항에 따라 신고된 계좌번호에 대하여 번호오류 등의 사유로 송금할 수 없는 경우에는 규칙 제84조제2항과 같은 방법으로 공탁할 수 있다.

제11조의2(계좌번호의 신고방법)

① 개인회생채권자가 규칙 제84조의 규정에 따른 변제액을 송금 받기 위한 금융기관 계좌번호의 신고를 회생위원에게 하는 경우에는 이메일, 팩스 또는 우편의 방법으로 할 수 있다.

② 개인회생채권자가 이메일의 방법으로 제1항의 신고를 하는 경우에는 채권자계좌번호신고서[전산양식 D5123]를 작성하여 이메일에 첨부하는 방법에 의하여 하여야 한다.

③ 회생위원은 이메일의 방법에 의한 신고가 된 경우에는 이메일에 첨부된 채권자계좌번호신고서를 출력하여 기록에 편철하여야 한다.

④ 개인회생채권자는 원칙적으로 자신이 예금주인 금융기관 계좌번호를 신고하여야 하고, 자신이 예금주가 아닌 경우에는 인감증명서를 첨부하는 등으로 계좌번호 신고서가 자신의 의사에 따라 작성된 것임을 소명하여야 한다.

제11조의3(회생위원의 변제계획 불수행 보고 등)

① 회생위원은 변제계획에 따른 변제가 지체되고 그 지체액이 3개월분 변제액에 달한 경우에 변제계획 불수행 보고서 [전산양식 D5505]를 작성하여 법원에 보고하여야 한다.

② 회생위원은 채무자가 인가된 변제계획을 수행하지 아니하는 때에는 전화, 전자우편, 팩시밀리 등 적절한 방법으로 그 사유

를 파악하고 변제수행을 독려하여야 한다. 다만 채무자가 인가된 변제계획을 이행할 수 없음이 명백한 때에는 그러하지 아니하다.

제11조의4(제3채무자에 대한 통지)

가압류 또는 압류에 따라 제3채무자가 채무자에게 지급하지 아니하고 보관 중인 적립금을 변제에 투입할 뜻과 그 적립금을 관리하고 처분할 권한이 회생위원에게 있다는 뜻을 채무자가 변제계획안에 기재한 경우, 회생위원은 변제계획인가결정 후 바로 통지서 [전산양식 D5507]를 이용하여 제3채무자에게 변제계획의 취지를 통지한다.

제11조의5(개인회생공탁 등)

① 회생위원은 변제액을 송금받기 위한 금융기관 계좌번호를 신고하지 아니한 채권자(신고한 계좌번호에 오류가 있는 채권자도 포함한다. 다음부터 "미신고 채권자"라고 한다)에 대하여는 규칙 제84조제2항(2006. 3. 31. 이전에 개인채무자회생법에 따라 개인회생절차개시신청을 한 사건은 개인채무자회생규칙 제18조제2항) 및 변제계획에 따라 연 1회(변제계획인가일부터 1년이 지날 때마다 1회) 변제액을 공탁할 수 있다.

② 회생위원은 미신고 채권자에 대하여는 전화, 전자우편, 팩시밀리 등 적절한 방법으로 계좌번호를 신고하도록 촉구하여야 하고, 제1항의 공탁을 하기 전에 공탁예정통지서 [전산양식 D5508]를 발송하여 통지서를 송달받은 날부터 1주일 안에 계좌번호를 신고하지 아니하면 변제액을 공탁한다는 점을 알려주어야 한다. 다만, 해당 채권자에 대하여 법 제10조에 따라 송달에 갈음하는 공고를 한 경우에는 그러하지 아니하다.

③ 제1항의 공탁은 「공탁사무 문서양식에 관한 예규」제1-1호 양식에 의하여 「공탁규칙」이 정한 절차에 따른다. 이 경우 회생

위원은 공탁서에 해당 사건의 변제계획 인가결정 등본을 첨부하여야 하고 계좌입금에 의한 공탁금 납입을 신청하여야 한다.

④ 공탁관의 공탁 수리 후 회생위원은 「가상계좌에 의한 공탁금 납입절차에 관한 업무지침」에 따라 공탁금을 납입한다. 이 경우 회생위원은 법원과 공탁금 보관은행 사이에 연계된 전산시스템을 이용하여 공탁예정액을 지정된 계좌에 입금하는 방식으로 공탁금을 납입한다.

⑤ 공탁관이 공탁서를 교부하면 회생위원은 공탁서 사본을 해당 사건기록에 편철하고, 변제계획 인가결정 등본이 첨부된 공탁서 원본은 연도별, 사건번호순으로 별도 보관한다.

⑥ 제1항의 공탁금을 출급받으려는 채권자가 있을 경우 회생위원은 「공탁규칙」제43조에서 정한 절차에 따라 공탁관에게 지급위탁서를 보내고 지급받을 채권자에게 그 자격에 관한 증명서를 주어야 한다.

제11조의6(미확정 개인회생채권에 관한 통지절차)

미확정 개인회생채권에 관하여 변제계획안 인가일부터 3년이 지날 때까지 채권 확정 여부가 판명되지 아니한 때에는 회생위원은 해당 채권자에게 통지서 [전산양식 D5509]를 발송하거나 전화, 전자우편, 팩시밀리 등 적절한 방법으로 채권 확정 신고를 하도록 촉구하여야 한다.

제12조(임치금의 반환 및 출금절차)

① 채무자가 제7조제3항의 규정에 따라 변제계획안의 인가이전에 금원을 임치하였으나 변제계획안이 인가되지 못하고 개인회생절차가 종료된 경우에는 회생위원은 임치된 금원을 채무자에게 반환하여야 한다. 이 때에는 채무자가 미리 신고한 금융기관의 예금계좌에 송금하는 방법으로 반환하는 것을 원칙으로 한다.

② 회생위원이 임치금의 공탁, 반환 등을 위하여 제7조제3항과 법 제617조의 규정에 따라 임치된 금원을 출금하려는 때에는 미리 법원의 허가를 받아야 한다.

③ 제1항 및 제11조 4항의 규정에 의하여 임치금을 반환 또는 지급하여야 하는 경우에 당해 임치금의 현금출급사유가 발생한 때에는, 회생위원은 관리은행에 사건번호, 출급금액, 출급청구자 및 그 대리인의 성명·주소·주민등록번호(법인인 경우에는 사업자등록번호), 출급의 구분, 출급허가일 등 현금출급지시사항을 전송하고 출급청구자에게 개인회생환급(변제)금 출급지시서 [전산양식 D5511]를 교부하여 이를 관리은행에 제출하게 하여야 한다.

④ 관리은행이 출급청구자의 청구에 의하여 임치금을 반환 또는 지급한 때에는 즉시 그 지급내역을 회생위원에게 전송하여야 한다.

⑤ 제1항 내지 제4항의 규정은 제7조제3항 또는 법 제617조제1항에 따라 임치된 금원에 과오납이 있을 경우 그 반환에 관하여 준용한다.

제13조(회생위원이 선임되지 않은 경우의 변제액의 지급)

① 회생위원이 선임되지 않은 경우에는 채무자는 인가된 변제계획의 내용에 따라 개인회생채권자에게 변제하여야 할 금원을 개인회생채권자에게 지급한다.

② 채무자는 변제액의 지급시마다 그 지급사실을 증명할 수 있는 서면(영수증 또는 입금확인서 등)을 받아 법원에 제출하여야 하고, 법원사무관등은 이를 기록에 철하여 두어야 한다.

제14조 삭제(2006.03.29. 제1065호)

제15조(면책취소신청과 채무자의 심문)

법 제626조제1항의 규정에 따라 면책취소 여부를 결정하는 경우에 법원은 채무자를 심문하여야 한다.

제16조(법률상의 제재의 고지)

회생위원은 법 제591조의 규정에 따라 채무자에게 보고, 조사, 시정의 요구, 기타 적절한 조치를 하는 경우에는 그에 위반할 때에는 법 제649조제5호의 규정에 따라 처벌될 수 있음을 고지하여야 한다.

제17조(열람ㆍ등사 등 청구의 절차 및 비용)

개인회생사건의 열람ㆍ복사에 관하여는 법 제28조에 규정된 사항 이외에는 「재판기록 열람ㆍ복사 규칙」과 「재판기록 열람ㆍ복사 예규」(재일 2003-3) 및 비밀보호를 위한 열람 등의 제한 예규(재일 2004-2)를 준용한다.

제18조(한국신용정보원의 장에 대한 통보)

① 법원은 다음 각호의 경우에는 한국신용정보원의 장에게 통보하여야 한다.

1. 법 제614조에 규정된 변제계획안 인가결정을 한 경우
   통보할 사항 : 사건번호, 채무자의 성명, 주민등록번호, 인가결정일
2. 법 제624조제1, 2항에 규정된 면책결정이 확정된 경우
   통보할 사항 : 사건번호, 채무자의 성명, 주민등록번호, 면책결정일, 면책결정의 확정일, 면책결정의 종류(제624조제1항 면책인지, 제624조제2항 면책인지를 명시함)
3. 법 제621조에 규정된 개인회생절차 폐지결정이 확정된 경우
   통보할 사항 : 사건번호, 채무자의 성명, 주민등록번호, 폐지결정일, 폐지결정의 확정일

② 제1항의 통보는 전자통신매체를 이용하여 할 수 있다.

제19조(항고 보증 공탁물 출급 또는 회수 절차)

변제계획불인가 또는 개인회생절차폐지의 결정에 대한 항고를 할 때에 항고인이 보증으로 공탁한 현금 또는 유가증권의 출급 또는 회수의 절차는 다음과 같다.

1. 파산재단에 속하게 된 경우의 출급 절차

항고가 기각되고 채무자에 대하여 파산선고가 있거나 파산절차가 속행됨으로써, 보증으로 공탁한 현금 또는 유가증권이 파산재단에 속하게 된 경우에는, 파산관재인이 위 사항을 증명하는 서면[파산 사건 담당 재판부의 법원사무관등이 발급한 것에 한한다. 전산양식 D4500]을 첨부하여 공탁물 출급청구를 할 수 있다.

2. 공탁자의 회수 절차

항고가 인용된 경우 또는 항고가 기각되고 채무자에 대하여 파산 선고가 없으며 파산절차가 속행되지 않는 경우에는, 공탁자가 공탁서와 항고 인용의 재판이 확정되었음을 증명하는 서면 또는 채무자에 대하여 파산선고가 없으며 파산절차가 속행되지 않음을 증명하는 서면[개인회생사건 담당 재판부의 법원사무관등이 발급한 것에 한한다. 전산양식 D5515]을 첨부하여 공탁물 회수청구를 할 수 있다.

부 칙

이 예규는 2004. 8. 26.부터 시행한다.

부 칙(2004.09.21 제981호)

이 예규는 2004. 9. 23.부터 시행한다.

부 칙(2004.10.26 제984호)

이 예규는 2004. 11. 01.부터 시행한다.

부 칙(2004.12.09 제993호)

이 예규는 2004. 12. 13.부터 시행한다.

부 칙(2005.08.24 제1017호)

제1조(시행일) 이 예규는 2005. 9. 1.부터 시행한다.

제2조(경과규정) 이 예규는 이 예규 시행당시 법원에 계속 중인 사건에도 적용한다.

부 칙(2006.03.29 제1065호)

①(시행일) 이 예규는 2006년 4월 1일부터 시행한다.

②(경과조치) 이 예규 시행당시 종전의 「개인채무자회생법」에 따라 신청한 개인회생사건은 종전의 예에 의한다.

부 칙(2006.12.26 제1103호)

①(시행일) 이 예규는 2007. 1. 1.부터 시행한다.

②(경과규정) 이 예규 시행 당시 법원에 계속 중인 사건에 대하여는 종전의 예에 의한다.

부 칙(2007.08.31 제1149호)

이 예규는 2007. 9. 3.부터 시행한다.

부 칙(2008.05.02 제1218호)

① (시행일) 이 예규는 2008. 5. 15.부터 시행한다.

② (경과규정) 이 예규 시행 당시 이미 변제계획인가일부터 1년이 지난 사건의 공탁 대상 채권에 대하여는, 3년이 지난 사건, 2년이

지난 사건, 1년이 지난 사건의 차례로 공탁을 실시한다.

부 칙(2009.05.13 제1272호)
이 예규는 즉시 시행한다.

부 칙(2012.02.24 제1282호)
이 예규는 즉시 시행하되, 2012년 1월 1일부터 적용한다.

부 칙(2012.12.27 제1410호)
제1조(시행일) 이 예규는 2013년 1월 1일부터 시행한다.
제2조 ① 개인회생사건처리지침(재민2004-4) 일부를 다음과 같이 개정한다.
제17조 중 "「재판기록열람수수료등에관한규칙」"을 "「재판기록 열람·복사 규칙」"으로, "재판기록열람복사예규"를 "「재판기록 열람·복사 예규」"로 한다.
제2조(다른 예규의 개정) ② ~ ⑧ 생략

부 칙(2012.12.27 제1413호)
이 지침은 2013년 1월 1일부터 시행한다.

부 칙(2014.01.21 제1459호)
제1조(시행일) 이 예규는 즉시 시행한다.
제2조(경과조치) 이 예규는 이 예규 시행 당시 법원에 계속 중인 사건에도 적용한다.

부 칙(2014.05.30 제1471호)
제1조(시행일) 이 예규는 2014년 6월 1일부터 시행한다.
제2조(경과규정) 이 예규 시행 이전에 접수된 사건은 종전의 예에

의한다.

부 칙(2015.02.03 제1503호)
이 예규는 즉시 시행한다.

부 칙(2015.05.28 제1530호)
이 예규는 2015년 5월 28일부터 시행한다.

부 칙(2015.11.09 제1550호)
제1조(시행일) 이 예규는 2016년 1월 1일부터 시행한다.
제2조(경과규정) 이 예규 시행 전에 접수된 사건은 종전의 예에 의
한다.

부 칙(2015.12.22 제1556호)
이 예규는 2016년 1월 1일부터 시행한다.

별표1

법원사무관 등이 아닌 회생위원 보수기준표

항목	보수기준액	보수상한액
인가결정 이전 업무에 대한 보수	15만원	30만원

별표 2

법원	관리은행	법원코드
서울중앙지방법원	신한은행 법조타운법원(출)	210
의정부지방법원	신한은행 의정부법원지점	214
인천지방법원	신한은행 인천법원지점	240
수원지방법원	신한은행 수원법원지점	250
춘천지방법원	신한은행 강원영업부금융센터	260
춘천지방법원 강릉지원	신한은행 강릉중앙금융센터	261
대전지방법원	신한은행 대전법원지점	280
청주지방법원	신한은행 청주법원지점	270
대구지방법원	신한은행 대구법원지점	310
부산지방법원	신한은행 부산법조타운법원(출)	410
울산지방법원	신한은행 울산법원지점	411
창원지방법원	신한은행 창원중앙지점	420
광주지방법원	신한은행 광주법원지점	510
전주지방법원	신한은행 전주지점	520
제주지방법원	신한은행 제주중앙금융센터	530

개인회생절차 개시신청서

<table>
<tr><td></td><td>수입인지
30,000원</td></tr>
</table>

<table>
<tr><td rowspan="6">신청인</td><td>성 명</td><td></td><td>주민등록번호</td><td></td></tr>
<tr><td>주민등록상
주소</td><td colspan="3">우편번호:</td></tr>
<tr><td>현 주 소</td><td colspan="3">우편번호:</td></tr>
<tr><td>송 달 장 소</td><td colspan="2">(송달영수인:)우편번호 :</td><td></td></tr>
<tr><td>전화번호
(집.직장)</td><td></td><td>전화번호
(휴대전화)</td><td></td></tr>
</table>

<table>
<tr><td rowspan="4">대리인</td><td>성 명</td><td colspan="3"></td></tr>
<tr><td>사무실 주소</td><td colspan="3">우편번호:</td></tr>
<tr><td>전화번호
(사무실)</td><td colspan="3"></td></tr>
<tr><td>이-메일 주소</td><td></td><td>FAX번호</td><td></td></tr>
</table>

<table>
<tr><td colspan="4">주채무자가(또는 보증채무자가, 연대채무자가, 배우자가) 이미 귀 법원에 파산신청 또는 개인회생절차 개시신청을 하였으므로 그 사실을 아래와 같이 기재합니다</td></tr>
<tr><td>성 명</td><td></td><td>사건번호</td><td></td></tr>
</table>

신 청 취 지

「신청인에 대하여 개인회생절차를 개시한다.」라는 결정을 구합니다.

신 청 이 유

1. 신청인은, 첨부한 개인회생채권자목록 기재와 같은 채무를 부담하고 있으나, 수입 및 재산이 별지 수입 및 지출에 관한 목록과 재산목록에 기재된 바와 같으므로, 파산의 원인사실이 발생 하였습니다(파산의 원인사실이 생길 염려가 있습니다).

　　□ 신청인은 정기적이고 확실한 수입을 얻을 것으로 예상되고, 또한 채무자 회생 및 파산에관한 법률 제595조에 해당하는 개시신청 기각사유는 없습니다(급여소득자의 경우).

　　□ 신청인은 부동산임대소득·사업소득·농업소득·임업소득 그 밖에 이와 유사한 수입을 장래에 계속적으로 또는 반복하여 얻을 것으로 예상되고, 또한 채무자 회생 및 파산에 관한 법률 제595조에 해당하는 개시신청 기각사유는 없습니다(영업소득자의 경우).

2. 신청인은, 각 회생채권자에 대한 채무 전액의 변제가 곤란하므로, 그 일부를 분할하여 지급할 계획입니다. 즉 현시점에서 계획하고 있는 변제예정액은＿＿＿개월간 월 ＿＿＿원씩이고, 이 변제의 준비 및 절차비용지급의 준비를 위하여, 개시결정이 내려지는 경우 ＿＿＿．＿．＿．을 제1회로 하여, 이후 매월 ＿＿＿에 개시결정시 통지되는 개인회생위원의 은행구좌에 동액의 금전을 입금하겠습니다.

3. 이 사건 개인회생절차에서 변제계획이 불인가될 경우 불인가 결정시까지의　　적립금을　　반환받을　　신청인의　　예금계좌는 ＿＿＿＿＿＿＿ 입니다.

4. 개인회생채권자목록 부본(개인회생채권자목록상의 채권자수 ＋ 2통)은 개시결정 전 회생위원의 지시에 따라 지정하는 일자까지 반드시 제출하겠습니다.

첨 부 서 류

1. 개인회생채권자목록 1통
2. 재산목록 1통
3. 수입 및 지출에 관한 목록 1 통
4. 진술서 1통

5. 신청서 부본 1통(위 1 내지 4의 첨부서류 및 소명방법을 모두 포함한 것)

6. 예납금영수증 1통

7. 송달료납부서 1통

8. 신청인 본인의 예금계좌 사본 1통(대리인의 예금계좌 사본 아님)

9. 위임장 1통(대리인에 의하여 신청하는 경우)

휴대전화를 통한 정보수신 신청서

위 사건에 관한 개인회생절차 개시결정, 폐지결정, 면책결정, 월 변제액 3개월분 연체의 정보를 예납의무자가 납부한 송달료 잔액 범위 내에서 휴대전화를 통하여 알려주실 것을 신청합니다.

▣ **휴대전화 번호 :**

  신청인 채무자   (날인 또는 서명)

※ 개인회생절차 개시결정, 폐지결정, 면책결정이 있거나, 변제계획 인가결정 후 월 변제액 3개월분 이상 연체시 위 휴대전화로 문자메시지가 발송됩니다.

※ 문자메시지 서비스 이용금액은 메시지 1건당 17원씩 납부된 송달료에서 지급됩니다(송달료가 부족하면 문자메시지가 발송되지 않습니다). 추후 서비스 대상 정보, 이용금액 등이 변동될 수 있습니다.

---

20 .   .   .

신청인 _____ (인)

○○지방법원 귀중

개인회생절차 개시신청서 작성요령

(1) 채무한도

개인회생절차를 신청하려면 총채무액이 무담보채무의 경우에는 5억원, 담보부 채무의 경우에는 10억원 이하인 개인채무자여야 합니다.

(2) 관할법원

채무자의 주소지를 관할하는 지방법원 본원에 신청하여야 합니다. 서울의 경우는 서울중앙지방법원에 신청하여야 합니다. 다만 주채무자와 보증인, 채무자 및 그와 함께 동일한 채무를 부담하는 자, 부부의 경우 그 중 하나에 파산사건 또는 개인회생사건이 계속되어 있으면 같은 법원에 신청할 수 있고 신청서의 해당란에 성명과 사건번호를 기재하여야 합니다.

(3) 신청인

신청인의 성명 등 인적사항을 모두 기재합니다. 특히 현주소는 법원으로부터 우편물을 송달받을 수 있는 확실한 주소를 기재하여야 하고 연락이 가능한 휴대폰 등 전화번호를 반드시 기재하여야 합니다.

(4) 신청이유

① 급여소득자 또는 영업소득자인지 여부를 신청이유 1항의 해당란에 ☑ 표시를 합니다.

② 변제계획안에 예정되어 있는 변제기간과 월변제예정액을 각

기재하고 신청일로부터 2개월 후의 일정한 날(급여소득자의 경우 급여일, 영업소득자의 경우 매출채권 회수일 등)을 정하여 그 날을 제1회의 납입개시일과 매월 변제일로 기재합니다. 여기서 기재하는 금액은 변제계획인가시의 월변제예정액과 달라질 수 있습니다.

③ 개인회생절차 개시 후 변제계획이 불인가될 경우 그 동안 적립된 금액을 반환받을 예금계좌를 기재합니다.

④ 개인회생절차 개시신청 후 회생위원과의 면담을 통하여 개인회생채권자목록의 잘못된 부분과 누락된 부분을 수정하는 등으로 최종적인 개인회생채권자목록을 작성한 후 그 원본과 채권자수에 2통을 더한 부본을 회생위원이 지정한 날까지 이 법원에 제출하여야 합니다.

개인회생채권자목록

채권현재액 산정기준일: .   .   .   목록작성일: .   .   .

채권현재액 총합계		담보부 회생 채권액의 합계		무담보 회생 채권액의 합계	

※ 개시후이자 등: 아래 각 채권의 개시결정일 이후의 이자·지연손해금 등은 채무자 회생 및 파산에 관한 법률 제
581조 제2항, 제446조 제1항 제1, 2호의 후순위채권입니다.

채권번호	채권자	채권의 원인	주소 및 연락처	
		채권의 내용		부속서류 유무
		채권현재액(원금)	채권현재액(원금) 산정근거	
		채권현재액(이자)	채권현재액(이자) 산정근거	
			(주소) (전화) (팩스)	
				□ 부속서류 (1, 2, 3, 4)
			(주소) (전화) (팩스)	
				□ 부속서류 (1, 2, 3, 4)
			(주소) (전화) (팩스)	
				□ 부속서류 (1, 2, 3, 4)
			(주소) (전화) (팩스)	
				□ 부속서류 (1, 2, 3, 4)

			(주소) (전화)　　　　　(팩스)	
				☐ 부속서류 (1, 2, 3, 4)
			(주소) (전화)　　　　　(팩스)	
				☐ 부속서류 (1, 2, 3, 4)
			(주소) (전화)　　　　　(팩스)	
				☐ 부속서류 (1, 2, 3, 4)
			(주소) (전화)　　　　　(팩스)	
				☐ 부속서류 (1, 2, 3, 4)
			(주소) (전화)　　　　　(팩스)	
				☐ 부속서류 (1, 2, 3, 4)
			(주소) (전화)　　　　　(팩스)	
				☐ 부속서류 (1, 2, 3, 4)

개인회생채권자목록 작성시 유의사항

1. **채권현재액 산정기준일**: 채권현재액을 산정함에 있어서 기준이 되는 일자로 신청일 또는 신청예정일을 기재합니다.
2. **채권의 기재순서**: 채권의 기재는 우선권이 있는 채권, 담보부 개인회생채권(유치권·질권·저당권·양도담보권·가등기담보권·전세권 또는 우선특권으로 담보된 개인회생채권), 무담보 일반개인회생채권, 후순위 채권의 순서로 기재하고 발생일자에 따라 오래된 것부터 먼저 기재하되 여러 채권을 가진 동일한 채권자는 연속하여 기재합니다.
3. **채권현재액 총합계 등**: 채권자목록에 기재된 채권현재액의 원금과 이자를 모두 합산하여 '채권현재액 총합계'란에 먼저 기재합니다. 다음으로 부속서류 1의 '⑤담보부 회생채권액'의 합계란의 금액을 '담보부 회생채권액의 합계'란에 기재합니다. 마지막으로 '채권현재액 총합계'에서 '담보부 회생채권액의 합계'를 공제한 금액을 '무담보 회생채권액의 합계'란에 기재합니다.
4. **채권자**: 법인 등의 경우 법인등기부에 기재된 정식명칭을 기재합니다. 개인영업자의 경우 개인의 이름을 기재하되 실제 영업상 사용되는 명칭을 괄호에 넣어 병기합니다.
   (예 : 홍길동(○○상사))
5. **채권의 원인**: 채권의 발생당시를 기준으로 차용금, 매매대금 등의 채권의 발생원인, 시기 또는 기간 등을 간략히 기재하되 대여금 등의 경우 최초의 원금을 같이 기재합니다.
   (예, 2003. 1. 1.자 대여금 10,000,000원)
6. **채권의 내용**: 잔존채권의 내용, 즉 산정기준일의 원금잔액과 기존에 발생하였거나 앞으로 발생할 이자(지연손해금) 등을 이자율 등에 따른 기간으로 구분하여 기재합니다.
7. **채권현재액**: 채권현재액 산정기준일 현재의 원금과 이자(지연손해금 포함)를 구분하여 기재합니다.
8. **채권현재액 산정근거**: 채권현재액이 어떻게 산정되었는지 상세하게 기재합니다. 산정근거를 기재할 때에는 잔여 원금과 이자 등으로 크게 구분하고, 이자 등의 계산에 있어서 산정 대상 원금, 이자율이 변경되는 경우에는 원금, 이자율이 달라지는 기간별로 나누어 계산한 근거를 기재합니다.
   다만 변제계획안이 원금만을 변제하는 것으로 작성된 경우에는 채권현재액의 이자 산정은 월 미만은 버리는 등으로 간이하게 산정하여도 무방하고, 금융기관에서 발급한 원금과 이자등이 구분된 부채확인서 등을 첨부하여 채권현재액의 산정근거에 '부채확인서 등 참조(산정기준일 ○. ○. ○.)'라고만 기재하여도 됩니다. 금융기관 등 채권자로부터 부채확인서를 발급받기 어려운 경우에는 채권자에 대하여 원금, 이자, 이자율 등에 관한 자료송부를 청구한 다음 그 청구서를 첨부하여 제출하면 됩니다. (추후 채권자로부터 자료가 송부되어온 다음에 그 내용을 검토하여 개인회생채권자목록의 기재를 수정하여 다시 제출하여야 합니다)(채무자 회생 및 파산에 관한 규칙 제82조, 개인회생사건 처리지침 제4조)
9. **보증인**: 채무자의 채무에 대하여 연대보증인 등이 있는 경우에는, 연대보증인 등을 채권자목록에 기재하고, 채권의 원인은 보증의 구체적인 내역을, 채권현재액란에는 '장래의 구상권'으로, 채권의 내용란에는 '보증채무를 대위변제할 경우 구상금액'이라고 기재하되, 채권번호는 보증한 채권의 채권번호에 가지번호를 붙여 표시하고 보증한 채권 바로 다음에 기재합니다. (예, 연대보증한 채무의 채권번호가 3일 경우 보증채권은 3-1로 표시)
10. **부속서류 유무**: 별제권부채권 및 이에 준하는 채권의 내역은 부속서류 1에, 다툼이 있거나 예상되는 채권의 내역은 부속서류 2에, 전부명령의 내역은 부속서류 3에, 기타의 경우 부속서류 4에 각 체크하고 상세한 내용은 해당 부속서류에 각 기재합니다.
11. **소명자료 제출**: 채권자목록상의 채권자 및 채권금액에 관한 각 소명자료를 1통씩 제출하십시오.

부속서류 1. 별제권부채권 및 이에 준하는 채권의 내역

(단위 : 원)

채권 번호	채권자	①채권현재액(원금) ②채권현재액(이자) ⑥별제권 등의 내용 및 목적물	③별제권행사등으로 변제가 예상되는 채권액	④별제권행사등으로도 변제받을 수 없을 채권액	⑤담보부 회생채권액
합 계					

1. **별제권부 채권 및 이에 준하는 채권**: 개인회생채권에 기하여 채무자의 재산에 유치권, 질권, 저당권 또는 전세권 등이 설정되어 있는 경우 별제권부 채권으로 기재합니다. 주택임대차보호법이나 상가건물임대차보호법에 따른 대항요건(주택의 경우 전입신고 + 주택인도, 상가건물의 경우 사업자등록 신청 + 건물인도)과 확정일자를 갖추어 우선변제권이 있는 임차권자, 대항요건을 갖추어 최우선변제권이 있는 소액임차인의 임대차보증금 반환채권 등 이에 준하는 채권도 기재합니다. 그러나 대항력은 있으나 확정일자를 갖추지 않아 우선변제권이 없는 임차인, 대항요건을 갖추지 못한 임차인 등은 채권자목록에만 기재합니다.

2. **채권번호, 채권자, 채권현재액**: 개인회생채권자목록 양식의 채권번호와 채권자명, 채권현재액을 그대로 기재합니다.

3. **별제권행사 등으로 변제가 예상되는 채권액(③)**: 별제권의 경우 [별제권이 담보하는 채권최고액]과 [별제권 목적물의 환가예상액의 70%에서 선순위 담보권의 채권최고액을 공제한 금액] 중 적은 금액을 기재합니다. 위 임차권의 경우는 [임차보증금 현재액(소액임차인의 경우는 최우선변제권이 있는 일정액)]과 [임차목적물의 환가예상액의 70%에서 선순위 담보권의 채권최고액을 공제(소액임차인의 경우에는 선순위 담보권의 채권최고액을 공제하지 않음)한 금액] 중 적은 금액을 기재합니다. 위 금액은 별제권 행사 등으로 목적물의 환가대금에서 변제받을 수 있기 때문에 변제계획의 변제대상에서는 제외합니다.

4. **별제권행사 등으로도 변제받을 수 없을 채권액(④)**: 담보부족예상액을 의미하며, [별제권이 담보하는 채권최고액]과 [채권현재액] 중 큰 금액에서 별제권행사 등으로 변제가 예상되는 채권액(③)을 공제한 금액(채권현재액 한도)을 기재합니다. 별제권행사로 모든 채권액의 변제가 가능할 것으로 예상되는 경우라도 예상밖의 경우를 대비하여 그 별제권자를 채권자목록에 기재하여야 하고 '별제권 행사로도 변제받을 수 없을 채권액'이 음수인 경우는 0원으로 기재합니다. 임차권의 경우에는 임차보증금 현재액에서 별제권행사 등으로 변제가 예상되는 채권액(③)을 제외한 금액을 기재합니다. 위 금액은 별제권 행사 등으로 변제받을 수 없을 것으로 예상되기 때문에 일반 개인회생채권으로 취급합니다. 따라서 변제계획에 있어서도 일반개인회생채권과 같은 방식으로 산정되는 변제액을 미확정채권으로 보아 유보하여 놓았다가 확정이 되면 그 동안 유보한 금액을 일시에 지급하고 부족한 부분은 일반개인회생채권과 같이 안분하여 변제합니다.

5. **담보부 회생채권액(⑤)**: [채권현재액의 합계(①+②)]와 [별제권 행사 등으로 변제가 예상되는 채권액(③)] 중 적은 금액을 기재하고 그 합계란의 금액을 개인회생채권자목록의 '담보부 회생채권액의 합계'란에 기재합니다.

6. **별제권 등의 내용 및 목적물(⑥)**: 담보권의 순위, 담보권이 설정된 시기, 채권최고액, 목적물의 내역(부동산인 경우 지번, 지목, 면적 등), 환가예상액(신청일 당시의 시가) 등을 기재합니다. 임차권의 경우 다른 선순위 담보권과의 관계에서 임차권의 순위, 임차기간, 임차목적물의 내역(부동산인 경우 지번, 지목, 면적 등), 환가예상액(신청일 당시의 시가) 등을 기재합니다.

7. **소명자료의 제출**: 별제권부 채권의 경우 담보목적물의 등기부등본, 환가예정액의 산정자료, 대출약정서, 현재액의 근거 자료 등을 각 1통씩 제출하십시오. 임차권의 경우 임차목적물의 등기부등본, 환가예정액의 산정자료, 임차인의 주민등록등본, 임대차계약서, 확정일자의 소명자료 등을 각 1통씩 제출하십시오. 대항력은 있으나 확정일자를 갖추지 않아 우선변제권이 없는 임차인의 경우도 위와 같은 소명자료를 제출하십시오.

부속서류 2. 다툼이 있거나 예상되는 채권의 내역

(단위 : 원)

채권 번호	채권자	①채권자목록상 채권현재액		②채권자 주장 채권현재액	③다툼이 없는 부분	④차이나는 부분 (② - ①)	⑤다툼의 원인
		⑥소송제기여부 및 진행경과					
3	(주) E 크레 디트	원금	27,000,000	30,000,000	27,000,000	3,000,000	2003. 9. 21.자 300만원 변제여부
		이자	5,400,000	6,000,000	5,400,000	600,000	
		2005. 2. 5. 채권자의 소제기 (○○지방법원 2005가단○○호 대여금) - 2005. 6. 30. 원고(채권자)승소 판결 - 현재 ○○지방법원 2005나○○○호로 항소심 계속 중					
		원금					
		이자					
		원금					
		이자					
		원금					
		이자					
		원금					
		이자					

[기재요령]

1. **채권번호, 채권자**: 개인회생채권자목록 양식의 채권번호와 채권자명을 그대로 기재합니다.

2. **채권현재액**: 원금과 이자를 구분하여, 채무자가 인정하는 개인회생채권자목록 기재 채권현재액(①)과 채권자가 주장하는 채권현재액(②)을 각 기재하고, 그 차액을 '④차이나는 부분'란에, 다툼이 없는 부분을 '③다툼이 없는 부분'란에 각 기재합니다.

3. **다툼의 원인(⑤)**: 채권액에 관한 다툼이 생긴 원인을 간략히 기재합니다.

4. **소송제기여부 및 진행경과(⑥)**: 소송이 제기된 경우 그 소송이 제기된 법원, 사건번호, 당사자, 현재까지의 진행경과 등을, 판결 등이 있은 경우 사건번호, 판결선고일, 판결결과, 상소여부, 상소심 진행경과, 판결의 확정 여부 등을 각 기재합니다.

부속서류 3. 전부명령의 내역

채권 번호	채권자	채권의 내용	전부명령의 내역

[기재요령]

1. **채권번호, 채권자**: 개인회생채권자목록 양식의 채권번호와 채권자명을 그대로 기재합니다.
2. **채권의 내용**: 개인회생채권자목록의 내용을 그대로 기재합니다.
3. **전부명령의 내역**: ①전부명령을 내린 법원, ②당사자, ③사건명 및 사건번호, ④전부명령의 대상이 되는 채권의 범위, ⑤제3채무자에 대한 송달일, ⑥전부명령의 확정여부를 기재하여야 합니다.

부속서류 4. 기 타

☞ 채무자가 보증인인 경우 주채무의 내용(주채무자, 금액, 관계 등), 채무자 이외의 제3자가 물상보증을 제공한 경우 등 위의 부속서류에 기재하기 어려운 유형의 채권이 있는 경우 아래에 기재합니다.

개인회생채권자목록

채권현재액 산정기준일: <u>2006. 4. 1.</u>　　　　　　　　　　목록작성일: <u>2006. 4. 5.</u>

채권현재액 총합계	71,388,200원	담보부 회생 채권액의 합계		무담보 회생 채권액의 합계	71,388,200원

※ 개시후이자 등: 아래 각 채권의 개시결정일 이후의 이자·지연손해금 등은 채무자 회생 및 파산에 관한 법률 제
581조 제2항, 제446조 제1항 제1, 2호의 후순위채권입니다.

채권번호	채권자	채권의 원인		주소 및 연락처	
		채권의 내용			부속서류 유무
		채권현재액(원금)	채권현재액(원금) 산정근거		
		채권현재액(이자)	채권현재액(이자) 산정근거		
1	A 은행 (주)	2001. 9. 4. 마이너스 통장개설		(주소) 서울 00구 00동 00 (전화) 02-000-1234　(팩스) 02-000-1235	
		원금잔액 14,988,200원			☐ 부속서류 (1, 2, 3, 4)
		14,988,200원	부채증명서 참조 (산정기준일 2006. 4. 1.)		
		0원	부채증명서 참조		
2	B 상호 저축 은행	2002. 9.19. 신용대출금 2,500만원		(주소) 서울 00구 00동 00 (전화) 02-000-1236　(팩스) 02-000-1237	
		원금잔액 20,000,000원 및 이에 대한 03. 9.19.부터 04.1.18.까지 연12%, 그 다음날부터 완제일까지 연 24%의 비율에 의한 금원			☐ 부속서류 (1, 2, 3, 4)
		20,000,000원	03. 9.19. 500만원 변제		
		4,000,000원	부채잔액증명서 참조 (산정기준일 2006. 4. 1.)		
3	(주) C 크레 디트	2003. 3.21. 신용대출금 3,000만원		(주소) 서울 00구 00동 00 (전화) 02-000-1238　(팩스) 02-000-1239	
		원금잔액 27,000,000원 및 이에 대한 03. 9.21.부터 완제일 까지 연 20%의 비율에 의한 금원			☐ 부속서류 (1, 2, 3, 4)
		27,000,000원	03. 9. 21. 300만원 변제		
		5,400,000원	부채증명원 참조 (산정기준일 2006. 4. 1.)		
				(주소) (전화)　　　　　(팩스)	
					☐ 부속서류 (1, 2, 3, 4)

재 산 목 록

명 칭	금액 또는 시가(단위:원)	압류등 유무	비 고		
현금					
예금			금융기관명		
			계좌번호		
			잔고		
보험			보험회사명		
			증권번호		
			해약반환금		
자동차 (오토바이 포함)					
임차보증금 (반환받을 금액을 금액란에 적는다)			임차물건		
			보증금 및 월세		
			차이 나는 사유		
부동산 (환가예상액에서 피담보채권을 뺀 금액을 금액란에 적는다)			소재지,면적		
			부동산의 종류	토지( ), 건물( ), 집합건물( )	
			권리의 종류		
			환가예상액		
			담보권 설정된 경우 그 종류 및 담보액		
사업용 설비, 재고품, 비품 등			품목,개수		
			구입시기		
			평가액		
대여금 채권			상대방 채무자 1:		☐ 소명자료 별첨
			상대방 채무자 2:		☐ 소명자료 별첨
매출금 채권			상대방 채무자 1:		☐ 소명자료 별첨
			상대방 채무자 2:		☐ 소명자료 별첨
예상 퇴직금			근무처: (압류할 수 없는 퇴직금 원 제외)		
기타 ( )					
합계					
면제재산 결정신청 금액			면제재산 결정신청 내용:		
청산가치					

재산목록 작성시 유의사항

1. 현금
○ 10만원 이상인 경우에 기재하여 주십시오.

2. 예금
○ 소액이라도 반드시 기재하고, 정기예금·적금·주택부금 등 예금의 종류를 불문하고 모두 기재하십시오. 그리고 개인회생절차 신청시의 잔고가 기재된 통장 사본을 첨부하십시오.

3. 보험
○ 가입하고 있는 보험은 모두 기재하고, 보험증권사본 및 개인회생절차 신청시의 해약반환금예상액(없는 경우에는 없다는 사실)을 기재한 보험회사의 증명서를 첨부하여 주십시오.

4. 자동차(오토바이 포함)
○ 자동차등록원부와 시가 증명자료를 첨부하여 주십시오.

5. 임차보증금
○ 반환받을 수 있는 금액을 적어 주시고, 계약상의 보증금과 반환받을 수 있는 금액이 차이 나는 경우에는 '차이 나는 사유' 난에 그 사유를 적어 주십시오.
○ 임대차계약서 사본 등 임차보증금 중 반환예상액을 알 수 있는 자료를 첨부하여 주십시오.

6. 부동산
○ 등기부등본 등과 재산세과세증명서 등 시가 증명자료를 첨부하여 주십시오.
○ 저당권 등 등기된 담보권에 대하여는 은행 등 담보권자가 작성한 피담보채권의 잔액증명서 등의 증명자료를 첨부하여 주십시오.

7. 사업용 설비, 재고품, 비품 등
○ 영업소득자의 경우에 그 영업에 필요한 설비 등을 기재하여 주십시오.

8. 대여금 채권
○ 계약서의 사본 등 대여금의 현재액을 알 수 있는 자료를 첨부하고, 변제받는 것이 어려운 경우에는 그 사유를 기재한 진술서를 첨부하여 주십시오.

9. 매출금 채권
○ 영업소득자의 경우 영업장부의 사본 등 매출금의 현재액을 알 수 있는 자료를 첨부하고, 변제받는 것이 곤란한 경우에는 그 사유를 기재한 진술서를 첨부하여 주십시오.

10. 예상 퇴직금
○ 현재 퇴직할 경우 지급받을 수 있는 퇴직금 예상액(다만 압류할 수 없는 부분은 기재하지 아니하고, 비고란에 표시합니다.)을 기재하고 사용자 작성의 퇴직금 계산서 등 증명서를 첨부하여 주십시오.

11. 면제재산 결정신청금액
○ 면제재산 결정을 신청한 재산의 금액과 그 내역을 기재하여 주시고 재산 합계액에서 면제재산 결정 신청금액을 공제한 잔액을 청산가치로 기재하여 주십시오.

12. 압류 및 가압류 유무
○ 재산 항목에 대하여 압류·가압류 등 강제집행이 있는 경우에는 그 유무를 해당란에 표시하고, 그러한 압류·가압류의 결정법원, 사건번호, 상대방 채권자, 압류된 금액 등 상세한 내용은 [신청서 첨부서류 4] 진술서의 해당란에 기재하고 관련자료를 첨부하여 주십시오.

13. 기재할 사항이 많은 항목은, 그 항목에 "별지 기재와 같음"이라고 적은 후, 별지를 첨부하여 주십시오.

수입 및 지출에 관한 목록

I. 현재의 수입목록

(단위 : 원)

수입상황	자영(상호)		고용(직장명)		
	업종		직위		
	종사경력	년 개월	근무기간	년 월부터 현재까지	
명목	기간구분	금액	연간환산금액	압류, 가압류 등 유무	
	연 수입			월 평균 수입 ( )	

II. 변제계획 수행시의 예상지출목록 (해당란에 ☑ 표시)

☑ 채무자가 예상하는 생계비가 보건복지부 공표 기준 중위소득의 100분의 60 이하인 경우

보건복지부 공표 (   )인 가구 기준 중위소득 (   )원의 약 (   )%인 (   )원을 지출할 것으로 예상됩니다.

☐ 채무자가 예상하는 생계비가 보건복지부 공표 기준 중위소득의 100분의 60을 초과하는 경우

보건복지부 공표 (   )인 가구 기준 중위소득 (   )원의 약 (   )%인 (   )원을 지출할 것으로 예상됩니다(뒷면 표에 내역과 사유를 상세히 기재하십시오).

III. 가족관계

관계	성 명	연령	동거여부 및 기간	직 업	월 수입	재산총액	부양유무
배우자							
자							
자							

☞ 채무자가 예상하는 생계비가 보건복지부 공표 기준 중위소득의 100분의 60을 초과하는 경우

D5103

1. 생계비의 지출 내역

비 목	지출예상 생계비	추가지출 사유
생계비 ☞생계비에는 식료품비, 광열수도비, 가구집기비, 피복신발비, 교양오락비, 교통통신비, 기타 비용의 합산액을 기재합니다.		
주거비		
의료비		
교육비		
계		추가비율 : %

2. 생계비 추가지출사유에 관한 보충기재사항

D5103

수입 및 지출에 관한 목록 작성시 유의사항

1. 현재의 수입목록

○ 급여소득자와 영업소득자를 구분하여 수입상황에 기재합니다. 급여소득자의 경우 급여는, 신청일 현재 매월 받는 금액과 정기상여금.연말성과급 등 매월 받지 않는 금액을 구별하여, "소득세.주민세.건강보험료, 국민연금보험료, 고용보험료, 산업재해보상보험료 중 해당하는 금액(채무자 회생 및 파산에 관한 법률 제579조 제4호 나목 금액)"을 공제한 순수입액을 해당란에 기재하고, 다시 연단위로 환산한 금액과 이를 평균한 월 평균수입(소수점 이하는 올림)을 각 기재합니다. 그리고 근로소득세 원천징수영수증 사본, 급여증명서, 급여확인서, 급여입금통장사본 등 소명자료를 제출하여 주십시오.

○ 연금 등의 일정수입이 있는 경우에는 그 내역을 기재하고 연간수령금액을 환산하여 해당란에 기재합니다. 그리고 이를 소명할 수급증명서 등의 자료를 첨부하여 주십시오.

○ 영업소득자의 경우, 수입 명목을 부동산임대소득.사업소득.농업소득.임대소득 또는 기타소득으로 구분하여 최근 1년간의 소득을 평균한 연간 소득금액에서 소득세등 위 법률 제579조 제4호 나목 소정 금액과 같은 호 라목 소정의 영업의 경영, 보존 및 계속을 위하여 필요한 비용을 공제한 순소득액을 산출하여 이를 월 평균수입으로 환산(소수점 이하는 올림)하여 기재합니다. 소명자료로는 종합소득세 확정신고서, 사업자 소득금액 증명원, 기타 소득을 확인할 수 있는 자료를 첨부하여 주십시오.

○ 최근 1년 동안 직장이나 직업의 변동이 있었던 경우는 변동 이후의 기간 동안의 소득을 평균한 소득 금액을 기준으로 산정하고, 변동 후의 기간에 대한 소명자료를 제출하십시오.

○ 수입에 대하여, 압류나 가압류 등 강제집행이 있는 경우에는 그 유무를 해당란에 표시하고, 그러한 압류.가압류의 결정법원, 사건번호, 상대방 채권자, 압류된 금액 등 상세한 내용은 [신청서 첨부서류 4] 진술서의 해당란에 기재하고 관련서류를 첨부하여 주십시오.

2. 변제계획 수행시의 예상 지출목록

○ 채무자가 신고하는 지출예상 생계비가 보건복지부 공표 기준 중위소득의 100분의 60 이하인 경우에는 그 금액대로 인정받을 수 있으므로 해당란에 V표를 하고 그 내역만을 기재합니다.

○ 채무자가 신고하는 지출예상 생계비가 보건복지부 공표 기준 중위소득의 100분의 60을 초과하는 경우에는 해당란에 V표를 하고 뒷면 표에 각 항목별로 나누어 추가로 지출되는 금액과 그 사유를 구체적으로 기재합니다. 이 경우 생계비가 추가 소요되는 근거에 관하여 구체적인 소명자료를 제출하여야 합니다.

3. 가족관계

○ 채무자와 생계를 같이 하는 가족을 기재하고 동거 여부와 채무자의 수입에 의하여 부양되는지 유무를 표시하십시오. 가족 중 수입이 있는 자에 대하여는 급여명세서사본, 종합소득세확정신고서 등을 첨부하여 주십시오.

○ 동거여부 및 동거기간의 소명을 위해 주민등록등본 및 가족관계증명서를 제출하십시오.

4. 기타 : 기재할 사항이 많은 항목은, 그 항목에 "별지 기재와 같음"이라고 적은 후, 별지를 첨부하여 주십시오.

D5103

진 술 서

I. 경력

1. 최종학력

　　　　　년　　월　　일　　　　　　　　학교 (졸업, 중퇴)

2. 과거 경력 (최근 경력부터 기재하여 주십시오)

기간		년　　월　　일부터		현재까지 (자영, 근무)	
업종		직장명		직위	
기간		년　　월　　일부터	년　　월	일까지 (자영, 근무)	
업종		직장명		직위	
기간		년　　월　　일부터	년　　월	일까지 (자영, 근무)	
업종		직장명		직위	
기간		년　　월　　일부터	년　　월	일까지 (자영, 근무)	
업종		직장명		직위	

3. 과거 결혼, 이혼 경력

　　　　　년　　월　　일　　　　　와 (결혼, 이혼)
　　　　　년　　월　　일　　　　　와 (결혼, 이혼)
　　　　　년　　월　　일　　　　　와 (결혼, 이혼)

II. 현재 주거상황

　　거주를 시작한 시점 (　　　년　　월　　일)

거주관계(해당란에 표시)	상세한 내역
㉠ 신청인 소유의 주택	
㉡ 사택 또는 기숙사 ㉢ 임차(전·월세) 주택	임대보증금 (　　　　　　원) 임대료 (월　　　원), 연체액 (　　　　원) 임차인 성명 (　　　　)
㉣ 친족 소유 주택에 무상 거주 ㉤ 친족외 소유 주택에 무상 거주	소유자 성명 (　　　　　) 신청인과의 관계 (　　　　　)
㉥ 기타(　　　　　　　)	

☆ ㉠ 또는 ㉣항을 선택한 분은 주택의 등기부등본을 첨부하여 주십시오.

☆ ㉡ 또는 ㉢항을 선택한 분은 임대차계약서(전월세 계약서) 또는 사용허가서 사본을 첨부하여 주시기 바랍니다.

☆ ㉣ 또는 ㉤항을 선택한 분은 소유자 작성의 거주 증명서를 첨부하여 주십시오.

D5103

III. 부채 상황

1. 채권자로부터 소송.지급명령.전부명령.압류.가압류 등을 받은 경험(있음, 없음)

내 역	채 권 자	관할법원	사건번호

☆ 위 내역란에는 소송, 지급명령, 압류 등으로 그 내용을 기재합니다.

☆ 위 기재사항에 해당하는 소장.지급명령.전부명령.압류 및 가압류결정의 각 사본을 첨부하여 주십시오.

2. 개인회생절차에 이르게 된 사정(여러 항목 중복 선택 가능)

   ( ) 생활비 부족   ( ) 병원비 과다지출

   ( ) 교육비 과다지출   ( ) 음식, 음주, 여행, 도박 또는 취미활동

   ( ) 점포 운영의 실패   ( ) 타인 채무의 보증

   ( ) 주식투자 실패   ( ) 사기 피해

   ( ) 기타 (   )

3. 채무자가 많은 채무를 부담하게 된 사정 및 개인회생절차 개시의 신청에 이르게 된 사정에 관하여 구체적으로 기재하여 주십시오(추가기재시에는 별지를 이용하시면 됩니다).

D5103

IV. 과거 면책절차 등의 이용 상황

절차	법원 또는 기관	신청시기	현재까지 진행상황
☐ 파산·면책절차 ☐ 화의·회생·개인회생절차			
☐ 신용회복위원회 워크아웃 ☐ 배드뱅크			( )회 ( )원 변제

☆ 과거에 면책절차 등을 이용하였다면 해당란에 ☑ 표시 후 기재합니다.

☆ 신청일 전 10년 내에 회생사건.화의사건.파산사건 또는 개인회생사건을 신청한 사실이 있는 때에는 그 관련서류 1 통을 제출하여야 합니다.

D5103

재산조회 신청서(개인회생)

신청인	□채권자 □이해관계인( ) 이름 : 주민등록번호 : 주소 : 전화번호 : 팩스번호: 이메일 주소 : 대리인 :
채무자	이름 : (한자 :) 주민등록번호 : 주소 :
조회대상기관 조회대상재산	별지와 같음
개인회생사건	지방법원 20 개회 호
집행권원	
불이행 채권액	
신청취지	위 기관의 장에게 채무자 명의의 위 재산에 대하여 조회를 실시한다.
신청사유	채권자는 아래와 같은 사유가 있으므로 <u>채무자회생 및 파산에 관한 법률</u> <u>제29조 제1항</u>의 규정에 의하여 채무자에 대한 재산조회를 신청합니다.
비용환급용 예금계좌	
첨부서류	
(인지 첨부란)	200 . . . 신청인 (날인 또는 서명) 지방법원 귀중

주 ① 신청서에는 1,000원의 수입인지를 붙여야 합니다.
　② 신청인은 별지 조회비용의 합계액과 송달필요기관수에 2를 더한 횟수의 송달료를 예납하여야 합니다.
　③ "불이행 채권액"란에는 채무자가 재산조회신청 당시까지 갚지 아니한 금액을 기재합니다.
참조 : 민집규 35, 25, 재산조회규칙 7, 8

D5128

〈 별 지 〉

순번	기관분류	재산종류	조회대상 재산 / 조회대상기관의 구분	갯수	기관별/재산별 조회비용	예납액
1	법원행정처	토지.건물의 소유권	☐ 현재조회		20,000원	
			☐ 현재조회와 소급조회 ※소급조회는 재산명시명령이 송달되기 전 2년 안에 채무자가 보유한 재산을 조회합니다.		40,000원	
	과거주소 1. 　　　　2. 　　　　3. ※ 부동산조회는 채무자의 주소가 반드시 필요하고, 현재주소 이외에 채무자의 과거주소를 기재하면 보다 정확한 조회를 할 수 있습니다.					
2	국토교통부	건물의 소유권	☐국토교통부		10,000원	
3	특허청	특허권,실용신안권,디자인권,상표권	☐특허청		20,000원	
4	특별시 광역시 또는 도	자동차.건설기계의 소유권	☐서울특별시　☐대전광역시　☐대구광역시 ☐부산광역시　☐광주광역시　☐울산광역시 ☐경기도　　　☐충청남도　　☐충청북도 ☐경상북도　　☐경상남도　　☐전라북도 ☐강원도　　　☐제주특별자치도 제주시 ☐제주특별자치도 서귀포시		기관별 5,000원	
			☐전라남도　　　　☐세종특별자치시 ☐인천광역시 중구청　☐인천광역시 동구청 ☐인천광역시 남구청　☐인천광역시 연수구청 ☐인천광역시 남동구청　☐인천광역시 부평구청 ☐인천광역시 계양구청　☐인천광역시 서구청 ☐인천광역시 강화군청　☐인천광역시 옹진군청 *인천시 차량등록사업소가 없어지고, 각 구청에서 담당함			
5	은행법에 의한 금융기관	금융자산 중 계좌별로 시가 합계액이 50만원 이상인 것	☐경남은행　　　☐우리은행　　　☐기업은행 ☐광주은행　　　☐전북은행　　　☐하나은행 ☐국민은행　　　☐SC제일은행　☐한국산업은행 ☐대구은행　　　☐제주은행　　　☐한국외환은행 ☐부산은행　　　☐신한은행　　　☐농협은행 ☐한국씨티은행　☐뱅크오브아메리카 ☐뉴욕멜론은행　☐야마구찌은행 ☐도쿄미쓰비시UFJ은행　☐제이피모간 체이스은행 ☐메트로은행　　☐파키스탄국립은행 ☐크레디아그리콜코퍼레이트앤인베스트먼트뱅크서울지점 (구, 칼리온은행)		기관별 5,000원	
			☐중국은행　　　　☐멜라트은행 ☐노바스코셔은행　☐에이비엔 암로은행 ☐대화은행　　　　☐유바프은행 ☐도이치은행　　　☐유비에스은행 ☐미쓰이스미토모은행　☐미즈호코퍼레이트은행 ☐인도해외은행　　☐바클레이즈은행 ☐중국건설은행　　☐중국공상은행 ☐비엔피 파리바은행　☐소시에테제네랄은행 ☐크레디트스위스은행(구,크레디트스위스퍼스트보스톤은행) ☐스테이트스트리트은행　☐ING은행 ☐싱가폴개발은행(DBS은행)　☐호주뉴질랜드은행 ☐홍콩상하이은행(HSBC)　☐OCBC은행		기관별 5,000원	

- 291 -

D5128

순번	기관분류	재산종류	조회대상 재산 / 조회대상기관의 구분	갯수	기관별/재산별 조회비용	예납액
6	자본시장과 금융투자업에 관한 법률에 의한 투자매매업자, 투자중개업자, 집합투자업자, 신탁업자, 증권금융회사, 종합금융회사, 자금중개회사, 단기금융회사, 명의개서대행회사	금융자산 중 계좌별로 시가 합계액이 50만원 이상인 것	□우리종합금융(구. 금호종합금융) □교보증권 □신한금융투자(구. 굿모닝신한증권) □엔에이치투자증권(우리투자증권, 엔에이치농협증권 합병) □대신증권 □유화증권 □대우증권 □이트레이드증권 □하나대투증권(하나IB증권과 합병) □증권예탁원 □코리아RB증권중개 □동부증권 □키움증권 □동양종합금융증권 □한화투자증권(구,푸르덴셜투자증권, 한화증권) □리딩투자증권 □흥국증권(구,흥국증권중개) □리먼브러더스인터내셔널증권 □한국투자증권(구,동원증권) □메리츠종금증권(구, 메리츠종금, 메리츠증권) □KB투자증권 □미래에셋증권 □한양증권 □부국증권 □현대증권 □골든브릿지투자증권(구,브릿지증권) □비엔지증권 □씨티그룹글로벌마켓증권 □하이투자증권(구,CJ투자신탁증권) □크레디트스위스증권(구, Credit Suisse First Boston) □삼성증권 □유진투자증권 □신영증권 □SK증권 □펀드온라인코리아 □IBK투자증권 □HMC투자증권(구, 현대차IB증권) □아이엠투자증권(구.솔로몬투자증권)		기관별 5,000원	
			□도이치증권 □Goldman Sachs □맥쿼리증권 □한국증권금융(주) □J.P Morgan □ABN AMRO □KIDB채권증개 □Barclays Capital □Morgan Stanley Dean Witter □BNP파리바페레그린 증권중개 □Nomura □CLSA □SG □다이와증권캐피탈마켓코리아 □UBS Warburg □홍콩상하이증권(HSBC) □Merrill Lynch □뉴엣지파이낸셜증권(구, Indosuez Cheuvreux)		기관별 5,000원	
7	상호저축은행법에 의한 상호저축은행과 그 중앙회	금융자산 중 계좌별로 시가 합계액이 50만원 이상인 것	□상호저축은행중앙회		20,000원	
			□ ( ) □ ( ) □ ( ) ※ 중앙회에 조회신청을 하면 전국 모든 상호저축은행에 대하여 조회됩니다. ※ 개별상호저축은행에 대한 조회를 원하는 경우에는 그 명칭을 별도로 기재하여야 합니다. ※ ( )속에 조회대상기관 명부에 기재된 순번을 기재합니다.		기관별 5,000원	
8	농업협동조합법 제2조에 1에 의한 조합	금융자산 중 계좌별로 시가 합계액이 50만원 이상인 것	□지역조합(지역농협, 지역축협)과 품목조합		20,000원	
			□ ( ) □ ( ) □ ( ) ※ 개별 단위지역조합에 대한 조회를 원하는 경우에는 그 명칭을 별도로 기재하여야 합니다. ※ ( )속에 조회대상기관 명부에 기재된 순번을 기재합니다.		기관별 5,000원	
9	수산업협동조합법에 의한 수협 중앙회	금융자산 중 계좌별로 시가 합계액이 50만원 이상인 것	□수협중앙회 및 전국단위지역조합		20,000원	
			□수협중앙회		5,000원	
			□ ( ) □ ( ) □ ( ) ※ 개별 단위지역조합에 대한 조회를 원하는 경우에는 그 명칭을 별도로 기재하여야 합니다. ※ ( )속에 조회대상기관 명부에 기재된 순번을 기재합니다.		기관별 5,000원	

D5128

순번	기관분류	재산종류	조회대상 재산 / 조회대상기관의 구분	갯수	기관별/재산별 조회비용	예납액
10	신용협동조합법에 의한 신용협동조합	금융자산 중 계좌별로 시가 합계액이 50만원 이상인 것	□ ( ) □ ( ) □ ( ) ※ 개별 신용협동조합에 대한 조회를 원하는 경우에는 그 명칭을 별도로 기재하여야 합니다. ※ ( )속에 조회대상기관 명부에 기재된 순번을 기재합니다.		기관별 5,000원	
11	산림조합법에 의한 산림조합 중앙회	금융자산 중 계좌별로 시가 합계액이 50만원 이상인 것	□산림조합중앙회 □ ( ) □ ( ) □ ( ) ※ 중앙회에 조회신청을 하면 전국 모든 산림조합에 대하여 조회됩니다. ※ 개별 산림조합중앙회에 대한 조회를 원하는 경우에는 그 명칭을 별도로 기재하여야 합니다. ※ ( )속에 조회대상기관 명부에 기재된 순번을 기재합니다.		20,000원 기관별 5,000원	
12	새마을금고법에 의한 새마을금고중앙회	금융자산 중 계좌별로 시가 합계액이 50만원 이상인 것	□새마을금고중앙회 □ ( ) □ ( ) □ ( ) ※ 중앙회에 조회신청을 하면 전국 모든 새마을금고에 대하여 조회됩니다. ※ 개별 새마을금고에 대한 조회를 원하는 경우에는 그 명칭을 별도로 기재하여야 합니다. ※ ( )속에 조회대상기관 명부에 기재된 순번을 기재합니다.		20,000원 기관별 5,000원	
13	보험업법에 의한 보험사업자	해약환급금이 50만원 이상인 것	□악사손해보험(주)(구,교보악사손해보험(주)) □흥국쌍용화재해상보험(주) □한화손해보험 (주) □그린손해(구, 그린화재해상)보험 주식회사 (MG손해보험으로 계약 이전 되었습니다.) □MG손해보험주식회사 □미래에셋생명보험주식회사 □롯데손해보험(주) □퍼스트어메리칸원보험(주) □동부화재해상보험(주) □현대해상화재보험(주) □메리츠화재해상보험(주) □FEDERAL □삼성화재해상보험(주) □LIG손해보험 □서울보증보험(주) □삼성생명보험주식회사 □교보생명보험주식회사 □신한생명보험주식회사 □**KDB**생명보험주식회사 □알리안츠생명보험주식회사 (구 금호생명보험주식회사) □뉴욕생명보험주식회사 □푸르덴셜생명보험주식회사 □하나생명보험주식회사 □한화(구. 대한)생명보험주식회사 □흥국생명보험주식회사 □동부생명보험주식회사 □AIA생명보험주식회사 □동양생명보험주식회사 □ING생명보험주식회사 □라이나생명보험주식회사 □PCA생명보험주식회사 □우리아비바생명보험주식회사(구,LIG생명보험주식회사) □메트라이프생명보험주식회사 □AIG손해보험 □농협생명보험 □농협손해보험 □에이스아메리칸재해상보험(주)(구,ACE AMERICAN) □현대라이프(구, 녹십자)생명보험주식회사		기관별 5,000원	
			□더케이손해보험(구. 교원나라자동차보험) □에르고다음다이렉트손해보험 □동경해상일동화재보험 □미쓰이스미모토해상화재보험 □KB생명보험 □카디프생명보험(구,SH&C 생명보험)		기관별 5,000원	
14	미래창조과학부	금융자산 중 계좌별로 시가 합계액이 50만원 이상인 것	□미래창조과학부		5,000원	
			송달필요기관수		합계	

※ 「송달필요기관수」란에는 음영으로 기재된 란에 표시된 조회대상기관 수의 합계를 기재함

※ 크레디트스위스은행, KIDB채권중개, SG : 법인에 대해서만 조회 가능   ※ 국토해양부 : 개인에 대해서만 조회 가능

D5128

가용소득만으로 변제하는 경우

변제계획안 제출서

사 건   20   개회   개인회생

채 무 자 _____

대 리 인 _____

채무자는 별지와 같이 변제계획안을 작성하여 제출하니 인가하여 주시기 바랍니다.

20 . . .

채무자

대리인 변호사   (인)

○○지방법원 귀중

변 제 계 획 (안)

_____. ___. ___. 작성

1. 변제기간

[   ]년 [   ]월 [   ]일부터 [   ]년 [   ]월 [   ]일까지 [   ]개월간

2. 변제에 제공되는 소득 또는 재산

가. 소득

(1) 수입

□ 변제기간 동안 [   ]에서 받는 월 평균 수입 [   ]원

□ 변제기간 동안 [   ]를 운영하여 얻는 월 평균 수입 [   ]원

(2) 채무자 및 피부양자의 생활에 필요한 생계비

(가) 채무자 및 피부양자 : 총 [   ]명

(나) 국민기초생활보장법에 의한 기준 중위소득 : 월 [   ] 원

(다) 채무자 회생 및 파산에 관한 법률에 따라 조정된 생계비 : 월 [   ]원

(3) 채무자의 가용소득

기간 : [   ]년 [   ]월 [   ]일부터 [   ]년 [   ]월 [   ]일까지

① 월 평균 수입	② 월 평균 생계비	③ 월 평균 가용소득 (① - ②)	④ 월 회생위원 보수	⑤ 월 실제 가용소득 (③ - ④)	⑥ 변제 횟수 (월 단위로 환산)	⑦ 총 실제 가용소득 (⑤ x ⑥)

나. 재산 : [해당 있음 □ / 해당 없음 ☑]

3. 개인회생재단채권에 대한 변제 [해당 있음 □ / 해당 없음 □]

가. 회생위원의 보수 및 비용 [해당 있음 □ / 해당 없음 □]

□ 인가결정 이전 업무에 대한 보수로 변제계획 인가 후 [150,000]원을 지급

□ 인가결정 이후 업무에 대한 보수로 변제계획 인가 후 [채무자가 인가된 변제계획에 따라 임치한 금원의 1%]를 지급

나. 기타 개인회생재단채권 [해당 있음 □ / 해당 없음 □]

(1) 채권의 내용

채권자	채권현재액	채권발생원인	변제기

(2) 변제방법

변제계획 인가일 직후 원리금 전액을 일반 개인회생채권보다 우선하여 변제한다.

4. 일반의 우선권 있는 개인회생채권에 대한 변제 [해당 있음 □ / 해당 없음 □]

(1) 채권의 내용

채권자	채권현재액	채권발생원인(우선권의 근거)	변제기

(2) 변제방법

변제계획 인가일 직후 최초 도래하는 변제기일에 원리금 전액을 우선하여 변제한다. 남은 채권이 있을 경우에는 일반 개인회생채권의 매 변제기일에 우선하여 변제한다.

5. 별제권부 채권 및 이에 준하는 채권의 처리 [해당 있음 □ / 해당 없음 □]

가. 채권의 내용

채권번호	채권자	①채권현재액(원금) ②채권현재액(이자)	③ 별제권행사 등으로 변제가 예상되는 채권액	④ 별제권행사 등으로도 변제받을 수 없을 채권액
		별제권 등의 내용 및 목적물		
		별제권 등의 내용 및 목적물		

☞ 개인회생채권자목록 부속서류 1의 내용을 그대로 옮겨 적습니다.

나. 변제방법

(1) 위 각 채권에 대하여 별제권 행사 등으로 변제가 예상되는 채권액(③)은 별제권 행사 등에 의한 방법으로 변제하고 이 변제계획상의 가용소득이나 재산처분에 의한 변제대상에서 제외한다.

(2) 위 (1)항 기재 각 채권 중 별제권행사 등으로도 변제받을 수 없을 채권액(④)은 미확정채권으로 보아 유보하였다가 아래 7항 기재와 같은 방법으로 변제한다.

D5110

(3) 별제권 행사 등으로도 변제받을 수 없을 채권액이 위 가의 ④항 기재 금액을 초과하는 것으로 확정된 경우에는, 채권자가 그 초과부분을 변제계획안의 변경 절차를 통하여 변제받을 수 있다.

6. 일반 개인회생채권에 대한 변제
가. 가용소득에 의한 변제
(1) 월 변제예정(유보)액 및 총 변제예정(유보)액의 산정
각 일반 개인회생채권의 [   ]의 액수를 기준으로 월 평균가용소득에서 월 회생위원 보수를 차감한 월 실제 가용소득을 안분하여 산출한 금액을 각 일반 개인회생채권자에게 변제한다. 이를 기초로 산정한 월 변제예정(유보)액은 [   ]원이고 총 변제예정(유보)액은 [   ]원이다.

구체적 산정 내역은 별지 개인회생채권 변제예정액 표 참조.

(2) 변제방법
위 (1)항의 변제예정(유보)액은 다음과 같이 분할하여 변제한다.
(가) 기간 및 횟수
[   ]년 [   ]월 [   ]일부터 [   ]년 [   ]월 [   ]일까지 [   ]개월간 합계 [   ]회
(나) 변제월 및 변제일
① [   ]년 [   ]월 [   ]일부터 변제계획인가일 직전 [   ]일까지 기간
  □ 변제계획인가일 직후 최초 도래하는 월의 [   ]일에 위 기간 동안의 변제분을 개인회생절차개시후 변제계획 인가 전에 적립된 가용소득으로 일시에 조기 변제
  □ 기타 : [   ]
② 변제계획인가일 직후 최초 도래하는 월의 [   ]일부터 [   ]년 [   ]월 [   ]일까지 기간
  □ 매월마다 [   ]일에 변제
  □ 매 [   ]개월마다 [   ]일에 각 변제
  □ 기타 : [   ]

나. 재산의 처분에 의한 변제 [해당 있음 □ / 해당 없음 ☑]

7. 미확정 개인회생채권에 대한 조치 [해당 있음 □ / 해당 없음 □]
가. 변제금액의 유보
(1) 미확정 개인회생채권에 대하여는 변제를 유보하고, 별지 개인회생채권 변제예정액표에

D5110

기재한 금액을 당해 채권이 확정될 때까지 유보하여 둔다.

(2) 채무자는 위와 같이 유보한 금액도, 즉시 지급되는 다른 채권에 대한 변제금과 마찬가지로 아래 8항 기재 계좌에 입금한다.

나. 미확정 개인회생채권에 대한 변제

(1) 미확정 개인회생채권이 전부 그대로 확정된 경우

미확정 개인회생채권의 전액에 관하여 채권의 존재가 확정된 경우에는, 그 확정 직후 유보비율을 변제비율로 적용하여 변제를 개시하고 매월의 변제기에 그 해당금액을 변제하되, 이미 분할 변제기가 도래한 부분 즉 그 동안의 유보액에 대하여는 곧바로 일시 변제한다.

(2) 미확정 개인회생채권이 전부 또는 일부 부존재 하는 것으로 확정된 경우

미확정 개인회생채권이 전부 또는 일부 부존재하는 것으로 확정된 경우에는, 그 확정 직후, 존재하는 것으로 확정된 [   ]의 인용 비율에 위 가항에 의하여 지급을 유보한 금액을 곱하여 산출된 금액을 당해 개인회생채권자에게 일시에 변제한다. 유보금액 중, 미확정 개인회생채권의 일부가 존재하지 않는 것으로 됨에 따라 그 개인회생채권자에게 변제할 필요가 없게 된 나머지 유보금액은, 그 채권액 확정 직후 전체 일반 개인회생채권자들에게 각 [   ]의 액수를 기준으로 안분하여 변제한다.

향후의 매월 입금액을 분배하는 기준이 될 변제비율은 위 확정 원금들 사이의 비율에 따라 새로 계산하여 정하는데, 미확정 개인회생채권의 일부가 존재하지 않는 것으로 확정됨에 따라 향후 당해 개인회생채권자를 위한 유보가 불필요하게 된 변제기 미도래분에 대한 변제 유보예정액은, 향후 변제기 도래시 전체 일반 개인회생채권자들에게 그 각 [   ]의 액수를 기준으로 안분되도록 한다.

(3) 변제기간 종료시까지 미확정 개인회생채권이 미확정상태로 남는 경우에는 최종변제기에 유보한 금액 전부를 일반개인회생채권자들에게 각 [   ]의 액수를 기준으로 안분하여 변제한다.

(4) 임대차보증금반환액수가 확정되지 않은 임대차보증금 반환채권은 미확정채권으로 보아 위 가, 나항에 따라 변제하되 그 액수가 확정되고 임차인이 임차목적물을 명도함과 동시에 변제한다.

8. 변제금원의 회생위원에 대한 임치 및 지급

채무자는 위 [   ]항에 의하여 개인회생채권자들에게 변제하여야 할 금액을 개시결정시 통지되는 개인회생위원의 예금계좌 { [   ]은행 계좌번호 [   ] }에 순차 임치하고, 개인회생채권자는 법원에 예금계좌를 신고하여 회생위원으로부터 변제액을 송금받는 방법으로 지급받는다. 회생위원은 계좌번호를 신고하지 않은 개인회생채권자에 대하여는 변제액을 적립하였다가 이를 연 1회 개인회생사건이 계속되어 있는 지방법원에 공탁하여 지급할 수 있다.

D5110

☞ 개인회생위원의 예금계좌는 신청 당시에는 알 수 없으므로 공란으로 두었다가 추후 보완합니다.

9. 면책의 범위 및 효력발생시기

채무자가 개인회생채권에 대하여 이 변제계획에 따라 변제를 완료하고 면책신청을 하여 면책 결정이 확정되었을 경우에는, 이 변제계획에 따라 변제한 것을 제외하고 개인회생채권자에 대한 채무에 관하여 그 책임이 면제된다. 단, 채무자 회생 및 파산에 관한 법률 제625조 제2항 단서 각호 소정의 채무에 관하여는 그러하지 아니하다.

10. 기타사항 [해당 있음 □ / 해당 없음 □]

D5110

개인회생채권 변제예정액 표

1. 기초사항

(단위 : 원)

③ 월 평균 가용소득		④ 월 회생위원 보수			
(A) 월 실제 가용소득 (③ - ④)		(B)변제횟수		(C) 총 실제 가용소득	

2. 채권자별 변제예정액의 산정내역

(단위 : 원)

채권 번호	채권자	(D) 개인회생채권액		(E) 월 변제예정(유보)액		(F) 총 변제예정(유보)액	
		확정채권액 (원금)	미확정채권액 (원금)	확정채권액 (원금)	미확정채권액 (원금)	확정채권액 (원금)	미확정채권액 (원금)
합 계							
총 계		(G)		(H)		(I)	

3. 변제율 : 원금의 [   ]% 상당액

4. 청산가치와의 비교

(단위 : 원)

(J) 청산 가치		(K)가용소득에 의한 총변제예정(유보)액	
		(L) 현재가치	

(가용소득만으로 변제하는 경우의 개인회생채권 변제예정액 표 작성요령)

1. 기초사항

변제계획안의 "2. 변제에 제공되는 소득 또는 재산" 항목으로부터 월평균 가용소득 및 변제횟수를 옮겨 적습니다. 월 회생위원 보수 관련하여서는 법원사무관이 회생위원으로 선임되는 경우 0원으로 기재(또는 공란으로 둠)하고, 법원사무관이 아닌 회생위원이 선임되는 경우 월평균 가용소득의 1%(소수점 이하는 반올림처리함)에 해당하는 금액을 기재합니다. (A) 월 실제 가용소득 관련하여서는 월평균 가용소득에서 월 회생위원 보수를 차감한 금액을 기재하며, (C) 총 실제 가용소득 관련하여서는 (A) 월 실제 가용소득에 (B) 변제횟수를 곱한 금액을 기재합니다.

2. 채권자별 변제예정액의 산정내역

"채권번호"와 "채권자"를 채권자목록으로부터 옮겨서 기재합니다. "(D)개인회생채권액" 란은 확정채권액과 미확정채권액의 두 가지로 나누어 기재하고 총합계액을 (G)란에 기재합니다. 여기의 채권액에는 대개는 원금만 기재하면 되겠지만, 변제액이 커서 원금 외에 개시결정일 전날까지의 이자.지연손해금도 변제될 수 있는 경우에는, 개시결정일 전날까지의 이자.손해금의 합계액도 기재합니다.

그 다음 [(A)월 실제 가용소득 × 개인회생채권액 중 확정채권 비율{"(D)해당 개인회생채권 중 확정채권액" ÷ "(G)개인회생채권액 총계"}]를 계산하여 각 개인회생채권액 중 확정채권에 대한 월 변제예정액을 구합니다. 미확정채권에 대해서도, 마찬가지 방법으로 월 변제유보액을 구합니다. 그 결과값에서 원 미만은 '올림'으로 처리하여, 이를 "(E)월 변제예정(유보)액" 란에 기재하고 이를 합산하여 (H)란에 기재합니다. 위에서 각 채권별 변제액을 구할 때에 원 미만은 '올림' 처리를 하였으므로, 이 월 변제예정(유보)액은 이미 기재한 "월 실제 가용소득"보다 약간 더 많은 금액이 될 것입니다.

(E)월 변제예정(유보)액에 (B)변제횟수를 곱한 (F)총 변제예정(유보)액을 산정하여 기재하고 이를 합산하여 (I)란에 기재합니다.

3. 변제율

총변제예정(유보)액을 개인회생채권 합계액으로 나눈 비율 × 100 을 기재하되 소수점 이하는 반올림합니다.

4. 청산가치와의 비교

먼저 채무자가 현재 가지고 있는 재산의 가치, 즉 [신청서 첨부서류 2] 재산목록의 합계액을 (J)청산가치란에 기재하고, 다음으로 가용소득에 의한 (I)총변제예정(유보)액을 (K)에 옮겨 적습니다. 그 결과 (K)가 (J)보다 훨씬 큰 경우에는 (L)현재가치를 산정하여 기재할 필요가 없습니다

D5110

만, (K)가 (J)보다 작거나 큰 차이가 나지 않는 경우에는 반드시 (L)현재가치를 산정하여 기재하여야 하며, 이 경우 (K)에 대한 (L)현재가치는, 5년(60개월)의 변제계획안의 경우, (H)월변제예정(유보)액에 53.6433을 곱하는 방법으로 산정(원 미만은 버림)하여 기재합니다.

[원래 (L)현재가치는 인가일을 기준으로 산정하는 것이나, 신청시에는 인가일을 알 수 없으므로, 일응 3개월간의 적립액이 있은 후(적립일로부터 2개월 후가 되는 날)에 인가가 될 것을 가정하고, 이를 기준으로 라이프니츠 방식에 의한 현가할인율을 적용하여 (L)현재가치를 산정하면 됩니다. 따라서 위 수치 53.6433은 { 3(이미 적립된 것으로 보는 3개월) + 50.6433(57개월에 해당하는 라이프니츠 복리연금현가율) }을 의미하는 것입니다.]

가용소득과 재산처분으로 변제하는 경우

변제계획안 제출서

사 건   20   개회   개인회생

채 무 자   _____

대 리 인   _____

채무자는 별지와 같이 변제계획안을 작성하여 제출하니 인가하여 주시기 바랍니다.

20   .   .   .

채무자

대리인 변호사   (인)

_____지방법원 귀중

20   개회   채무자 _____

변 제 계 획 (안)

20 . . . 작성

1. 변제기간

[   ]년 [   ]월 [   ]일부터 [   ]년 [   ]월 [   ]일까지 [   ]개월간

2. 변제에 제공되는 소득 또는 재산

가. 소득

(1) 수입

□변제기간 동안 [   ]에서 받는 월 평균 수입 [   ]원

□ 변제기간 동안 [   ]를 운영하여 얻는 월 평균 수입 [   ]원

(2) 채무자 및 피부양자의 생활에 필요한 생계비

(가) 채무자 및 피부양자 : 총 [   ]명

(나) 국민기초생활보장법에 의한 기준 중위소득 : 월 [   ] 원

(다) 개인채무자회생규칙에 따라 조정된 생계비 : 월 [   ]원

(3) 채무자의 가용소득

기간 : [   ]년 [   ]월 [   ] 일부터 [   ]년 [   ]월 [   ]일까지

① 월 평균 수입	② 월 평균 생계비	③ 월 평균 가용소득 (①-②)	④ 월 회생위원 보수	⑤ 월 실제 가용소득 (③-④)	⑥ 변제 횟수 (월 단위로 환산)	⑦ 총 실제 가용소득 (⑤ x ⑥)

나. 재산 : [해당 있음 □ / 해당 없음 □]

순번	변제에 제공할 처분대상 재산	변제기한	변제투입예정액	회생위원보수	실제 변제투입예정액
1					
2					

3. 개인회생재단채권에 대한 변제 [해당 있음 □ / 해당 없음□]

가. 회생위원의 보수 및 비용 [해당 있음 □ / 해당 없음□]

□ 인가결정 이전 업무에 대한 보수로 변제계획 인가 후 [150,000]원을 지급

□ 인가결정 이후 업무에 대한 보수로 변제계획 인가 후 [채무자가 인가된 변제

계획에 따라 임치한 금원의 1%]를 지급

나. 기타 개인회생재단채권 [해당 있음 □ / 해당 없음 □]

(1) 채권의 내용

채권자	채권현재액	채권발생원인	변제기

(2) 변제방법

변제계획 인가일 직후 그 동안 적립된 가용소득으로부터 원리금 전액을 우선하여 변제한다. 남은 채권이 있을 경우에는 일반 개인회생채권의 매 변제기일에 우선하여 변제한다.

4. 일반의 우선권 있는 개인회생채권에 대한 변제 [해당 있음 □ / 해당 없음□]

(1) 채권의 내용

채권자	채권현재액	채권발생원인(우선권의 근거)	변제기

(2) 변제방법

변제계획 인가일 직후 최초 도래하는 변제기일에 원리금 전액을 우선하여 변제한다. 남은 채권이 있을 경우에는 일반 개인회생채권의 매 변제기일에 우선하여 변제한다.

5. 별제권부 채권 및 이에 준하는 채권의 처리 [해당 있음 □ / 해당 없음 □]

가. 채권의 내용

채권 번호	채권자	①채권현재액(원금) ②채권현재액(이자)	③ 별제권행사 등으로 변제가 예상되는 채권액	④ 별제권행사 등으로도 변제받을 수 없을 채권액 (①+②-③)
		⑤ 별제권 등의 내용 및 목적물		
		원 원	원	원

나. 변제방법

　(1) 위 각 채권에 대하여 별제권 행사 등으로 변제가 예상되는 채권액(③)은 별제권 행사 등에 의한 방법으로 변제하고 이 변제계획상의 가용소득이나 재산처분에 의한 변제대상에서 제외한다.

　(2) 위 (1)항 기재 각 채권 중 별제권행사 등으로도 변제받을 수 없을 채권액(④)은 미확정채권으로 보아 유보하였다가 아래 7항 기재와 같은 방법으로 변제한다.

　(3) 별제권 행사 등으로도 변제받을 수 없을 채권액이 위 가. ④항 기재 금액을 초과하는 것으로 확정된 경우에는, 채권자가 그 초과부분을 변제계획안의 변경 절차를 통하여 변제받을 수 있다.

6. 일반 개인회생채권에 대한 변제

가. 가용소득에 의한 변제

(1) 월 변제예정(유보)액 및 총 변제예정(유보)액의 산정

각 일반 개인회생채권의 [　　]의 액수를 기준으로 월 평균가용소득에서 월 회생위원 보수를 차감한 월 실제 가용소득을 안분하여 산출한 금액을 각 일반 개인회생채권자에게 변제한다. 이를 기초로 산정한 월 변제예정(유보)액은 [　　　]원이고 총 변제예정(유보)액은 [　　　]원이다.

구체적 산정 내역은 별지 개인회생채권 변제예정액 표 참조.

(2) 변제율

　(가) 원금의 [　] % 상당액

　　☞ 별지 개인회생채권 변제예정액 표 중 [가용소득에 의한 총변제예정(유보)액을 개인회생채권 합계액으로 나눈 비율] x 100 을 기재하되 소수점 이하는 반올림합니다.

　(나) 개인회생절차개시결정일 전날까지의 이자.손해배상금의 합계액의 [　　] % 상당액

　(다) 개인회생절차개시결정일 이후의 이자.손해배상금의 합계액의 [　　] % 상당액

　　☞ 이 채권은 후순위 개인회생채권임

(3) 변제방법

위 (1)항의 변제예정(유보)액은 다음과 같이 분할하여 변제한다.

　(가) 기간 및 횟수

　　[　　]년 [　　]월 [　　]일부터 [　　]년 [　　]월 [　　]일까지 [　　]개월간

　　합계 [　　]회

　(나) 변제월 및 변제일

　　① [　　]년 [　　]월 [　　]일부터 변제계획인가일 직전 [　　]일까지 기간

　　　□ 변제계획인가일 직후 최초 도래하는 월의 [　　]일에 위 기간 동안의 변제분을 개인회생절차개시후 변제계획 인가 전에 적립된 가용소득으로 일시에 조기 변제

　　　□ 기타 : [　　　　　　　　　　　　　　　　　　　　　　　　　　　]

　　② 변제계획인가일 직후 최초 도래하는 월의 [　　]일부터 [　　]년 [　　]월 [　　]일까지

기간

　　□ 매월마다 [　　　]일에 변제 (단,_____)

　　□ 매 [　　　]개월마다 [　　　]일에 각 변제

　　□ 기타 : [　　　　　　　　　　　　　　　　　　　　　　　　　　　]

나. 재산의 처분에 의한 변제 [해당 있음 　□ / 해당 없음 □]

(1) 변제투입예정액 및 총 변제예정(유보)액의 산정

　　각 일반 개인회생채권의 [　　　]의 액수를 기준으로 변제투입예정액에서 회생위원 보수를 차감한 실제 변제투입예정액을 안분하여 산출한 금액을 각 일반 개인회생채권자에게 변제한다. 이를 기초로 산정한 총변제예정(유보)액은 [　　　　]원이다.

　　구체적 산정 내역은 별지 개인회생채권 변제예정액 표 참조.

(2) 변제율

　　(가) 원금의 [　　　] % 상당액

　　　☞ 별지 개인회생채권 변제예정액 표 중 [재산처분에 의한 총변제예정(유보)액을 개인회생채권 합계액으로 나눈 비율] x 100 을 기재하되 소수점 이하는 반올림합니다.

　　(나) 개인회생절차개시결정일 전날까지의 이자.손해배상금의 합계액의 [　　　] % 상당액

　　(다) 개인회생절차개시결정일 이후의 이자.손해배상금의 합계액의 [　　　] % 상당액

　　　☞ 이 채권은 후순위 개인회생채권임

(3) 변제방법

　　(가) 재산의 처분에 의한 변제기한은 [　　　　　　　　]로 하고, 처분대금수령일로부터 1주일 이내에 변제한다.

　　(나) 위 변제기한까지 재산이 처분되지 않거나 처분대상 재산을 처분하여 수령한 금원이 변제투입예정액에 미달하는 경우, 채무자는 그밖의 다른 재산을 처분하는 등의 방법으로 금원을 조달하여 변제투입예정액 전액을 변제기한내에 변제하여야 한다.

(4) 강제집행 등의 효력

　　위 처분대상 재산에 대하여 개인회생채권에 기한 강제집행, 가압류 또는 가처분이 있는 경우에는 개인채무자회생법 제75조 제3항에 불구하고 처분대상 재산의 처분에 대한 법원의 허가가 있는 때 그 효력을 잃는다.

7. 미확정 개인회생채권에 대한 조치 [해당 있음 □ / 해당 없음 　□]

가. 변제금액의 유보

　(1) 미확정 개인회생채권에 대하여는 변제를 유보하고, 별지 개인회생채권 변제예정액표에 기재한 금액을 당해 채권이 확정될 때까지 유보하여 둔다.

　(2) 채무자는 위와 같이 유보한 금액도, 즉시 지급되는 다른 채권에 대한 변제금과 마찬가지로 아래 8항 기재 계좌에 입금한다.

D5111

나. 미확정 개인회생채권에 대한 변제

(1) 미확정 개인회생채권이 전부 그대로 확정된 경우

미확정 개인회생채권의 전액에 관하여 채권의 존재가 확정된 경우에는, 그 확정 직후 유보비율을 변제비율로 적용하여 변제를 개시하고 매월의 변제기에 그 해당금액을 변제하되, 이미 분할 변제기가 도래한 부분 즉 그 동안의 유보액에 대하여는 곧바로 일시 변제한다.

(2) 미확정 개인회생채권이 전부 또는 일부 부존재 하는 것으로 확정된 경우

미확정 개인회생채권이 전부 또는 일부 부존재하는 것으로 확정된 경우에는, 그 확정 직후, 존재하는 것으로 확정된 [   ]의 인용 비율에 위 가항에 의하여 지급을 유보한 금액을 곱하여 산출된 금액을 당해 개인회생채권자에게 일시에 변제한다. 유보액액 중, 미확정 개인회생채권의 일부가 존재하지 않는 것으로 됨에 따라 그 개인회생채권자에게 변제할 필요가 없게 된 나머지 유보금액은, 그 채권액 확정 직후 일반 개인회생채권자들에게 각 [   ]의 액수를 기준으로 안분하여 변제한다.

향후의 매월 입금액을 분배하는 기준이 될 변제비율은 위 확정 원금들 사이의 비율에 따라 새로 계산하여 정하는데, 미확정 개인회생채권의 일부가 존재하지 않는 것으로 확정됨에 따라 향후 당해 개인회생채권자를 위한 유보가 불필요하게 된 변제기 미도래분에 대한 변제 유보예정액은, 향후 변제기 도래시 일반 개인회생채권자들에게 그 각 [   ]의 액수를 기준으로 안분되도록 한다.

(3) 변제기간 종료시까지 미확정 개인회생채권이 미확정상태로 남는 경우에는 최종변제기에 유보한 금액 전부를 일반개인회생채권자들에게 각 [   ]의 액수를 기준으로 안분하여 변제한다.

(4) 임대차보증금반환액수가 확정되지 않은 임대차보증금 반환채권은 미확정채권으로 보아 위 가, 나항에 따라 변제하되 그 액수가 확정되고 임차인이 임차목적물을 명도함과 동시에 변제한다.

8. 변제금원의 회생위원에 대한 임치 및 지급

채무자는 위 [   ]항에 의하여 개인회생채권자들에게 변제하여야 할 금액을 개시결정시 통지되는 개인회생위원의 예금계좌 { [   ]은행 계좌번호 [   ] }에 순차 임치하고, 회생위원은 이를 즉시 개인회생채권자들이 신고한 예금 계좌에 송금하는 방법으로 지급한다. 계좌번호를 신고하지 않은 개인회생채권자에 대하여는 변제액을 적립하였다가 이를 연 1회 개인회생사건이 계속되어 있는 지방법원에 공탁하여 지급할 수 있다.

☞ 개인회생위원의 예금계좌는 신청 당시에는 알 수 없으므로 공란으로 두었다가 추후 보완합니다.

9. 면책의 범위 및 효력발생시기

채무자가 개인회생채권에 대하여 이 변제계획에 따라 변제를 완료하고 면책신청을 하여 면책결정이 확정되었을 경우에는, 이 변제계획에 따라 변제한 것을 제외하고 개인회생채권자에 대

D5111

한 채무에 관하여 그 책임이 면제된다. 단, 개인채무자회생법 제84조 제2항 단서 각호 소정의
채무에 관하여는 그러하지 아니하다.

10. 기타사항 [해당 있음 □ / 해당 없음 □]

변제계획안의 작성요령

<주의사항>
○ 변제계획안은 법원의 인가 여부의 대상이 되는 중요한 문서이므로 작성요령을 잘 읽고 반드
시 그 내용에 따라 작성하여야 합니다.
○ 변제계획안은 본문 및 별지 '개인회생채권 변제예정액 표'로 구성됩니다. 본문 및 별지는 기
재할 내용이 서로 밀접하게 연관되어 있으므로 본문을 작성하다가 필요한 경우 별지 해당 부분
을 작성하는 등으로 함께 병행하여 작성하여야 합니다.

변제계획안 양식은 가용소득만으로 변제하는 경우의 양식[전산양식 A5433]과 가용소득
과 재산처분으로 변제하는 경우의 양식[전산양식 A5434]이 있습니다.

가용소득에 의하여 변제기간 동안 변제할 수 있는 총액의 현재가치가 현재재산 총액보
다 명백히 많다고 생각되면 재산처분이 불필요하므로 가용소득만으로 변제하는 경우인
[전산양식 A5433]을, 그렇지 않거나 잘 모르겠으면 가용소득과 재산처분으로 변제하는 경
우인 [전산양식 A5434]를 이용하여 작성하기 바랍니다.

1. 변제기간

☞ 변제는 1개월 1회 변제가 원칙입니다. 다만, 농업, 어업 등 매월 수입이 없는 직업에 종사
하는 경우에는 수개월에 1회 변제하는 방법으로 변제할 수 있습니다.

변제기간은 언제부터 언제까지를 변제기간으로 할 것인지를 기재하여야 합니다. 변제기간은
채권현재액(원금)의 합계를 월 실제 가용소득으로 나누어 산정합니다.

채무자는 변제기간을 변제개시일로부터 5년을 초과하지 아니하는 범위 내에서 정할 수 있습
니다. 다만, 채무자는 변제기간을 다음과 같이 정하는 것이 바람직합니다.

① 변제계획안에서 정하는 변제기간 동안 그 가용소득의 전부를 투입하여 우선 원금을 변제
하고 잔여금으로 이자를 변제합니다.

② 3년 이내의 변제기간 동안 원금과 이자를 전부 변제할 수 있는 때에는 그 때까지를 변제
기간으로 합니다.

③ 3년 이내의 변제기간 동안 원금의 전부를 변제할 수 있으나 이자의 전부를 변제할 수 없
는 때에는 변제기간을 3년으로 합니다.

④ 3년 이상 5년 이내의 변제기간 동안 원금의 전부를 변제할 수 있는 때에는 이자의 변제

여부에 불구하고 원금의 전부를 변제할 수 있는 때까지를 변제기간으로 합니다.

　⑤ 5년 이내의 변제기간 동안 원금의 전부를 변제할 수 없는 때에는 그 변제기간을 5년으로 합니다.

　⑥ 채무자가 위 ① 내지 ⑤의 규정에 정한 기간보다 단기간을 변제기간으로 작성하여 제출한 경우에는 법원은 위 각 기간으로 변제기간을 수정하도록 명령할 수 있으며, 채무자는 수정명령에 응하여야만 합니다.

　변제를 시작하는 날짜는 원칙적으로 변제계획안 제출일로부터 60일 후 90일 내의 날로 정하면 됩니다. 변제를 마치는 날짜는 위와 같은 원칙에 따라 정한 변제기간의 마지막 날짜를 기재하고, 이어서 변제기간의 총 개월수를 기재하면 됩니다. 예를 들어 2012. 4. 25.부터 변제를 시작하여 5년 동안 원금의 전부를 변제할 수 없는 경우에는 변제기간을 5년(60개월)으로 정하여 2017. 3. 25. 변제를 마치는 것으로 하고, 개월수는 60개월이라고 기재합니다.

2. 변제에 제공되는 소득 또는 재산

가. 소득

　(1) 수입

　　☞ 개인회생절차 개시신청서에 첨부한 '수입 및 지출에 관한 목록'의 'Ⅰ. 현재의 수입목록'으로부터 월 평균 수입을 옮겨서 기재합니다.

　(2) 채무자 및 피부양자의 생활에 필요한 생계비

　　☞ (가)에는 '수입 및 지출에 관한 목록'의 'Ⅲ. 가족관계' 항목에 기초하여, 채무자 및 채무자가 부양하고 있는 사람들의 총수를 기재합니다.

　　☞ (나)에는 신청 당시의 국민기초생활보장법에 의한 최저생계비를 기재하는데, 수치는 보건복지부 인터넷 홈페이지 등에서 확인할 수 있습니다. 참고로 2012년의 최저생계비는 '6인 가구 2,048,904원', '5인 가구 1,772,227원', '4인 가구 1,495,550원', '3인 가구 1,218,873원', '2인 가구 942,197원', '1인 가구 553,354원'입니다.

　　☞ (다)에는 '수입 및 지출에 관한 목록'의 'Ⅱ. 변제계획 수행시의 예상지출목록'으로부터 지출예상 생계비를 옮겨서 기재합니다.

　(3) 채무자의 가용소득

　　☞ 기간란에는 위 1.항의 변제기간과 동일한 기간을 기재합니다.

　　☞ ① 월 평균 수입란에는 위 가 (1) 기재 수입을, ② 월 평균 생계비란에는 위 (2) (다) 기재 생계비를 각 기재하고, ③ 월 평균 가용소득란에는 ①에서 ②를 뺀 금액을 기재합니다. ④ 월 회생위원 보수란에는 법원사무관이 회생위원으로 선임되는 경우 0원으로 기재(또는 공란으로 둠)하고, 법원사무관이 아닌 회생위원이 선임되는 경우 월 평균 가용소득의 1%(소수점 이하는 반올림처리함)에 해당하는 금액을 기재합니다. ⑤ 월 실제 가용소득란에는 ③에서 ④를 뺀 금액을 기재합니다. ⑥ 변제 횟수에는 개월수에 의한 변제기간을 기재하고, ⑦ 실제 가용소득에는 ⑤과 ⑥을 곱한 금액을 기재합니다.

나. 재산

　☆ 실제 가용소득에 의하여 전체 변제기간 동안 변제할 수 있는 총액의 현재가치가 현재 재

산 총액보다 명백히 많으면 재산처분이 필요 없을 것이므로, **변제계획안 [전산양식 A5433]**을 이용하고, 해당 없음에 체크(√)합니다.

☆ 다음은 재산 처분이 필요한지 여부가 명백하지 않아서 **변제계획안 [전산양식 A5434]**를 이용하는 경우에만 해당하는 설명입니다.

☞ **재산 처분이 필요한지 여부**

○ 재산 처분이 필요한지를 파악해야 합니다. 인가요건상 변제계획의 인가결정일을 기준일로 하여 평가한 개인회생채권에 대한 총변제액이 채무자가 파산하는 때에 채권자들이 배당받을 총액, 즉 청산가치(일반적으로 재산목록의 합계액이 됩니다)보다 작지 않아야 변제계획이 인가될 수 있으므로, 실제 가용소득만으로 변제예상한 개인회생채권에 대한 총변제액이 청산가치보다 작을 때에는 재산을 처분하여 일정한 액수를 변제에 투입하여야 합니다.

○ 뒤에 첨부된 **II.개인회생채권 변제예정액 표 작성요령** 중 B 부분을 잘 읽고, 먼저 실제 가용소득과 재산처분으로 변제하는 경우의 **개인회생채권 변제예정액 표** 중 1.의 가. '가용소득'란을 작성하고, 2.의 가. '가용소득에 의한 변제내역'을 작성하여 먼저 개인회생채권에 대한 총변제예정(유보)액(I)을 계산합니다. 이어서 위 **개인회생채권 변제예정액 표** 중 4.의 '청산가치와의 비교'란에 청산가치를 기재하고, '가용소득에 의한 총변제예정(유보)액'과 그 '현재가치'를 계산하여 기재한 다음, 청산가치가 총변제예정(유보)액의 현재가치보다 큰 경우에는 재산을 처분하여 일정한 액수(변제투입예정액)를 변제에 투입하는 내용으로 변제계획안을 작성하여야 합니다. 청산가치가 총변제예정(유보)액의 현재가치보다 작은 경우에는 재산을 처분하여 변제에 투입할 필요가 없습니다.

☞ 위 설명에 따라 재산 처분이 필요하면 해당 있음에 체크(√)하고, 그렇지 않으면 해당 없음에 체크(√)합니다.

☞ **해당 있음에 체크(√)한 경우에만 다음과 같이 표의 해당사항을 기재합니다.**

☞ 변제에 제공할 처분대상 재산의 명세(예를 들어 부동산인 경우 지번, 지목, 면적 등)를 구체적으로 기재합니다.

☞ 재산의 처분에 의한 변제기한을 기재하되, 원칙적으로 '**인가일로부터 1년 내**'로 하고 1년 내에 처분하기 곤란한 사정이 있으면 '**인가일로부터 2년 내**'로 합니다.

☞ 변제투입예정액은 위 **개인회생채권 변제예정액 표 작성요령**에 따라 산정한 금액을 그대로 기재합니다.

☞ 회생위원 보수는 법원사무관이 회생위원으로 선임되는 경우 0원으로 기재(또는 공란으로 둠)하고, 법원사무관이 아닌 회생위원이 선임되는 경우 변제투입예정액의 1%(소수점 이하는 반올림처리함)에 해당하는 금액을 기재합니다.

☞ 실제 변제투입예정액은 변제투입예정액에서 회생위원 보수를 차감한 금액을 기재합니다.

3. 개인회생재단채권에 대한 변제

☞ 아래 가.항 및 나.항에 대한 설명을 참고하여 개인회생재단채권에 대하여 변제할 내용이 있으면 해당 있음에, 그렇지 않으면 해당 없음에 체크(√)합니다.

가. 회생위원의 보수 및 비용

☞ 해당 여부에 체크(√)하되, 법원사무관이 회생위원으로 선임되는 경우 원칙적으로 보수 및 비용을 지급하지 아니하므로, 회생위원이 선임되기 전 신청서와 변제계획안을 함께 작성하여 제출할 경우에는 일단 해당 없음에 체크(√)하거나 법원 접수창구에서 문의한 후 체크(√)합니다.

나. 기타 개인회생재단채권

☞ 납부기한이 도래하지 아니한, 원천징수하는 조세, 부가가치세·특별소비세·주세 및 교통세, 특별징수의무자가 징수하여 납부하여야 하는 지방세, 위 각 조세의 부과·징수의 예에 따라 부과·징수하는 교육세 및 농어촌특별세, 채무자의 근로자의 임금·퇴직금 및 재해보상금, 개인회생절차개시결정 전의 원인으로 생긴 채무자의 근로자의 임치금 및 신원보증금의 반환청구권 등도 개인회생재단채권입니다. 위와 같은 채권에 대하여 변제할 내용이 있으면 해당 있음에, 그렇지 않으면 해당 없음에 체크(√)합니다.

☞ **해당 있음에 체크(√)한 경우에만 다음과 같이 표의 해당사항을 기재합니다.**

(1) 채권의 내용

☞ 채권자의 명칭을 기재합니다.

☞ 채권현재액 산정기준일 현재의 금액을 기재합니다.

☞ 채권발생원인은 채권의 발생 당시를 기준으로 채권의 발생원인(예 : 부가가치세, 임금 등), 시기 또는 기간 등을 간략히 기재합니다.

☞ 변제기가 언제인지를 기재합니다.

(2) 변제방법

☞ 특별한 사정이 없는 경우 변제계획안 양식의 문구를 그대로 사용합니다.

4. 일반의 우선권 있는 개인회생채권에 대한 변제

☞ 국세징수법 또는 국세징수의 예에 의하여 징수할 수 있는 청구권(국세, 지방세 등 지방자치단체의 징수금, 관세 및 가산금, 건강보험료, 산업재해보상보험료 등) 등은 일반의 우선권 있는 개인회생채권입니다. 위와 같은 채권에 대하여 변제할 내용이 있으면 해당 있음에, 그렇지 않으면 해당 없음에 체크(√)합니다.

☞ **해당 있음에 체크(√)한 경우에만 다음과 같이 표의 해당사항을 기재합니다.**

(1) 채권의 내용

☞ 신청서에 첨부한 개인회생채권자목록의 채권자명, 채권현재액을 그대로 기재합니다.

☞ 채권발생원인은 채권의 발생 당시를 기준으로 채권의 발생원인, 시기 또는 기간 등을 간략히 기재하고 우선권의 근거를 기재합니다.

☞ 변제기가 언제인지를 기재합니다.

(2) 변제방법

☞ 특별한 사정이 없는 경우 변제계획안 양식의 문구를 그대로 사용합니다.

5. 별제권부 채권 및 이에 준하는 채권의 처리

☞ 신청서에 첨부한 **개인회생채권자목록의 부속서류 1. '별제권부 채권 및 이에 준하는 채권의 내역'**에 기재한 채권이 있으면 해당 있음에, 그렇지 않으면 해당 없음에 체크(√)합니다.

가. 채권의 내용

☞ ①부터 ④까지는 **'별제권부 채권 및 이에 준하는 채권의 내역'**의 ①부터 ④까지 기재한 것을 옮겨서 기재하되, 신청서 제출 이후에 변제계획안을 제출할 경우에는 변제계획안 제출일 또는 제출 예정일 현재의 금액을 기재합니다.

☞ '별제권 등의 내용 및 목적물'에는, **'별제권부 채권 및 이에 준하는 채권의 내역'**의 ⑥에 기재한 것을 옮겨서 기재합니다.

나. 변제방법

☞ 특별한 사정이 없는 경우 변제계획안 양식의 문구를 그대로 사용합니다.

6. 일반 개인회생채권에 대한 변제

가. 가용소득에 의한 변제

(1) 월 변제예정(유보)액 및 총 변제예정(유보)액의 산정

☞ 원칙적으로 개인회생채권의 원금의 액수를 기준으로 안분하여 변제하므로, 첫 [　　] 안에는 [원금]이라고 기재합니다.

☞ 그 다음 뒤에 첨부된 **II. 개인회생채권 변제예정액 표 작성요령**을 잘 읽고 **개인회생채권 변제예정액 표**를 먼저 작성합니다.

☞ 표가 완성되면, 월 변제예정(유보)액란에는 **개인회생채권 변제예정액 표** 중 2.의 (H)항 금액([전산양식 A5434]의 경우에는 2. 가.의 (H)항 금액)을 기재합니다.

☞ 총 변제예정(유보)액란에는 **개인회생채권 변제예정액 표** 중 2.의 (I)항 금액([전산양식 A5434]의 경우에는 2. 가.의 (I)항 금액)을 기재합니다.

(2) 변제방법

☞ 위 (1)항의 변제예정(유보)액을 분할하여 변제하는 방법을 기재합니다.

(가) 기간 및 횟수

☞ 언제부터 언제까지 몇 개월간 합계 몇 회를 변제하는지를 기재합니다.

(나) 변제월 및 변제일

☞ 매월 동일한 변제일에 변제하는 것을 원칙으로 합니다.

☞ ①항에는 최초 변제일부터 변제계획인가일 직전 변제일까지 적립된 금원의 변제방법을 기재합니다. 통상의 방법과 다른 방법으로 변제할 경우 기타란에 해당 내용을 기재합니다.

☞ ②항에는 변제계획인가일 직후 최초 도래하는 변제일부터 마지막 변제일까지의 변제방법을 기재합니다. 통상과 달리 여러 개월마다 한 번씩 변제할 경우 또는 다른 방법으로 변제할 경우 해당란에 그 내용을 기재합니다. 만약 매월 [31]일에 변제하기로 하는 경우에는 "30일까지 밖에 없는 달의 경우에는 그 달 말일에 변제한다."는 내용의 단서를, 매월 [29]일 또는 [30]일에 변제하기로 하는 경우에는 "2월의 경우에는 그 달 말일에 변제한다."는 내용의 단서를 기재합니다.

나. 재산의 처분에 의한 변제

☞ 재산의 처분에 의한 변제가 있는 경우에는 해당 있음에 체크(√)하고, 그렇지 않은 경우에는 해당 없음에 체크(√)합니다.

☞ **해당 있음에 체크(√)한 경우에만 다음과 같이 해당사항을 기재합니다([전산양식 A5434]에만 해당합니다).**

(1) 변제투입예정액 및 총 변제예정(유보)액의 산정

☞ 원칙적으로 개인회생채권의 원금의 액수를 기준으로 안분하여 변제하므로, 첫 [   ] 안에는 [원금]이라고 기재합니다.

☞ 총 변제예정(유보)액은 **개인회생채권 변제예정액 표** 중 2. 나.의 (Q)항 금액을 기재합니다.

(2) 변제방법

☞ (가)항에 재산의 처분에 의한 변제기한을 기재하되, 원칙적으로 **'인가일로부터 1년 내'**로 하고 1년 내에 처분하기 곤란한 사정이 있으면 **'인가일로부터 2년 내'**로 합니다.

(3) 강제집행 등의 효력

☞ 특별한 사정이 없는 경우 변제계획안 양식의 문구를 그대로 사용합니다.

7. 미확정 개인회생채권에 대한 조치

☞ 채권의 존재 여부나 채권의 액수에 관하여 다툼이 있어 변제계획안 작성 당시 아직 확정되지 아니한 채권이 있는 경우 해당 있음에, 그러한 채권이 없는 경우 해당 없음에 체크(√)합니다.

가. 변제금액의 유보

☞ 특별한 사정이 없는 경우 변제계획안 양식의 문구를 그대로 사용합니다.

나. 미확정 개인회생채권에 대한 변제

☞ 특별한 사정이 없는 경우 변제계획안 양식의 문구를 그대로 사용하고, 모든 [   ] 안에는 [원금]이라고 기재합니다.

8. 변제금원의 회생위원에 대한 임치 및 지급

☞ "위 [   ]항에 의하여"의 [   ]에는 위 3. 내지 5.항 및 7.항 중 해당 있는 경우에는 해당 번호를 기재하고, 6.항은 항상 기재합니다. 예를 들어 5.항 및 6.항이 해당 있는 경우에는 [5, 6]이라고 기재합니다.

☞ 개인회생위원의 예금계좌는 신청 당시에는 공란으로 두었다가 추후 보완합니다.

9. 면책의 범위 및 효력발생시기

☞ 특별한 사정이 없는 경우 변제계획안 양식의 문구를 그대로 사용합니다.

10. 기타사항

☞ 해당 여부에 체크(√)하고, 해당 있는 경우 그 내용을 기재합니다.

개인회생채권 변제예정액 표

1. 기초사항

(단위 : 원)

가. 가용소득

③ 월 평균 가용소득		④ 월 회생위원 보수	

(A) 월 실제 가용소득 (③ - ④)		(B)변제횟수	회	(C) 총 실제 가용소득	

나. 처분대상 재산

순번	변제에 제공할 처분대상 재산	변제기한	변제투입예정액	회생위원보수	실제 변제투입예정액
1					
2					

2. 채권자별 변제예정액의 산정내역

가. 가용소득에 의한 변제내역

별표(1)과 같음

나. 재산처분을 통한 변제의 예상

별표(2)와 같음

3. 청산가치와의 비교

(단위 : 원)

(J) 청산 가치		(K)가용소득에 의한 총변제예정(유보)액		(M)재산처분에 의한 총변제예정(유보)액	
		(L) 현재가치		(N) 현재가치	

별표(1) 가용소득에 의한 변제내역

채권 번호	채권자	(D) 개인회생채권액		(E) 월 변제예정(유보)액		(F) 총 변제예정(유보)액	
		확정채권액 (원금)	미확정채권액 (원금)	확정채권액 (원금)	미확정채권액 (원금)	확정채권액 (원금)	미확정채권액 (원금)
1							
2							
3							
4							
5							
합 계							
총 계		(G)		(H)		(I)	

별표(2) 재산처분을 통한 변제의 예상

채권 번호	채권자	(D) 개인회생채권액		(O) 실제 변제투입예정액	(P) 총 변제예정(유보)액	
		확정채권액 (원금)	미확정채권액 (원금)		확정채권액 (원금)	미확정채권액 (원금)
1						
2						
3						
4						
5						
합 계						
총 계		(G)			(Q)	

D5111

가용소득과 재산처분으로 변제하는 경우 개인회생채권 변제예정액 표 작성요령

1. 기초사항

변제계획안의 "2. 변제에 제공되는 소득 또는 재산" 항목으로부터 월평균 가용소득 및 변제 횟수를 옮겨 적습니다. 월 회생위원 보수 관련하여서는 법원사무관이 회생위원으로 선임되는 경우 0원으로 기재(또는 공란으로 둠)하고, 법원사무관이 아닌 회생위원이 선임되는 경우 월평 균 가용소득의 1%(소수점 이하는 반올림처리함)에 해당하는 금액을 기재합니다. (A) 월 실제 가용소득 관련하여서는 월평균 가용소득에서 월 회생위원 보수를 차감한 금액을 기재하며, (C) 총 실제 가용소득 관련하여서는 (A) 월 실제 가용소득에 (B) 변제횟수를 곱한 금액을 기재합니 다.

2. 채권자별 변제예정액의 산정내역

가. 가용소득에 의한 변제내역

"채권번호"와 "채권자"를 채권자목록으로부터 옮겨서 기재합니다. "(D)개인회생채권액" 란은 확정채권액과 미확정채권액의 두 가지로 나누어 기재하고 총합계액을 (G)란에 기재합니다. 여 기의 채권액에는 대개는 원금만 기재하면 되겠지만, 변제액이 커서 원금 외에 개시결정일 전날 까지의 이자.지연손해금도 변제될 수 있는 경우에는, 개시결정일 전날까지의 이자.손해금의 합 계액도 기재합니다.

그 다음 [(A) 월 실제 가용소득 × 개인회생채권액 중 확정채권 비율{"(D)해당 개인회생채권 중 확정채권액" ÷ "(G)개인회생채권액 총계"}]를 계산하여 각 개인회생채권액 중 확정채권에 대한 월변제예정액을 구합니다. 미확정채권에 대해서도, 마찬가지 방법으로 월변제유보액을 구 합니다. 그 결과값에서 원 미만은 '올림'으로 처리하여, 이를 "(E)월변제예정(유보)액" 란에 기 재하고 이를 합산하여 (H)란에 기재합니다. 위에서 각 채권별 변제액을 구할 때에 원 미만은 '올림' 처리를 하였으므로, 이 월변제예정(유보)액은 이미 기재한 "월 실제 가용소득"보다 약간 더 많은 금액이 될 것입니다.

(E)월변제예정(유보)액에 (B)변제횟수를 곱한 (F)총변제예정(유보)액을 산정하여 기재하고 이 를 합산하여 (I)란에 기재합니다.

나. 재산처분을 통한 변제의 예상

원래 재산처분을 통한 (O) 실제 변제투입예정액(변제투입예정액에서 회생위원 보수를 차감한 금액)은 다음 4항의 청산가치와의 비교를 통하여 비로소 정해지는 것입니다. 따라서 먼저 다음 4항에 따라 (O) 실제 변제투입예정액을 산정한 후, 이를 기준으로 (O)에 대하여 개인회생채권

비율{"(D)당해 개인회생채권액" ÷ "(G)개인회생채권액 총계"}에 따른 안분액을 계산합니다. 그 결과값에서 원 미만은 '올림'으로 처리하여 이를 (P)총변제예정(유보)액란에 기재하고 이를 합산하여 (Q)란에 적습니다. 위에서 각 채권별 변제액을 구할 때에 원 미만은 '올림' 처리를 하였으므로, 이 총변제예정(유보)액은 이미 기재한 변제투입예정액보다 약간 더 많은 금액이 될 것입니다.

3. 변제율

가. 가용소득에 의한 변제

가용소득에 의한 총변제예정(유보)액을 개인회생채권 합계액으로 나눈 비율 × 100 을 기재하되 소수점 이하는 반올림합니다.

나. 재산처분에 의한 변제

재산처분에 의한 총변제예정(유보)액을 개인회생채권 합계액으로 나눈 비율 × 100 을 기재하되 소수점 이하는 반올림합니다.

4. 청산가치와의 비교

먼저 채무자가 현재 가지고 있는 재산의 가치, 즉 [신청서 첨부서류 2] 재산목록의 합계액을 (J)청산가치란에 기재하고, 다음으로 가용소득에 의한 (I)총변제예정(유보)액을 (K)에 옮겨 적습니다.

그 다음 (K)에 대한 (L)현재가치는, 5년(60개월)의 변제계획안의 경우, (H)월변제예정(유보)액에 53.6433을 곱하는 방법으로 산정(원 미만은 버립니다)하여 기재합니다.

[원래 (L)현재가치는 인가일을 기준으로 라이프니츠 방식에 의한 현가할인율을 적용하여 산정하는 것이나, 신청시에는 인가일을 알 수 없으므로, 일응 3개월간의 적립액이 있은 후(적립일로부터 2개월 후가 되는 날)에 인가가 될 것을 가정하고, 이를 기준으로 현가할인율을 적용하여 산정하면 됩니다. 위 설명에서의 수치 53.6433은 { 3(이미 적립된 것으로 보는 3개월) + 50.6433을(57개월에 해당하는 라이프니츠 복리연금현가율) }을 의미합니다.]

마지막으로, (J)청산가치에서 (L)현재가치를 공제한 잔액에, 개괄적으로 ①재산처분에 의한 변제기한이 인가일로부터 1년이내인 경우에는 1.3을, ②그 변제기한이 2년이내인 경우에는 1.5를, 각 곱하여 산출한 금액(원 미만은 '올림'으로 처리합니다)을 법원사무관이 회생위원으로 선임되는 경우 (O) 실제 변제투입예정액으로 보아 (O)란에 기재하고, 법원사무관이 아닌 회생위원이 선임되는 경우에는 변제투입예정액에서 1%(소수점 이하는 반올림처리함)에 해당하는 금액을 차감한 금액을 (O) 실제 변제투입예정액으로 보아 (O)란에 기재하고, 이어서 위 2.의 나항에서 설명한 바대로 (O)를 기준으로 (P),(Q)를 산정한 다음, (M)에는 (Q)를 그대로 옮겨 적으면 됩니다. 이 경우 (N)은 기재하지 않아도 무방합니다.

[물론 정확한 (N)의 액수를 산정하기 위해서는, 먼저 청산가치의 보장을 위해서 항상 {(L)+(N)}이 (J)보다 많아야 하는 것이므로, (J)에서 (L)을 뺀 잔액을, 인가일로부터 재산처분에 의한 변제기한까지의 기간에 따라 라이프니츠 방식에 의한 현가할인율(변제기한이 1년이내인 경우에는 0.9523, 그 기한이 2년이내인 경우에는 0.9070)로 나누어 산출한 금액을 (O)실제 변제투입예정액으로 하고 이를 기준으로 다시 현가할인율을 적용하여 (N)을 계산하여야 할 것입니다. 그러나 이와 같은 계산방법은 복잡할 뿐만 아니라 그렇게 계산하여 산출한 금액만을 정확하게 변제투입예정액으로 정하게 되면, 절차의 신속을 위하여 간이하게 이뤄진 재산의 가액평가방법에 대해 정식의 감정절차가 필요하게 되는 등으로 추가비용과 절차지연이 초래될 가능성이 있는 점 등을 고려하여, 위에서 예시한 방법에서는 개괄적이기는 하지만 그 금액을 다소 증액하는 대신 간이하게 변제투입예정액을 산출할 수 있도록 설명한 것입니다.]

D5111

채권자목록 수정허가 신청서

허	부

사 건   20   개회   개인회생

채 무 자   _____

대 리 인   _____

채무자는 다음과 같은 사유로 20   .   .   . 제출한 개인회생채권자목록을 별지와 같이 수정하고자 하니 허가하여 주시기 바랍니다.

다   음

1. 채무자가 개인회생채권자 목록을 귀원에 제출한 후, 채무자가 책임질 수 없는 사유(소명자료 별첨)로 인하여 그 목록에 누락하거나 잘못 기재된 사항이 발견되어 채무자 회생 및 파산에 관한 규칙 제81조 제1항에 따라 이를 별지와 같이 수정하고자 합니다.

2. 수정사항의 요지

☐ 누락된 채권의 추가   ☐ 누락된 장래의 구상권(채무자의 보증인)의 추가
☐ 기존채권금액의 증가   ☐ 기존채권금액의 감소
☐ 기존채권의 소멸로 인한 삭제   ☐ 채권자 이름 등 오기 수정
☐ 개시결정 전 채권양도나 대위변제   ☐ 개시결정 후 채권양도나 대위변제
☐ 기타 (   )

20   .   .   .

채무자

대리인 변호사   (인)

○○지방법원 귀중

D5111

변제계획 수정안 제출서

사　건　　　20　　개회　　　　개인회생

채 무 자　　＿＿＿＿＿＿＿＿＿

대 리 인　　＿＿＿＿＿＿＿＿＿

　채무자는 다음과 같은 사유로 20　　.　　.　　. 제출한 변제계획안을 별지와 같이 수정하여 변제계획 수정안을 제출하니 인가하여 주시기 바랍니다.

다　음

1. 채무자가 변제계획안을 제출한 후에, 착오로 잘못 기재된 사항이 발견되어(채권자목록이 수정되어 / 법원의 변제계획안 수정명령이 내려져) 기제출한 변제계획안을 별지와 같이 수정하여 제출합니다.
2. 수정사항의 요지
　□ 변제기간의 변경　　　□ 가용소득의 변경　　□ 변제예정액표의 변경
　□ 기타 (　　　　　　　　　　　　　　　　　)

20　　.　　.　　.

채무자

대리인 변호사　　　　　(인)

○○지방법원 귀중

개인회생재단에 속하지 않는 재산목록 제출서

사   건   20   개회   개인회생

신청인(채무자) _____

신청인은 다음과 같이 개인회생재단에 속하지 않는 재산목록(채무자 회생 및 파산에 관한 법률 제580조 제3항, 제1항 제1호, 제383조 제1항 소정)을 제출합니다.

순번	재산의 대상과 명칭 (구체적으로 기재)	소재지	추정가액	압류금지의 근거조문	소명자료

20 . . .

신청인(채무자) _____(인)

첨부서류:

○○지방법원 귀중

D5111

면제재산 결정신청서

사   건   20   개회   개인회생

신청인(채무자)   _____

신청인은 채무자 회생 및 파산에 관한 법률 제580조 제3항, 제1항 제1호, 제383조 제2항에 따라 채무자 소유의 별지 목록 기재 재산을 면제재산으로 정한다는 결정을 구합니다.

(※아래 해당되는 부분에 ∨표를 하고, 면제재산결정 신청을 하는 재산목록 및 소명자료를 첨부하시기 바랍니다.)

☐ 1. 주거용건물 임차보증금반환청구권에 대한 면제재산결정 신청
　　　　(법 제580조 제3항, 제1항 제1호, 제383조 제2항 제1호)
　※ 첨부서류
　　가. 별지 면제재산목록 (채권자수 + 3부)
　　나. 소명자료 : ☐ 임대차계약서　　　　1부
　　　　　　　　　　☐ 주민등록등본　　　　1통
　　　　　　　　　　☐ 기타　　[　　　　　] 통

☐ 2. 6개월간의 생계비에 사용할 특정재산에 대한 면제재산결정 신청
　　　　(법 제580조 제3항, 제1항 제1호, 제383조 제2항 제2호)
　※ 첨부서류
　　가. 별지 면제재산목록 (채권자수 + 3부)
　　나. 소명자료 : ☐ [　　　　　　　] 　1통
　　　　　　　　　　☐ 기타 [　　　　] 　통

20 .   .   .

신청인(채무자) _____(인)

○○지방법원 귀중

면제재산목록

면제재산 금액	금　　　　　　　　원
주택임대차계약의 내용	①임대차계약일자 (　　　　　　　　　　　　　　) ②임대차기간　　(　　　　　　부터　　　　　　까지) ③임차목적물의 소재지(　　　　　　　　　　　　　) ④임차보증금　　(　　　　　　　　　　　　　원) ⑤임료의 액수 및 연체기간(월　　원,　　개월간 연체) ⑥임대인의 성명　(　　　　　　　　　　　　　) ⑦주민등록일자　(　　　　　　　　　　　　　) ⑧확정일자(　　.　　.　. 확정일자받음, 확정일자 무)

중지명령   신청서

사   건   20   개회   개인회생

신 청 인   이름 :   (주민등록번호   -   )

(채 무 자)   주소 :

상 대 방   이름 :

　　　　　주소 :

신 청 취 지

　신청인에 대한 이 법원 20　 개회 ○○ 개인회생사건에 관하여 개인회생절차의 개시신청에 대한 결정이 있을 때까지 신청인에 대한 ○○법원 2006 타채 ○ 호 사건의 압류.추심명령절차를 중지한다는 결정을 구합니다.

신 청 원 인

1. 신청인은 귀원 20　 개회 ○○ 개인회생 사건의 신청 채무자입니다.

2. 위 사건의 개시결정 전에 신청인의 급여에 대한 압류.추심명령 절차를 진행하게 되면 채권자 간의 형평을 해하게 되며, 개인회생절차에 따른 변제계획의 수행에 큰 어려움이 생길 것입니다.

3. 따라서 신청인은 채무자 회생 및 파산에 관한 법률 제593조 제1항에 의하여 이 신청을 하게 되었습니다.

소 명 방 법

1. 결정문 1통

　　　　　　　　　　　　　20 . . .

　　　　　　　　　신청인(채무자)　　　　　　　　　(서명 또는 날인)
　　　　　　　　　(연락처 :　　　　　　　)

　　　　　　　　　　　　　　　　　　　　　○○지방법원 귀중

금지명령　신청서

사　　건　　　20　　개회　　　　개인회생

신 청 인　　이 름 :　　　　　　(주민등록번호　　　　　-　　　　　　)
(채 무 자)　　주 소 :

신 청 취 지

　신청인에 대한 이 법원 20　개회 ○○　개인회생사건에 관하여 개인회생절차의 개시신청에 대한 결정이 있을 때까지 다음의 각 절차 또는 행위를 금지한다.

1. 개인회생채권에 기하여 신청인 소유의 유체동산과 신청인이 사용자로부터 매월 지급받을 급료, 제수당, 상여금 기타 명목의 급여 및 퇴직금에 대하여 하는 강제집행 · 가압류 또는 가처분.

2. 개인회생채권을 변제받거나 변제를 요구하는 일체의 행위. 다만, 소송행위를 제외한다.

라는 결정을 구합니다.

신 청 원 인

1. 신청인은 귀원 20　개회 ○○　개인회생 사건의 신청 채무자입니다.

2. 신청인은 위 개인회생 사건에서 신청인이 매월 (급여를 받는 회사명)에서 지급받는 급여에서 생계비를 제외한 나머지 가용소득으로 채무를 변제하는 계획안을 제출하였습니다.

3. 현재 신청인 소유의 유체동산과 신청인이 사용자로부터 매월 지급받을 급여 및 퇴직금에 대하여는 아직 가압류 또는 압류의 집행이 없는 바, 채권자들이 신청인 소유의 유체동산이나 신청인의 급여 등에 대하여 강제집행.가압류 또는 가처분을 하게 되면 신청인의 개인회생절차에 따른 변제계획의 수행에 큰 어려움이 생길 것입니다.

4. 또한, 채권자들이 신청인으로부터 개인회생채권을 변제받거나 변제를 요구하는 행위를 할 경우 채권자간의 형평을 해하게 되며, 신청인의 정상적인 생활에도 지장을 초래하게 될 것입니다.

5. 따라서 신청인은 신청인 소유의 유체동산과 급여 및 퇴직금에 대한 강제집행.가압류 또는 가처분과 개인회생채권의 변제요구행위를 금지시켜야 할 필요가 있으므로, 채무자 회생 및 파산에 관한 법률 제593조 제1항에 의하여 이 신청에 이르게 되었습니다.

20 .　　.　　.

신청인(채무자)　　　　　　　　　　(서명 또는 날인)

(연락처 :　　　　　　　　　　)

○○지방법원 귀중

D5111

채권조사확정재판 신청서

채 권 자 (신 청 인)	최○○ ○○시 ○○구 ○○동 ○○
채 무 자 (상 대 방)	○○○ ○○시 ○○구 ○○동 ○○

신 청 취 지

채권자(신청인)의 채무자(상대방)에 대한 개인회생채권은, 금 30,000,000원 및 이에 대한 2004. 6 . 21.부터 2004. 10. 21.까지 연 24%의 비율에 의한 금원의 일반 개인회생채권과 위 금 30,000,000원에 대한 2004. 10. 22.부터 완제일까지 연 24%의 비율에 의한 금원의 후순위 개인회생채권임을 확정한다.

신 청 원 인

1. 채권자(신청인, 이하 채권자라 한다)는 귀 법원 2004개회○○호 개인회생사건의 개인회생채권 자입니다.

2. 채무자(상대방, 이하 채무자라 한다)는 귀 법원에 2004. 9. 25. 2004개회○○호로 개인회생절 차의 개시를 신청하면서 그 개인회생채권자목록에 채권자가 보유한 채권의 원인을 '2004. 3. 21.자 금 2700만원 신용대출', 채권의 내용을 '원금 2700만원 및 이에 대한 2004. 6 . 21.부터 완제일까지 연 24%의 비율에 의한 채권(단 개인회생절차 개시결정일 이후의 이 자, 지연손해금은 후순위 개인회생채권임)'이라고 기재하였고, 귀 법원은 2004. 10. 22. 채무자에 대하여 개인회생절차 개시결정을 하였습니다.

3. 그러나 채권자는 2004. 3. 21. 채무자에게 금 30,000,000원을 이율은 연 24%, 변제기는 2006. 6. 21.로 정하여 대여하였는데, 채무자는 2004. 6. 20.까지의 이자만 지급한 채 그 다 음날부터는 전혀 이자를 지급하지 아니하고 있습니다. 즉, 채권자가 2004. 3. 21. 채무자에게 대출한 돈은 27,000,000원이 아니라 30,000,000원이므로, 채무자가 제출한 채권자목록의 기 재는 잘못된 것입니다.

4. 따라서 채권자의 채무자에 대한 개인회생채권은, 금 30,000,000원 및 이에 대한 2004. 6. 21.부터 2004. 10. 21.까지 연 24%의 비율에 의한 금원의 일반 개인회생채권과 위 금 30,000,000원에 대한 2004. 10. 22.부터 완제일까지 연 24%의 비율에 의한 금원의 후순 위 개인회생채권이라고 할 것이므로, 채무자 회생 및 파산에 관한 법률 제604조 제1항, 제3 항에 의하여 귀 법원에 채권조사확정재판을 신청합니다.

2004. ○. ○.

채권자   최○○ (인)

소 명 방 법

1. 소갑제1호증   대출거래계약서
2. 소갑제2호증   대출금원장

첨 부 서 류

1. 위 소명방법   각 1통
2. 송달료 납부서   1통
3. 신청서 부본   1통

○○지방법원 귀중

채권조사확정재판 신청서

제3 채권자 (신 청 인)	오○○ ○○시 ○○구 ○○동 ○○
채 권 자 (상 대 방)	이○○ ○○시 ○○구 ○○동 ○○
채 무 자 (상 대 방)	○○○ ○○시 ○○구 ○○동 ○○

신 청 취 지

채권자(상대방)의 채무자(상대방)에 대한 개인회생채권은 금 1,000만 원 및 이에 대한 2003. 3. 4.부터 2004. 10. 21.까지 연 10%의 비율에 의한 금원의 일반 개인회생채권과 위 금 1,000만 원에 대한 2004. 10. 22.부터 완제일까지 연 10%의 비율에 의한 금원의 후순위 개인회생채권임을 확정한다.

신 청 원 인

1. 제3채권자(신청인, 이하 제3채권자라 한다)는 귀 법원 2004개회○○호 개인회생사건의 개인회생채권자 중 1인입니다.

2. 채무자(상대방, 이하 채무자라 한다)는 귀 법원에 2004. 9. 25. 2004개회○○호로 개인회생절차의 개시를 신청하면서 개인회생채권자목록에 채권자(상대방, 이하 채권자라 한다)의 채권에 관하여 채권의 원인은 '2001. 3. 3.자 차용금 3,000만 원', 채권의 내용은 '2,000만 원 및 이에 대한 2003. 3. 4.부터 완제일까지 연 10%의 비율에 의한 금원(단 개인회생절차 개시결정일 이후의 이자, 지연손해금은 후순위 개인회생채권임)'이라고 기재하고, 채권현재액의 산정근거란에 '2002. 3. 3. 원금 중 1,000만 원을 변제하였다' 라고 기재하였습니다. 한편, 귀 법원은 2004. 10. 22. 채무자에 대하여 개인회생절차 개시결정을 하였습니다.

3. 그러나, 채무자는 2002. 2.경 제3채권자로부터 금 2천만 원을 차용하여 2002. 3. 3.경 채

권자의 채권 원금 3,000만 원 중 2,000만 원을 변제하고, 이자는 2003. 3. 3.까지분을 완제하였습니다. 따라서 채권자가 채무자에 대하여 가지는 개인회생채권은, 1,000만 원 및 이에 대한 2003. 3. 4.부터 2004. 10. 21.까지 연 10%의 비율에 의한 금원의 일반 개인회생채권과 위 금 1,000만 원에 대한 2004. 10. 22.부터 완제일까지 연 10%의 비율에 의한 금원의 후순위 개인회생채권 밖에 없습니다.

4. 따라서, 제3채권자는 채무자 회생 및 파산에 관한 법률 제604조 제1항, 제3항에 의하여 귀 법원에 개인회생채권조사확정재판을 신청합니다.

20 ． ○. ○.

제3채권자   오○○   (인)

소 명 방 법

1. 소갑제1호증   차용증
2. 소갑제2호증   통장사본

첨 부 서 류

1. 위 소명방법   각 1통
2. 송달료 납부서   1통
3. 신청서 부본   1통

○○지방법원 귀중

소 득 증 명 서

성 명		주민등록번호	
주 소			
직 장 명		직장전화번호	
직장주소			
근무기간			

상기인은   년   월   일부터 매월 평균   만 원의 소득이 있음을 증명합니다.

20   년   월   일

직 장 명 :

대표자명 :   (서명 또는 날인)

○○ 지방법원 귀중

소득진술서

성 명		주민등록 번 호	
주 소		전화번호	
상 호 명		업 종	
주요판매품목		영업개시일	
영 업 장 소 재 지			

본인은   년   월   일부터 매월 평균 (   )원의 사업소득이 있음을 진술합니다.

20   년   월   일

신청인 :   (서명 또는 날인)

첨부서류 : 1. 보증인 2명의 확인서
        2. 사업자 등록증 사본 1통(사업자 등록이 되어있는 사업자의 경우)

○○ 지방법원 귀중

확 인 서

성 명		주민등록 번 호	
주 소		전화번호	
신청인과의 관 계			
신청인을 알게된 기간			

　

상기 본인은 신청인 (　　　　　　)의 월 평균소득이 (　　　　)원임이 틀림 없음을 확인합

니다.

　　　　　　　　　　　　　　20 　 . 　 . 　 .

　　　　　　　　　　　　　　　　보증인　　　　　　 (서명 또는 날인)

○○지방법원 귀중

자료송부청구서

채권자   ○○○   귀하

청구인 (채무자)   ○○○

주민등록번호

주소

채무자는 채무자 회생 및 파산에 관한 규칙 제82조에 기하여 채권자에게 채무자에 대하여 가진 개인회생채권의 존부 및 액수, 피담보채권액 및 피담보목적물의 가액, 담보부족전망액 등에 관한 자료의 송부를 청구합니다.

채권자는 별지 자료송부서에 의거하여 20   .   .   .까지 송부하여 주시기 바랍니다.

20   .   .   .

채무자 ○○○   (서명 또는 날인)

주 소		전화	
		팩스	

붙임.

자 료 송 부 서

채무자	○ ○ ○	주소	

1. 채권내역(기준일 : 년 월 일)

(단위 : 원)

	채권의 원인			원금 현잔액 (①)	이자 현잔액 (②)	합계 (①+②)
1	대출일자	대출과목	대출금액			
	채권의 내용 / ①, ② 산정근거 (이자율)					
2	채권의 원인			원금 현잔액 (①)	이자 현잔액 (②)	합계 (①+②)
	대출일자	대출과목	대출금액			
	채권의 내용 / ①, ② 산정근거 (이자율)					

2. 담보부 대출

채 권 번 호	피담보내용 및 목적물	피담보채권액	피담보 목적물 가액	담보부족예상액

주)1.위 1의 채권내역 중 담보부 대출을 기재함.

채권자명 :　　　　　 (서명 또는 날인)

전화번호 :

채무자 ○○○ 귀하

채권자 계좌번호 신고서

사 건 : 20○○ 개회○○ 개인회생

채무자 : ○○○

채권번호		채권자명	
주 소			
전화번호	(집)	(직장)	(휴대폰)

※ 채권번호란에 채권자목록상의 채권번호를 꼭 기재하시기 바랍니다.

채권자는 채무자 회생 및 파산에 관한 규칙 제84조 제1항에 따라 위 개인회생사건에서 변제액을 송금받기 위한 금융기관 계좌번호를 다음과 같이 신고합니다.

다   음

예금주	금융기관명	계좌번호

20   .   .   .

채권자   (인)

○○지방법원 제 ○회생위원 귀중

☞ 채권자는 변제계획에 따른 변제금을 송금받기 위해서는 개인회생채권자집회기일까지 위 신고서를 회생위원에게 직접, 우편 또는 이메일에 첨부하는 방법으로 제출하여야 합니다.

☞ 채권자는 자신이 예금주(법인인 채권자는 법인등기부의 명칭과 예금주가 일치해야 함)인 계좌번호를 신고하여야 하고, 자신이 예금주가 아닌 경우에는 인감증명서를 첨부하거나 본인이 직접 제출하는 등으로 계좌번호 신고서가 자신의 의사에 따라 작성된 것임을 소명하여야 합니다.

D5123

채권자 명의변경 신청서(채권양도·양수)

사건번호 : ○○○○개회○○○○○
채 무 자 : ○○○
신청인(채권양수인) : ○○○

채권번호	법원기재사항	번
변제수행회수	법원기재사항	
변경회차	법원기재사항	회부터
전산입력	법원기재사항	
회생위원	법원기재사항	

1. 취득 권리, 권리취득의 일시 및 원인

(취득)채권번호	채권자목록상의 채권번호 기재
채권양도인	
채권양수인(신청인)	
채권양수도 계약체결일	2○○○년 ○○월 ○○일

2. 신청인(채권양수인) 연락처, 계좌번호 신고

채권자명		(취득)채권번호	채권자목록상의 채권번호 기재
송달장소(주소)			
전화번호		FAX 번호	
계좌번호			
예금주		**금융기관명**	

첨부서류 : 1. 채권양수도계약서(채권양도증서) 1부.
　　　　　　2. 채권양도통지서 1부.
　　　　　　3. 법인등기부등본(주민등록등본) 1부.

　　　　　　　　　　　년　　　　월　　　　일

신청인(채권양수인) ○○○○

○○○○지방법원 ○○재판부 귀중

채권자 명의변경 신청서(전부·일부 대위변제)

사건번호 : ○○○○개회○○○○○
채 무 자 : ○○○
신청인(대위변제자) : ○○○

채권번호	법원기재사항	번
변제수행회수	법원기재사항	
변경회차	법원기재사항	회부터
전산입력	법원기재사항	
회생위원	법원기재사항	

1. 취득 권리, 권리취득의 일시 및 원인

(대위변제) 채권번호	채권자목록상의 채권번호 기재
(원) 채권자	
신청인(대위변제자)	
보증 비율	원금대비 ○○%
대위변제일	2○○○년 ○○월 ○○일

2. 신청인(대위변제자) 연락처, 계좌번호 신고

채권자명		(대위변제) 채권번호	채권자목록상의 채권번호 기재
송달장소(주소)			
전화번호		FAX 번호	
계좌번호			
예금주		**금융기관명**	

첨부서류 : 1. 대위변제증서 사본 1부.
　　　　　　 2. 법인등기부등본(주민등록등본) 1부.

년　　　　월　　　　일

신청인(대위변제자) ○○○

○○○○지방법원 ○○재판부 귀중

채권자 명의변경 신청서(채권자 상호변경)

사건번호 : ○○○○개회○○○○○
채 무 자 : ○○○
신청인(상호변경 후 채권자) : ○○○

채권번호	법원기재사항	번
변제수행회수	법원기재사항	
변경회차	법원기재사항	회부터
전산입력	법원기재사항	
회생위원	법원기재사항	

1. 채권자 상호변경 일시 및 원인

채권번호	채권자목록상의 채권번호 기재	(변경전) 채권자 상호	
		(변경후) 채권자 상호	
변경일시 및 변경사유		2○○○년 ○○월 ○○일 (합병, 분할, 상호변경)	

2. 신청인(상호변경 후 채권자) 연락처, 계좌번호 신고

채권자명		채권번호	채권자목록상의 채권번호 기재
송달장소 (주소)			
전화번호		FAX 번호	
계좌번호			
예금주		**금융기관명**	

첨부서류 : 1. 법인등기부 등본 1부.
         2. (합병, 분할, 상호변경) 소명자료 1부.

년   월   일

신청인(상호변경 후 채권자) ○○○

○○○○지방법원 ○○재판부 귀중

채권조사확정재판 신청서

수입인지
1,000원

채 권 자　　　○　○　○
(신 청 인)
　　　　　　　주소 :　　　　　　　　　　　　　　우편번호 :

채 무 자　　　○　○　○
(상 대 방)
　　　　　　　주소 :　　　　　　　　　　　　　　우편번호 :

신 청 취 지

신 청 원 인

1.

2.

　　　　　　　　　　　　20　 .　 .　 .

　　　　　　　　　　　　　　　채권자　　　　　　(서명 또는 날인)

소 명 방 법

1.

2.

첨 부 서 류

1.

2.

　　　　　　　　　　　　　　　　　　　　　○○지방법원 귀중

수입인지
1,000원

채권조사확정재판 신청서

채 권 자   최○○
(신 청 인)

                서울 ○○구 ○○동 ○○

채 무 자   ○○○
(상 대 방)

                서울 ○○구 ○○동 ○○

신 청 취 지

채권자(신청인)의 채무자(상대방)에 대한 개인회생채권은, 금 30,000,000원 및 이에 대한 2006. 1. 21.부터 2006. 5. 21.까지 연 24%의 비율에 의한 금원의 일반 개인회생채권과 위 금 30,000,000원에 대한 2006. 5. 22.부터 완제일까지 연 24%의 비율에 의한 금원의 후순위 개인회생채권임을 확정한다.

신 청 원 인

1. 채권자(신청인, 이하 채권자라 한다)는 귀 법원 2006개회○○호 개인회생사건의 개인회생채권자입니다.

2. 채무자(상대방, 이하 채무자라 한다)는 귀 법원에 2006. 4. 25. 2006개회○○호로 개인회생절차의 개시를 신청하면서 그 개인회생채권자목록에 채권자가 보유한 채권의 원인을 '2005. 10. 21.자 금 2700만원 신용대출', 채권의 내용을 '원금 2700만원 및 이에 대한 2006. 1. 21.부터 완제일까지 연 24%의 비율에 의한 채권(단 개인회생절차 개시결정일 이후의 이자, 지연손해금은 후순위 개인회생채권임)'이라고 기재하였고, 귀 법원은 2006. 5. 22. 채무자에 대하여 개인회생절차 개시결정을 하였습니다.

3. 그러나 채권자는 2005. 10. 21. 채무자에게 금 30,000,000원을 이율은 연 24%, 변제기는 2006. 1. 21.로 정하여 대여하였는데, 채무자는 2006. 1. 20.까지의 이자만 지급한 채 그 다음날부터는 전혀 이자를 지급하지 아니하고 있습니다. 즉, 채권자가 2005. 10. 21. 채무자에게 대출한 돈은 27,000,000원이 아니라 30,000,000원이므로, 채무자가 제출한 채권자목록의 기재는 잘못된 것입니다.

4. 따라서 채권자의 채무자에 대한 개인회생채권은, 금 30,000,000원 및 이에 대한 2006. 1. 21.부터 2006. 5. 21.까지 연 24%의 비율에 의한 금원의 일반 개인회생채권과 위 금 30,000,000원에 대한 2006. 5. 22.부터 완제일까지 연 24%의 비율에 의한 금원의 후순위 개인회생채권이라고 할 것이므로, 채무자회생및파산에관한법률 제604조 제1항, 제3항에 의하여 귀 법원에 채권조사확정재판을 신청합니다.

20 . ○. ○.

채권자   최○○ (인)

소 명 방 법

1. 소갑제1호증   대출거래계약서
2. 소갑제2호증   대출금원장

첨 부 서 류

1. 위 소명방법   각 1통
2. 송달료 납부서   1통
3. 신청서 부본   1통

○○지방법원 귀중

D5123

개인회생재단에 속하지 않는 재산목록 제출서

사   건   20   개회   개인회생

신청인(채무자) _____

신청인은 다음과 같이 개인회생재단에 속하지 않는 재산목록(채무자 회생 및 파산에 관한 법률
제580조 제3항, 제1항 제1호, 제383조 제1항 소정)을 제출합니다.

순번	재산의 대상과 명칭 (구체적으로 기재)	소재지	추정가액	압류금지의 근거조문	소명자료

20 .   .   .

신청인(채무자) _____(인)

첨부서류:

○○지방법원 귀중

D5123

면 책 신 청 서

사　　　건　　20　　개회　　　개인회생
신청인(채무자)　　이　름 :　　　　　(주민등록번호　　　-　　　　)
　　　　　　　　　주　소 :
　　　　　　　　　전화번호 :
　　　　　　　　　환급계좌 :　　　은행　　지점(계좌번호:　　　　　　)

신 청 취 지

'채무자를 면책한다' 라는 결정을 구합니다.

신 청 원 인

1. 신청인은 위 사건의 채무자로서 귀 법원에서 인가된 변제계획에 따른 변제를 완료하였습니다.
2. 이에 채무자 회생 및 파산에 관한 법률 제624조 제1항(구 개인채무자회생
법 제83조 제1항)에 의하여 '채무자를 면책한다'라는 결정을 구합니다.

20 .　　.　　.

신청인(채무자)　　　　　　　　　(서명 또는 날인)
　　　(연락처:　　　　　)

○○지방법원　귀중

※ 환급계좌에는 채무자 본인명의의 은행계좌번호를 기재합니다.

D5123

변제수행 납입증명 신청서

사건번호 :　　　개회　　　　　　　　　　　　　인지 500원

채 무 자 :　　　　　（　　　-　　　）　　　　　첨　　부

　위 사건에 관하여 아래와 같이 납입금을 변제수행 하였음을 증명하여
주시기 바랍니다.

① 월 가용소득 :

② 현재까지의 변제예상금액 :

③ 현재까지의 총 입금액 :

④ 최초변제기일 :

⑤ 총 변제회차 :

⑥ 미납액 (있음, 없음)

　　　　　　　　　　　　년　　　월　　　일

　　　　　　　　　　　　위 신청인

위 납입사실을 증명합니다.

년　　　월　　　일

○○법원 법원사무관등

영수증

위 증명원　　통을 정히 영수함

년　　　월　　　일

영수인

○○법원 귀중

D5123

심문신청서

사건번호   20   개회   [담당재판부 : 제   (단독)]

채 무 자

위 사건에 관하여 채무자는 다음과 같은 사유로 채무자 회생 및 파산에 관한 규칙 제88조 제2항에 의하여 채무자에 대한 심문을 신청합니다.

다   음

신청사유 :

첨부서류 :

20   .   .   .

               위 채무자   (날인 또는 서명)

                   (연락처   )

○○지방법원   귀중

◇유의사항◇

연락처란에는 언제든지 연락 가능한 전화번호나 휴대전화번호를 기재하고, 그 밖에 팩스번호, 이메일 주소 등이 있으면 함께 기재하기 바랍니다.

D5123

재판예규 제1557호

개인파산 및 면책신청사건의처리에 관한 예규(재민 2005-1)

제1조(목적)

이 예규는 개인파산 및 면책신청사건의 처리에 필요한 사항을 정함을 목적으로 한다.

제2조(파산·면책 동시신청의 접수 및 처리)

① 개인인 신청인이 파산·면책을 동시에 신청하는 경우에 면책신청시 제출하여야 하는 채권자목록은 파산신청시 제출하는 채권자목록으로 갈음할 수 있다.

② 파산신청사건의 사건부호는 "하단", 면책신청사건의 사건부호는 "하면"으로 하여 접수순서 별로 사건번호를 부여한다.

③ 제1항의 면책신청사건은 파산선고 후 진행하고, 파산선고와 면책심문기일 또는 면책신청에 대한 이의기간 지정결정의 공고와 송달은 동시에 할 수 있다.

제2조의2(파산관재인 후보자 명단의 작성 등)

① 개인파산사건을 관할하는 법원은 개인파산사건의 파산관재인 업무를 담당할 파산관재인 후보자 명단을 작성할 수 있다.

② 법원은 제1항의 후보자 명단에 등재된 후보자 전원에게 균등하게 선임될 기회가 부여되도록 하여야 한다.

제2조의3(파산관재인 선임을 희망한 경우 등의 처리)

법원은, 채무자가 파산신청을 하면서 파산관재인 선임을 희망하였거나 채무자에게 면제재산을 초과하는 재산이 있음이 밝혀진 때에는 특별한 사정이 없는 한 바로 파산선고 여부를 결정하여야 한다.

제2조의4(예납기준)

개인파산사건에서 동시폐지를 하지 아니하는 경우의 예납금은(별표 1. 개인파산 예납기준표)에 따라 결정하되, 파산재단의 규모, 부인권 대상 행위의 존부와 수, 파산절차의 예상 소요기간, 재단수집의 난이도, 채권자의 수 등을 고려하여 가감할 수 있고, 증액을 할 경우 특별한 사정이 없는 한 500만 원을 넘을 수 없다.

제2조의5(파산관재인에 대한 평가)

법원은 파산관재인을 선임한 때에는 매년 1회 이상 정기적으로 파산관재인이 수행한 업무의 적정성을 평가하여야 한다. 이 경우 법원은 관리위원회의 의견을 들어야 한다.

제3조(처리기간)

① 법원은 특별한 사정이 없는 한 파산신청일부터 30일 이내에 파산선고 여부를 결정하여야 한다.

② 법원은 특별한 사정이 없는 한 면책신청일(파산신청과 동시에 면책신청을 한 경우에는 파산선고일)부터 60일 이내의 날짜로 면책 심문기일 또는 면책신청에 대한 이의기간을 지정하여야 한다.

제4조(면책신청사건 심리절차)

법원은 법 제562조 제1항의 면책신청에 대한 이의신청기간이 종료되면 다음 각호의 경우를 제외하고 14일 이내에 면책허가 여부를 결정하여야 한다.

1. 면책신청에 대한 이의신청이 있는 때
2. 파산이 취소된 때
3. 채무자가 절차비용을 예납하지 않은 때
4. 채무자에게 법 제564조 제1항 각호의 사유가 있음이 명백한 경우

5. 기타 특별한 사정이 있는 경우

제5조(한국신용정보원의 장에 대한 통보)

① 법원은 다음 각 호의 경우에는 한국신용정보원의 장에게 통보하여야 한다.

1. 면책결정이 확정된 경우

   통보할 사항 : 사건번호, 채무자의 성명, 주민등록번호, 면책결정일, 면책결정 확정일

2. 면책취소결정이 확정된 경우

   통보할 사항 : 사건번호, 채무자의 성명, 주민등록번호, 면책취소결정일, 면책취소결정 확정일

② 제1항의 통보는 전자통신매체를 이용하여 할 수 있다.

제6조(등록기준지 통보)

① 법원은 개인인 채무자에 대하여 다음 각호의 사유가 있는 때에는 채무자의 신원증명업무 관장자인 등록기준지 시(구가 설치된 시에 있어서는 구)·읍·면의 장에게 그 사실을 통보하여야 한다. 다만 제2호 내지 제4호의 사실은 제1호의 사실이 통보된 채무자에 한하여 통보한다.

1. 파산선고가 확정된 때. 다만 채무자가 법 제556조제1항에 따른 면책신청을 하거나 동조 제3항에 따라 면책신청을 한 것으로 보는 경우에는 그 면책신청이 각하·기각되거나 면책불허가결정이 내려지거나 면책취소의 결정이 확정된 때에 한하여 통보한다.

2. 법 제574조제1항제1·2호의 사유가 발생된 때

3. 복권결정이 확정된 때

4. 면책취소의 결정이 확정된 때

② 제1항의 통보는 전자통신매체를 이용하여 할 수 있다.

제7조(공고의 방법)

① 개인파산 및 면책신청 사건에서의 공고는 전자통신매체를 이용한 방법에 의한 공고를 원칙으로 한다.

② 「채무자 회생 및 파산에 관한 규칙」제6조제1항제2호의 규정에 따른 전자통신매체를 이용한 공고는 공고사항을 법원 홈페이지 법원공고란에 게시하는 방법으로 한다.

③ 제2항의 규정에 따른 공고를 한 때에는 법원사무관등은 공고문을 출력하여 기록에 편철하여야 한다.

부 칙

제1조(시행일) 이 예규는 2005. 9. 1.부터 시행한다.

제2조(경과규정) 이 예규는 이 예규 시행당시 법원에 계속 중인 사건에도 적용한다.

부 칙

제1조(시행일) 이 예규는 2006년 4월 1일부터 시행한다.

제2조(다른 예규의 폐지) 파산선고시 본적지 통지여부에 대한 질의(재민 89-1)는 이를 폐지한다.

제3조(경과조치) ①이 예규 시행당시 종전의 「파산법」에 따라 신청한 파산사건 및 면책신청사건은 종전의 예에 의한다.

②제6조(본적지 통보)는 이 예규 시행당시 계속중인 파산사건 및 면책신청사건에도 적용한다.

③제7조(공고의 방법)는 이 예규 시행일 이후에 접수된 개인파산사건 또는 면책신청사건에 한하여 적용한다.

부 칙(2008.01.21. 제1193호)

제1조(시행일) 이 예규는 2008. 1. 21.부터 시행한다.

제2조(경과규정) 이 예규 시행 당시 계속 중인 개인파산사건 및 면

책사건에도 적용한다.

부 칙(2012.12.27. 제1412호)
이 예규는 2013년 1월 1일부터 시행한다.

부 칙(2014.01.21. 제1458호)
제1조(시행일) 이 예규는 즉시 시행한다.
제2조(경과조치) 이 예규는 이 예규 시행 당시 법원에 계속 중인 사건에도 적용한다.

부 칙(2015.12.22 제1557호)
이 예규는 2016년 1월 1일부터 시행한다.

【별표 1. 개인파산 예납기준표】

채무자 부채총액	채무자 예납기준액
1억 원 미만	150만 원
1억 원~3억 원 미만	200만 원
3억 원~5억 원 미만	250만 원
5억 원 이상	300만 원

파산 및 면책 신청서

인지
2000원

신 청 인(채 무 자)

(주민등록번호 :　　　　-　　　　)

주 소 :　　　　　　　　　　　　　　　　　　　(우편번호 :　　-　　　)
거 소 :　　　　　　　　　　　　　　　　　　　(우편번호 :　　-　　　)
송달장소 :　　　　　　　　　　송달영수인 :　　　(우편번호 :　　-　　　)
등록기준지 :
연락처 : 휴대전화(　　　　　), 집전화(　　　　　　), e-mail(　　　　　)

신 청 취 지

1. 신청인에 대하여 파산을 선고한다.
2. 이 사건 파산절차를 폐지한다(또는 파산관재인 선임을 희망한다).
3. 채무자를 면책한다. 라는 결정을 구합니다.

신 청 이 유

1. 신청인에게는 별첨한 진술서 기재와 같이 지급하여야 할 채무가 존재합니다.
2. 그런데 위 진술서 기재와 같은 신청인의 현재 자산, 수입의 상황 하에서는 채무를 지급할 수 없는 상태에 있습니다. (또한 파산재단을 구성할 만한 재산이 거의 없어 파산절차비용에 충당하기에 부족합니다.)
3. 따라서 신청인에 대하여 파산을 선고 (하고, 이 사건 파산절차를 폐지)하며, 채무자를 면책한다. 라는 결정을 구합니다.

첨 부 서 류

1. 가족관계증명서, 혼인관계증명서(단 혼인관계증명서는 최근 2년 이내 이혼한 경우) 각 1부
2. 주소변동내역이 포함된 주민등록등본 1부
3. 진술서(채권자목록, 재산목록, 현재의 생활 상황, 수입 및 지출에 관한 목록 포함) 1부

휴대전화를 통한 정보수신 신청서

위 사건에 관한 파산선고결정, 면책결정 등 정보를 예납의무자가 납부한 송달료 잔액 범위 내에서 휴대전화를 통하여 알려주실 것을 신청합니다.
▣ **휴대전화 번호 :**
　　　　　　　　신청인 채무자　　　　　　　　(날인 또는 서명)

※ 파산선고 및 이의기간지정 결정(또는 면책심문기일 결정), 면책결정이 있으면 신속하게 위 휴대전화로 문자메시지가 발송됩니다. 문자메시지 서비스 이용금액은 메시지 1건당 17원씩 납부된 송달료에서 지급됩니다(송달료가 부족하면 문자메시지가 발송되지 않습니다). 추후 서비스 대상 정보, 이용금액 등이 변동될 수 있습니다.

20○○.　　　.　　　.

신 청 인　　　　　　㊞

파산사건번호	
면책사건번호	
배당순위번호	
재 판 부	제　　단독

○○지방법원　　귀중

　　　　　　　　　　　　　　　　　　D4100

진 술 서

○○지방법원 귀중

신 청 인   (인)

신청인은 다음과 같은 내용을 **사실대로** 진술합니다.
또 본인의 현재의 채무, 자산, 생활의 상황 및 수입 · 지출 등은, 별지 「채권자목록」, 「재산목록」, 「현재의 생활상황」, 「수입 및 지출에 관한 목록」의 각 기재와 같습니다.
위 각 서류에 사실과 다른 내용이 있을 경우 면책불허가될 수 있음을 잘 알고 있습니다.

1. 본인의 과거 경력은 다음과 같습니다.

(1) **최종 학력**

　　　　　 년　　 월　　 일　　　　　　　　학교 (졸업, 중퇴)

(2) **과거 경력(최근의 것부터 기재하여 주십시오)**

　　　　　 년　　 월　　 일부터　　 년　　 월　　 일까지(자영, 근무)

업종＿＿＿＿＿＿＿＿ 직장명＿＿＿＿＿＿＿＿ 직위＿＿＿＿＿＿＿＿

　　　　　 년　　 월　　 일부터　　 년　　 월　　 일까지(자영, 근무)

업종＿＿＿＿＿＿＿＿ 직장명＿＿＿＿＿＿＿＿ 직위＿＿＿＿＿＿＿＿

2. 본인의 현재까지의 생활상황 등은 다음과 같습니다.

(1) **채무의 지급이 곤란할 정도로 경제사정이 어려워진 이후에 일부 채권자에게만 변제한 경험 (있음, 없음) (변제한 채권자의 성명, 변제시기, 금액을 전부 기재하여 주십시오)**

　　＿＿＿＿＿＿＿＿＿＿＿＿＿＿＿＿＿＿＿＿＿＿＿＿＿＿＿＿＿＿＿

　　＿＿＿＿＿＿＿＿＿＿＿＿＿＿＿＿＿＿＿＿＿＿＿＿＿＿＿＿＿＿＿

(2) **사기죄, 사기파산죄, 과태파산죄로 고소되거나 형사재판을 받은 경험 (있음, 없음)**

　　＿＿＿＿＿＿＿＿＿＿＿＿＿＿＿＿＿＿＿＿＿＿＿＿＿＿＿＿＿＿＿

(3) ㉮ **과거에 파산신청을 하였다가 취하하거나 기각당한 경험 (있음, 없음)**

　　　　　 년　　 월　　 일 (　　　　)지방법원에 파산신청을 하였는데 (취하함, 기각당함)

　㉯ **과거에 파산선고를 받은 경험 (있음, 없음)**

　　　　　 년　　 월　　 일 (　　　　)지방법원에서 파산선고를 받음

　㉰ **그 파산선고에 이어서 면책을 받은 경험 (있음, 없음)**

　　　　　 년 월 일 (　　)지방법원에서 면책결정을 받았고, 년 월 일 위 결정이 확정됨

(4) ㉮ **개인회생절차를 이용한 경험 (있음, 없음)(개인회생절차 중이면 기각될 수 있음)**

　　　　　 년　　 월　　 일 (　　　　)지방법원에서 인가결정을 받음(사건번호:　　　　　　)

　　　　　 년　　 월　　 일 (　　　　)지방법원에서 폐지결정을 받음

　　(폐지사유:　　　　　　　　　　　　　　　　　　　　　　　　　　　　)

☆ 폐지사유(예를 들어 소득 감소, 가족 의료비 증가 등)에 관한 소명자료를 첨부하여 주십시오.

(ᄔ) 그 개인회생절차에서 면책을 받은 경험 (있음, 없음)

　　　　년 월 일 ( )지방법원에서 면책결정을 받았고, 년 월 일 위 결정이 확정됨

(5) 슬롯머신, 경마, 경륜, 포커 등 도박행위를 한 경험 (있음, 없음)

▷ 어떤 도박을 하였는지 ( )

▷ 도박을 한 시기 (년 월 일부터 년 월 일까지)

▷ 도박을 한 횟수 및 금액 　　1개월 평균 ( )회, 평균 ( )원 정도

(6) 과거 자신의 월수입의 반 이상이 소요되는 호텔, 콘도, 골프장, 고급 음식점에 다닌 경험
(있음, 없음)

▷ 어떤 곳에 갔는지 ( )

▷ 간 시기 (년 월 일부터 년 월 일까지)

▷ 간 횟수 및 사용금액 　　1개월 평균 ( )회 정도, 평균 ( )원 정도

(7) 과거 2년간 국내 . 해외여행 경험 (있음, 없음)

▷ 여행 횟수 및 사용 금액 　합계 ( ) 회 정도, 총액 ( ) 원 정도

(8) 과거 2년간 500만 원 이상의 물건을 구입한 경험 (있음, 없음)
(물건의 품명, 구입시기, 가격 등을 전부 기재하여 주십시오)

_____

_____

(9) 과거 물건을 할부나 월부로 구입하고 대금을 전부 지급하지 않은 상태에서 처분(매각, 입질 등)을
한 경험 (있음, 없음) (물건의 품명, 구입시기, 가격, 처분 시기 및 방법을 전부 기재하여 주십시오)

_____

_____

(10) 이번 항목은 개인 영업을 경영한 경험이 있는 분만 기재하여 주십시오.

▷ 영업 중 상업장부의 기재

☐ 정확히 기장하였다. 　☐ 부정확하게 기장하였다. 　☐ 기장하지 아니하였다.

▷ 영업 중에 도산을 면하기 위하여 상품을 부당하게 염가로 매각한 사실 (있음, 없음)
(언제 무엇을 매입원가의 몇 %로 할인판매를 하였는지를 기재하여 주십시오)

_____

D4100

3. 채권자와의 상황은 다음과 같습니다.

    (1) 채권자와 채무지급방법에 관하여 교섭한 경험 (있음, 없음)

        ▷ 그 결과 합의가 성립된 채권자수 (　　　)명

        ▷ 합의에 기하여 지급한 기간 (　　년　　월　　일부터　　　년　　월　　일까지)

        ▷ 매월 지급한 총액　　1개월 평균 (　　　)원 정도

        ▷ 지급 내역 (누구에게 얼마를 지급하였는지를 기재하여 주십시오)

    ——————————————————————————————————————

    (2) 소송 . 지급명령 . 압류 . 가압류 등을 받은 경험 (있음, 없음)

        ▷ (　　　)지방법원 (　　　)지원　　사건번호 (　　　　호)　상대방(　　　)

        ▷ (　　　)지방법원 (　　　)지원　　사건번호 (　　　　호)　상대방(　　　)

4. 파산신청에 이르게 된 사정(채무 증대의 경위 및 지급이 불가능하게 된 사정)(□안에 √ 표시)

    (1) 많은 채무(연대보증에 의한 채무나 신용카드 이용에 의한 채무를 포함한다)를 지게 된 이유는 다음과 같습니다(두 가지 이상 선택 가능).

    □ 생활비 부족 (부양가족수 :　　　　　), (부족한 생활비 : 주거비, 의료비, 교육비, 기타　　　)

    □ 주택구입자금 차용 (주택 구입 시기 :　　　　　　), (주택 처분 시기 :　　　　　)

      구입한 주택의 명세 :　　　　　　　　　　　　　　)

    □ 낭비 등(음식 . 음주, 투자 . 투기, 상품 구입, 도박 등)

    □ 사업의 경영 파탄 (다단계 사업 포함) (사업 시기 :　　년　월　일부터　　년　월　일까지)

      (사업 종류 :　　　　　　　　　　　　　　　　　)

    □ 타인(친족, 지인, 회사 등)의 채무 보증

    □ 사기 피해를 당함 (기망을 한 사람 및 채무자와의 관계 :　　　,　　　) (피해액수 :　　　원)

    □ 그 밖의 사유 :

    (2) 지급이 불가능하게 된 계기는 다음과 같습니다(두 가지 이상 선택 가능)

    □ 변제해야 할 원리금이 불어나 수입을 초과하게 됨

    □ 실직함

    □ 경영 사정 악화로 사업 폐업함

    □ 급여 또는 사업 소득이 감소됨

    □ 병에 걸려 입원함

    □ 그 밖의 사유 :

    (3) <u>지급이 불가능하게 된 시점 :　　　년　월　일</u>

　　　　　　　　　　　　　　　　　　　D4100

(4) 구체적 사정

시기(연월일)	채권자, 차용(보증) 액수, 차용한 돈의 사용처, 지급이 불가능하게 된 사정 등

(언제, 어떠한 사정 하에 누구로부터 얼마를 차용하여 어디에 사용하였는지, 언제 어떠한 사정 하에 무엇을 구입하였는지, 어떠한 사정 하에 지급이 불가능하게 되었는지를 오래된 것부터 시간 순서에 따라 기재하여 주십시오. 별지를 사용하여도 됩니다.)

1.1.1. 5. 지급이 불가능하게 된 시기 이후에 차용하거나 채무가 발생한 사실 (있음, 없음)

시기(연월일)	차용(채무 발생) 원인, 금액, 조건 등

(있다면 차용 또는 채무발생의 시기, 원인, 금액, 조건 등을 기재하여 주십시오. 별지를 사용하여도 됩니다.)

D4100

채권자목록

순번	채권자명	차용 또는 구입일자	발생 원인	최초 채권액	사용처	보증인	잔존 채권액	
							잔존 원금	잔존 이자· 지연손해금

※채권의 '발생원인'란에는 아래 해당번호를 기재함 ①금원차용(은행대출,사채 포함), ②물품구입(신용카드에 의한 구입 포함), ③보증(피보증인 기재), ④기타	합계	잔존 원금	잔존 이자· 지연손해금

채권자목록 기재요령

※양식※

순번	채권자명	차용 또는 구입일자	발생원인	최초 채권액	사용처	보증인	잔존 채권액	
							잔존 원금	잔존 이자·지연손해금
1	00카드(주)	01.1.7-05.1.31	②	6,000,000	생활비	김 이 순	5,234,567	789,456
1-1	김 이 순	02.5.8	①	6,000,000			미정	미정
2	00은행(주)	02.5.8	①	10,000,000	창업자금		10,000,000	2,456,789
9	허 00	03.6.9	①	5,000,000	병원치료비		5,000,000	1,150,000

※채권의 '발생원인'란에는 아래 해당번호를 기재함 ①금원차용(은행대출,사채 포함), ②물품구입(신용카드에 의한 구입 포함), ③보증(피보증인 기재), ④기타	합계	잔존 원금	잔존 이자·지연손해금
	24,630,812	20,234,567	4,396,245

※ 기재요령 ※

채권자목록에 기재하여야 할 사항을 한 가지라도 기재하지 아니하거나 허위 또는 부정확하게 기재하는 경우에는 파산. 면책절차가 진행되지 아니하거나 면책절차에서 불리하게 작용할 수 있으니 주의하시기 바랍니다.

1. 채권자목록은 채무별로 순번을 달리하여 기재하십시오. 다만, 같은 채권자에 대한 여러 개의 채무는 연이어 기재하되, 발생 원인이 오래된 것부터 날짜 순서에 따라 기재하십시오.

2. 『채권자명』란에는 법인과 개인을 구분하여 채권자의 성명이나 법인명칭을 정확히 기재하십시오.

   채권자의 성명은 **가족관계증명서** 또는 주민등록등본이나 법인등기부등본상 주소와 일치하여야 하며, 법인의 경우에는 대표자까지 기재하여야 합니다(※잘못된 기재례 : 순이 엄마, 영주댁, ○○상사).

3. 채무자를 위하여 보증을 해 준 사람이 있으면 그 보증인도 『보증인』란에 정확하게 기재하여야 합니다. 보증으로 인한 구상채무는 보증인이 보증한 채무의 바로 다음에 기재하되, 『순번』란에는 보증한 채권의 순번에 가지번호를 붙여 표시하고, 『잔존채권액.잔존원금 / 잔존 이자.지연손해금』란에는 '미정'이라고 기재하십시오.

4. 『차용 또는 구입일자』란에는 원래 차용 또는 구입일자를 기재하고 채권양도시 양도일자를 그 옆에 ( )를 표시하여 추가하며, 『발생원인』란에는 표 하단에 기재된 발생원인의 해당번호를, 『최초 채권액』란에는 채무발생 당시의 금액을, 『사용처』란에는 구체적 사용용도 또는 구입물품을 각 기재하십시오.

5. 『잔존 채권액.잔존원금 / 잔존 이자.지연손해금』란에는 파산신청(면책신청) 당시까지 채무자(채무자)가 갚지 못하고 있는 채무의 원금과 이자·지연손해금을 각 채권자별로 구분하여 기재하고, 하단의 『합계』란에는 채무의 총액을 기재하며, 『잔존원금』,『잔존이자.지연손해금』란에는 각각의 합계액을 반드시 기재하십시오.

D4100

채권자의 주소

1. 채권자의 주소는 신청일 당시의 주소로 번지까지 정확하게 기재하고, 채무자를 위하여 **보증을 해 준 사람이 있으면 그 보증인의 주소까지 정확히 기재하여야 합니다.**
2. 채권자가 금융기관이나 기타 법인인 경우에는 본점 소재지 또는 거래지점의 소재지를 정확하게 기재하여야 합니다.

순번	채권자명	주소	전화번호	팩스	비고 (우편번호)

D4100

재 산 목 록

※ 먼저, 다음 재산목록 요약표에 해당재산이 있는지 √하고, 「□ 있음」에 √한 경우에는 아래 해당 항목에서 자세히 기재바랍니다. 이 양식을 파일형태로 이용할 경우 아래 표 중 에「□ 있음」에 √한 부분만 출력하여 제출하여도 됩니다. 따라서 모두 「□ 없음」에 √한 경우에는 아래 표 다음 부분을 생략할 수 있습니다 (실제로는 재산 처분이 있었음에도 불구하고 '지급불가능 시점의 1년 이전부터 현재까지 재산 처분 여부'의 '없음'에 √해 놓고는 부동산등기부등본 등 소명자료를 뒷부분에 편철해놓는 경우가 있는데 이와 같이 재산목록 요약표와 소명자료 또는 진술서의 기재내용이 서로 불일치한 경우에는 허위진술 내지 불성실한 신청으로 간주되어 불이익한 처분을 받을 수 있습니다).

재산목록 요약표

1. 현금	□있음 □없음	6. 매출금	□있음 □없음	11. 지급불가능 시점의 1년 이전부터 현재까지 재산 처분 여부	□있음 □없음
2. 예금	□있음 □없음	7. 퇴직금	□있음 □없음	12. 최근 2년간 받은 임차보증금	□있음 □없음
3. 보험	□있음 □없음	8. 부동산	□있음 □없음	13. 이혼재산분할	□있음 □없음
4. 임차보증금	□있음 □없음	9. 자동차·오토바이	□있음 □없음	14. 상속재산	□있음 □없음
5. 대여금	□있음 □없음	10. 기타 재산(주식, 특허권, 귀금속 등)	□있음 □없음	15. 친족의 재산	□있음 □없음
파산관재인 선임 희망 여부	□ 희망 □ 불희망				

1. 현금 : 금액 (원)

2. 예금

금융기관명(   ) 계좌번호(   ) 잔고 (원)

금융기관명(   ) 계좌번호(   ) 잔고 (원)

☆ 은행 이외의 금융기관에 대한 것도 포함합니다.

☆ 예금잔고가 소액이라도 반드시 기재하고 파산신청시의 잔고(정기예금분을 포함)와 최종 금융거래일로부터 과거 6개월간의 입출금이 기장된 통장 사본 또는 예금거래내역서를 첨부하여 주십시오.

3. 보험(생명보험, 화재보험, 자동차보험 등)

보험회사명(   ) 증권번호(   ) 해약반환금 (원)

보험회사명(   ) 증권번호(   ) 해약반환금 (원)

☆ 파산신청 당시에 가입하고 있는 보험은 해약반환금이 없는 경우에도 반드시 전부 기재하여 주십시오.

☆ 보험증권사본과 파산신청시의 해약반환금 예상액(없는 경우에는 없다는 사실)을 기재한 보험회사 작성의 증명서를 첨부하여 주십시오.

4. 임차보증금

임차물건(   ), 임차보증금 (원), 반환예상금 (원)

☆ 반환예상금란에는 채무자가 파산신청일을 기준으로 임대인에게 임차물건을 명도할 경우 임대인으로부터 반환 받을 수 있는 임차보증금의 예상액을 기재하여 주십시오.

☆ 임대차계약서의 사본 등 임차보증금 중 반환예상액을 알 수 있는 자료를 첨부하여 주십시오.

☆ 상가 임대차의 경우에는 권리금이 있으면 반드시 권리금 액수를 기재해 주시기 바랍니다.

5. 대여금 . 구상금 . 손해배상금 . 계금 등

채무자명(   ) 채권금액 (   ) 회수가능금액 (원)

채무자명(   ) 채권금액 (   ) 회수가능금액 (원)

☆ 계약서의 사본 등 대여금 등을 알 수 있는 자료를 첨부하고, 변제 받는 것이 어려운 경우에는 그 사유를 기재한 진술서 및 소명자료를 첨부하여 주십시오(회수가 어렵다고 하더라도 반드시 기재하시고, 대여금뿐만 아니라 구상금, 손해배상금, 계금 등 어떠한 명목으로라도 제3자로부터 받아야 할 돈이 있으면 기재하시기 바랍니다).

6. 매출금(개인사업을 경영한 사실이 있는 분은 현재까지 회수하지 못한 매출금 채권)

채무자명(   ) 채권금액 (원) 회수가능금액 (원)

채무자명(   ) 채권금액 (원) 회수가능금액 (원)

☆ 영업장부의 사본 등 매출금을 알 수 있는 자료를 첨부하고, 변제 받는 것이 곤란한 경우에는 그 사유를 기재한 진술서 및 소명자료를 첨부하여 주십시오.

7. 퇴직금

근무처명(   )   퇴직금예상액 (원)

☆ 파산신청시에 퇴직하는 경우에 지급 받을 수 있는 퇴직금예상액(퇴직금이 없는 경우에는 그 취지)을 기재한 사용자 작성의 증명서를 첨부하여 주십시오. 만일 퇴직금채권을 담보로 하여 돈을 차용하였기 때문에 취업규칙상의 퇴직금보다 적은 액수를 지급 받게 되는 경우에는 차용에 관한 자료를 첨부하여 주십시오.

8. 부동산(토지와 건물)

종류(토지 . 건물)   소재지 (   )

시   가 (원) 등기된 담보권의 피담보채권 잔액(원)

종류(토지 .건물)   소재지 (   )

시   가 (원) 등기된 담보권의 피담보채권 잔액(원)

☆ 등기부등본 등과 재산세과세증명서, 인근 중개업소나 인터넷에서 확인한 적어도 2곳 이상의 시가확인서 등 시가증명자료를 첨부하여 주십시오.

☆ 저당권 등 등기된 담보권에 대하여는 은행 등 담보권자가 작성한 피담보채권의 잔액증명서 등의 증명자료를 첨부하여 주십시오(가압류나 압류는 등기된 담보권이 아니므로 그 가액을 표시할 때는 가압류나 압류임을 명시하여 주시기 바랍니다).

☆ 경매진행 중일 경우에는 경매절차의 진행상태를 알 수 있는 자료를, 배당이 완료된 경우에는 배당표를 제출하여 주십시오.

D4100

9. 자동차(오토바이를 포함한다)

차종 및 연식(   )   등록번호(   )   시가 (원)
등록된 담보권의 피담보채권 잔액(원)

☆ 자동차등록원부와 시가 증명자료를 첨부하여 주십시오.

10. 기타 재산적 가치가 있는 중요 재산권(주식, 회원권, 특허권, 귀금속, 미술품 등)

품목명(   )   시가 (원)
품목명(   )   시가 (원)

11. 진술서 4.(3) 기재 지급 불가능 시점의 1년 이전부터 현재까지 사이에 처분한 1,000만
원 이상의 재산(다만, 여러 재산을 처분한 경우 그 합계액이 1,000만 원 이상이면 모두 기
재하여야 하고, 부동산은 1,000만 원 미만이라도 기재하여야 한다.)

_____

_____

☆ 처분의 시기, 대가 및 대가의 사용처를 상세히 기재하여 주시기 바랍니다. 그리고 여기서 말하는 재산
  의 처분에는 보험의 해약, 정기예금 등의 해약, 퇴직에 따른 퇴직금수령 등도 포함합니다. 주거이전에
  따른 임차보증금의 수령에 관하여는 다음의 12항에 기재하여 주시기 바랍니다.
☆ 특히 부동산이나 하나의 재산의 가액이 1,000만 원 이상의 재산을 처분한 경우에는 처분시기와 대가를
  증명할 수 있는 등기부등본, 계약서사본, 영수증사본과 처분대가의 사용처를 증명할 수 있는 자료를 첨부
  하시기 바랍니다(경매로 처분된 경우에는 배당표를 제출하여 주십시오).

12. 최근 2년 이내에 주거이전에 따른 임차보증금을 수령한 사실

_____

☆ 임대차계약서사본과 수령한 임차보증금의 사용처를 증명할 수 있는 자료를 첨부하시기 바랍니다.

13. 최근 2년 이내에 이혼에 따라 재산분여(할)한 사실

_____

☆ 분여한 재산과 그 시기를 기재하여 주십시오. 그리고 분여한 재산의 가치를 나타내는 자료를 첨부하여
  주시기 바랍니다(이혼 당시 배우자의 보유 재산이 어느 정도인지 아래 15.항의 양식을 참조하여 기재하
  여 주십시오).

14. 친족의 사망에 따라 상속한 사실

          년   월   일 부 . 모_____의 사망에 의한 상속

D4100

상속상황

    ㉠ 상속재산이 전혀 없었음

    ㉡ 신청인의 상속포기 또는 상속재산 분할에 의하여 다른 상속인이 모두 취득하였음

    ㉢ 신청인이 전부 또는 일부를 상속하였음

주된 상속재산과 그 처분의 경과

_____

_____

☆ ㉡ 또는 ㉢항을 선택한 분은 주된 상속재산을 기재하여 주시기 바랍니다.

☆ ㉡항을 선택한 분은 다른 상속인이 주된 상속재산을 취득하였다는 사실을 증명하는 자료를 첨부하여 주십시오. 부동산인 경우에는 다른 상속인이 소유자로 되어 있는 등기부등본을 첨부하여 주십시오.

☆ ㉢항을 선택한 분으로 상속한 주된 재산을 이미 처분한 분은 그 처분의 경과와 대가의 사용처를 상세히 기재하고, 그 사실을 증명하는 자료를 첨부하여 주십시오.

15. 배우자, 부모, 자녀 명의의 1,000만 원 이상의 재산(1인 명의 재산이 1,000만 원 이상일 때)

재산의 종류 (   )

재산의 명의자 (   ), 채무자와의 관계 (   )

재산의 시가   (   ), 재산에 관한 피담보채무 (   )

재산 취득 시기 (   )

재산 취득 자금 마련 경위 (   )

☆ 재산이 부동산인 경우에는 등기부등본 등과 재산세과세증명서, 인근 중개업소나 인터넷에서 확인한 적어도 2곳 이상의 시가확인서 등 시가증명자료를 첨부하여 주십시오.

☆ 재산 취득시기가 지급이 불가능하게 된 시점으로부터 2년 이내인 경우에는 재산 취득 자금 마련 경위에 관한 소명자료(예를 들어 재산 명의자의 취득 자금에 관한 금융 거래 명세 등)를 첨부하여 주십시오.

               D4100

현재의 생활상황

1. 현재의 직업【 자영, 고용, 무직 】

업종 또는 직업(   )   직장 또는 회사명 (   )

지 위 (   )   취 직 시 기   (년   월)

2. 수입의 상황(신청인의 월수입 합계   원)

자영수입(원) → 종합소득세 확정신고서(최근 2년분)를 첨부하여 주십시오.

월 급여 (원) → 급여증명서(최근 2년분)와 근로소득세 원천징수영수증의 사본을 첨부
하여 주십시오.

연   금 (원) → 수급증명서를 첨부하여 주십시오.

생활보호(원) → 수급증명서를 첨부하여 주십시오.

기   타 (원) → 구체적으로 기재하고 수입원을 나타내는 자료를 첨부하여 주십시오.

3. 가족 . 동거인의 상황

성명	신청인과의 관계	연령	동거여부	직업	월수입
		세	동거 · 별거		원
		세	동거 · 별거		원
		세	동거 · 별거		원
		세	동거 · 별거		원
		세	동거 · 별거		원
		세	동거 · 별거		원

☆ 가족 . 동거인 중 수입이 있는 자에 대하여는 2항과 마찬가지로 급여명세서사본, 종합소득세확정신고서
등을 첨부하여 주십시오.

D4100

4. 주거의 상황

거주를 시작한 시점 (년   월   일)

거주관계 : 아래 ㉠ - ㉥ 중 선택 (   )

     ㉠ 임대 주택(신청인 이외의 자가 임차한 경우 포함)

     ㉡ 사택 또는 기숙사

     ㉢ 신청인 소유의 주택

     ㉣ 친족 소유의 주택에 무상으로 거주

     ㉤ 친족 이외의 자 소유의 주택에 무상으로 거주

     ㉥ 기타 (   )

㉠, ㉡항을 선택한 분에 대하여,

    관리비를 포함한 임대료 (원) 임대보증금 (원)

    연체액   (원)

    신청인 이외의 자가 임차인인 경우 임차인 성명 (   ) 신청인과의 관계 (   )

㉣, ㉤항을 선택한 분에 대하여,

    소유자 성명 (   )   신청인과의 관계 (   )

신청인 이외의 자가 소유자이거나 임차인인데 함께 거주하지 않는 경우 그 경위를 기재하십시오.
(   )

☆ ㉠ 또는 ㉡항을 선택한 분은 임대차계약서 또는 사용허가서 사본을 첨부하여 주시기 바랍니다.

☆ ㉢ 또는 ㉣항을 선택한 분은 등기부등본을 첨부하여 주십시오.

☆ ㉣ 또는 ㉤항을 선택한 분은 소유자 작성의 거주 증명서를 첨부하여 주십시오.

5. 조세 등 공과금의 납부 상황(체납 조세가 있는 경우 세목 및 미납액을 기재하십시오)

소득세   미납분 (없음   있음 ― 미납액   원)

주민세   미납분 (없음   있음 ― 미납액   원)

재산세   미납분 (없음   있음 ― 미납액   원)

의료보험료 미납분 (없음   있음 ― 미납액   원)

국민연금   미납분 (없음   있음 ― 미납액   원)

자동차세   미납분 (없음   있음 ― 미납액   원)

기타 세금 미납분 (없음   있음 ― 미납액   원)

수입 및 지출에 관한 목록

1. 가계수지표(2007. . 월분)(신청일이 속한 달의 직전 달 기준)

수입			지출	
항 목		금 액	항 목	금 액
급여 또는 자영 수입	신청인	원	주거비(임대료,관리비 등)	원
	배우자	원	식비(외식비 포함)	원
	기타( )	원	교육비	원
연금	신청인	원	전기 · 가스 · 수도료	원
	배우자	원	교통비(차량유지비 포함)	원
	기타( )	원	피복비	원
생활보호		원	의료비	원
기타		원	기타	원
수입합계		원	지출합계	원

2. 채무자의 가용소득(개인회생절차를 신청할 경우 소득에서 생계비를 뺀 나머지 소득)

구분		금액(단위 : 원)					
1	채무자의 월 평균 소득[1]						
2	생계비(기준 중위소득의 100분의 60[2])	1인 가구	2인 가구	3인 가구	4인 가구	5인 가구	6인 가구
		974,898	1,659,962	2,147,411	2,634,860	3,122,310	3,609,759
	부양가족 이름, 연령, 관계						
3	채무자의 가용소득 (1 - 2)						

---

[1] 최근 1년 동안의 대략적인 소득을 평균하여 기재하십시오.
[2] 본인을 포함한 부양가족(스스로 기준 중위소득의 40% 이상의 소득을 올리는 사람은 부양가족이 아닙니다)의 수에 해당하는 곳에 ○ 표 하십시오.

(전산양식 A5602) 파산신청서(채무자가 별도로 면책을 신청할 경우)

파 산 신 청 서

인지
1000원

신 청 인(채 무 자)   (주민등록번호 :   )
  주 소 :   (우편번호 :   -   )
  거 소 :   (우편번호 :   -   )
  송달장소 :   송달영수인 :   (우편번호 :   -   )
  <u>등록기준지 :</u>
  연락처 : 휴대전화(   ). 집전화(   ). e-mail(   )

신 청 취 지
1. 신청인에 대하여 파산을 선고한다.
2. 이 사건 파산절차를 폐지한다.

신 청 이 유
1. 신청인에게는 별첨한 진술서 기재와 같이 지급하여야 할 채무가 존재합니다.
2. 그런데 위 진술서 기재와 같은 신청인의 현재 자산, 수입의 상황 하에서는 채무를 지급할 수 없는 상태에 있습니다.(또한 파산재단을 구성할 만한 재산이 거의 없어 파산절차비용에 충당하기에 부족합니다.)
3. <u>이 사건 파산신청에 면책신청의 효과가 법률상 부여되는 것을 원하지 않습니다. 면책신청은 추후 별도로 하겠습니다.</u>

첨 부 서 류
  1. 가족관계증명서,및 혼인관계증명서(단 혼인관계증명서는 최근 2년 이내에 이혼한 경우) 각·1부   2. 주소변동내역이 포함된 주민등록등본 1부
  3. 진술서(채권자목록, 재산목록, 현재의 생활 상황, 수입 및 지출에 관한 목록 포함) 1부

휴대전화를 통한 정보수신 신청서

  위 사건에 관한 파산선고결정 정보를 예납의무자가 납부한 송달료 잔액 범위 내에서 휴대전화를 통하여 알려주실 것을 신청합니다.
  ■ **휴대전화 번호 :**

           신청인 채무자   (날인 또는 서명)

※ 파산선고결정이 있으면 신속하게 위 휴대전화로 문자메시지가 발송됩니다.
※ 문자메시지 서비스 이용금액은 메시지 1건당 17원씩 납부된 송달료에서 지급됩니다(송달료가 부족하면 문자메시지가 발송되지 않습니다). 추후 서비스 대상 정보, 이용금액 등이 변동될 수 있습니다.

20○○.   .   .
신 청 인   ㊞

파산사건번호	
배당순위번호	
재 판 부	제 단독

○○지방법원   귀중

※ 주의 : 본 신청서를 이용한 경우에는 파산선고 확정일부터 1개월 내에 면책신청을 별도로 제기하여야 면책절차가 진행됨을 유의하여야 합니다.

                D4100

파산신청서

인지
30,000원

신청인(채권자)
성 명 :
주 소 :   (우편번호 :   -   )
송달장소 :   송달영수인 :   (우편번호 :   -   )
연락처 : 휴대전화(   ), 집전화(   ), e-mail(   )
채 무 자
성 명 :   (주민등록번호 :   -   )
주 소 :   (우편번호 :   -   )
등록기준지 :

신 청 취 지

1. 채무자에 대하여 파산을 선고한다.

신 청 이 유

1. 신청인은 채무자에 대해 별첨 소명자료와 같은 금 ○○원의 채권이 있습니다.
2. 이하 채무자의 지급불능 상태에 대한 자세한 진술을 기재하기 바랍니다.

첨 부 서 류

1. 채무자의 주민등록등본 및 가족관계증명서, 혼인관계증명서(단 혼인관계증명서는 최근 2년 이내 이혼한 경우) 각 1부
2. 채무자에 대한 채권 소명자료
3. 채무자의 지급불능상태 소명자료(재산명시조서 등)

휴대전화를 통한 정보수신 신청서

위 사건에 관한 파산선고결정 정보를 예납의무자가 납부한 송달료 잔액 범위 내에서 휴대전화를 통하여 알려주실 것을 신청합니다.
■ **휴대전화 번호 :**
          신청인 채권자   (날인 또는 서명)

※ 파산선고결정이 있으면 신속하게 위 휴대전화로 문자메시지가 발송됩니다.
※ 문자메시지 서비스 이용금액은 메시지 1건당 17원씩 납부된 송달료에서 지급됩니다(송달료가 부족하면 문자메시지가 발송되지 않습니다). 추후 서비스 대상 정보, 이용금액 등이 변동될 수 있습니다.

---

20   .   .   .
신청인   ㊞

파산사건번호	
배당순위번호	
재 판 부	제 단독

○○지방법원   귀중

[전산양식 A5604]

면 책 신 청 서

인지
1000원

신 청 인(채 무 자)　　　　　(주민등록번호 :　　　-　　　)
　주 소 :　　　　　　　　　　　　　　　　　(우편번호 :　-　　)
　거 소 :　　　　　　　　　　　　　　　　　(우편번호 :　-　　)
　송달장소 :　　　　　　　송달영수인 :　　　(우편번호 :　-　)
　등록기준지 :
　연락처 : 휴대전화(　　　　　), 집전화(　　　　　　), e-mail(　　　)

신 청 취 지

채무자를 면책한다.

신 청 이 유

　신청인은 귀원 20○○하단○○○호 파산선고 사건에서 20○○. ○. ○. 파산선고결정을 받고 면책결정을 받기 위하여 이 사건 신청에 이르렀습니다.

첨 부 서 류

1. 진술서
2. 채권자목록

휴대전화를 통한 정보수신 신청서

　위 사건에 관한 면책결정 정보를 예납의무자가 납부한 송달료 잔액 범위 내에서 휴대전화를 통하여 알려주실 것을 신청합니다.
■ 휴대전화 번호 :
　　　　　　　　신청인　채무자　　　　　　　(날인 또는 서명)

※ 면책결정이 있으면 신속하게 위 휴대전화로 문자메시지가 발송됩니다.
※ 문자메시지 서비스 이용금액은 메시지 1건당 17원씩 납부된 송달료에서 지급됩니다(송달료가 부족하면 문자메시지가 발송되지 않습니다). 추후 서비스 대상 정보, 이용금액 등이 변동될 수 있습니다.

---

20 .　.　.

신 청 인　　　　㊞

면책사건번호	
배당순위번호	
재 판 부	제　　　단독

○○지방법원　　귀중

진 술 서

○○지방법원   귀중

신청인(채무자)   (인)

신청인은 귀원 20 하면○○호 면책사건에 관하여 다음과 같이 사실대로 진술합니다.

(다음 각 항 중 ㉠, ㉡ 중에서 해당하는 항목에 ○표를 하고 필요한 사항을 간략하게 개략적인 기재를 하여 주십시오.)

제1 채무를 전부 변제하는 것이 불확실하다고 생각되기 시작한 시기와 그 이유

　　(상세하게 쓰시기 바랍니다. 별지를 사용하여도 됩니다.)

제2 파산선고를 받게 된 사정

　㉠ 파산사건 심리시에 제출한 서류의 기재 및 법원에서의 진술과 같다.

　㉡ 위 서류의 기재 및 진술에 부가 또는 정정할 것이 있다.

제3 파산선고를 받기까지 채무자의 채무변제를 위한 노력 내용

　　(상세하게 쓰시기 바랍니다. 별지를 사용하여도 됩니다.)

제4 파산종결 후의 경과

　(1) 현재의 직업(근무처 및 직종)

　(2) 월수입(   )

　(3) 파산종결 후 채무변제의 유무

　　㉠ 있음(누구에게 얼마를 변제하였는지 여부를 구체적으로 기재하시기 바랍니다)

　　㉡ 없음

제5 현재까지의 생활 상황 등(가족 포함)

　　(본인은 물론 가족들의 생활 상황을 상세히 기재하여 주십시오. 별지를 사용하여도 됩니다.)

☆ 이 진술서는 채무자 본인(면책신청인)이 직접 기재하고 날인한 후 법원에 제출하여 주시기 바랍니다.

D4100

채권자목록

순번	채권자명	차용 또는 구입일자	발생원인	최초 채권액	사용처	보증인	잔존 채권액	
							잔존 원금	잔존 이자·지연손해금

※채권의 '발생원인'란에는 아래 해당번호를 기재함
　①금원차용(은행대출,사채 포함), ②물품구입(신용카드에 의한 구입 포함), ③보증(피보증인 기재), ④기타

합계	잔존 원금	잔존 이자·지연손해금

D4100

채권자목록 기재요령

※양식※

순번	채권자명	차용 또는 구입일자	발생원인	최초 채권액	사용처	보증인	잔존 채권액	
							잔존 원금	잔존 이자·지연손해금
1	00카드 (주)	01.1.7- 05.1.31	②	6,000,000	생활비	김이순	5,234,567	789,456
1-1	김이순	02.5.8	①	6,000,000			미정	미정
2	00은행 (주)	02.5.8	①	10,000,000	창업자금		10,000,000	2,456,789
9	허00	03.6.9	①	5,000,000	병원치료비		5,000,000	1,150,000

※채권의 '발생원인'란에는 아래 해당번호를 기재함 ①금원차용(은행대출,사채 포함), ②물품구입(신용카드에 의한 구입 포함), ③보증(피보증인 기재), ④기타	합계	잔존 원금	잔존 이자·지연손해금
	24,630,812	20,234,567	4,396,245

※ 기재요령 ※

채권자목록에 기재하여야 할 사항을 한 가지라도 기재하지 아니하거나 허위 또는 부정확하게 기재하는 경우에는 파산·면책절차가 진행되지 아니하거나 면책절차에서 불리하게 작용할 수 있으니 주의하시기 바랍니다.

1. 채권자목록은 채무별로 순번을 달리하여 기재하십시오. 다만, 같은 채권자에 대한 여러 개의 채무는 연이어 기재하되, 발생   원인이 오래된 것부터 날짜 순서에 따라 기재하십시오.

2.『채권자명』란에는 법인과 개인을 구분하여 채권자의 성명이나 법인명칭을 정확히 기재하십시오.

   채권자의 성명은 가족관계증명서 또는 주민등록등본이나 법인등기부등본상 주소와 일치하여야 하며, 법인의 경우에는 대표자   까지 기재하여야 합니다(※잘못된 양식 : 순이 엄마, 영주댁, ○○상사).

3. 채무자(채무자)를 위하여 보증을 해 준 사람이 있으면 그 보증인도 『보증인』란에 정확하게 기재하여야 합니다. 보증으로 인한 구상채무는 보증인이 보증한 채무의 바로 다음에 기재하되, 『순번』란에는 보증한 채권의 순번에 가지번호를 붙여 표시하고, 『잔존채권액.잔존원금 / 잔존 이자.지연손해금』란에는 '미정'이라고 기재하십시오.

4. 『발생원인』란에는 표 하단에 기재된 발생원인의 해당번호를, 『최초 채권액』란에는 채무발생 당시의 금액을, 『사용처』란에는 구체적 사용용도 또는 구입물품을 각 기재하십시오.

5. 『잔존 채권액.잔존원금 / 잔존 이자.지연손해금』란에는 파산신청(면책신청) 당시까지 채무자(채무자)가 갚지 못하고 있는 채무의 원금과 이자·지연손해금을 각 채권자별로 구분하여 기재하고, 하단의 『합계』란에는 채무의 총액을 기재하며, 『잔존원금』,『잔존 이자.지연손해금』란에는 각각의 합계액을 기재하십시오.

채권자의 주소

1. 채권자의 주소는 최근주소로 번지까지 정확하게 기재하고, 채무자를 위하여 **보증을 해 준 사람이 있으면 그 보증인도 채권자로서 주소까지 정확히 기재하여야 합니다.**
2. 채권자가 금융기관이나 기타 법인인 경우에는 본점 소재지 또는 거래지점의 소재지를 정확하게 기재하여야 합니다.

순번	채권자명	주소	전화번호	팩스	비고 (우편번호)

D4100

복 권 신 청 서

<table>
<tr><td>인지
1000원</td></tr>
</table>

신 청 인(채 무 자)   (주민등록번호 :   -   )

주 소 :   (우편번호 :   -   )
거 소 :   (우편번호 :   -   )
송달장소 :   송달영수인 :   (우편번호 :   -   )
<u>등록기준지 :</u>
연락처 : 휴대전화(   ), 집전화(   ), e-mail(   )

신 청 취 지

'채무자를 복권한다.'라는 결정을 구합니다.

신 청 이 유

1. 신청인은 서울중앙지방법원 20○○. ○. ○.자 20○○하단○○○○ 결정으로 파산선고를 받고, 같은 법원 20○○. ○. ○.자 20○○하면○○○○ 결정으로 일부면책(또는 면책불허가)결정을 받았습니다.

2. 신청인은 그 후 파산채권자에 대한 잔존 채무를 모두 변제하였습니다.

3. 따라서'채무자를 복권한다.'라는 결정을 구합니다.

첨 부 서 류

1. <u>가족관계증명서</u> 및 주민등록등본 각 1부
2. 파산선고결정등본 및 일부면책(면책불허가)결정등본 각 1부
3. 파산선고 당시 채권자에 대한 채무변제 등으로 변제책임이 소멸되었다는 자료

20 .   .   .

신 청 인   ㊞

<table>
<tr><td>복권사건번호</td><td colspan="3"></td></tr>
<tr><td>배당순위번호</td><td colspan="3"></td></tr>
<tr><td>재 판 부</td><td>제</td><td>단독</td></tr>
</table>

○○지방법원   귀중

소송구조신청서

(개인파산·면책 및 개인회생사건 소송구조 신청)

수입인지 1,000원
송달료 2회분

구조대상사건 : □ 20　　하단　　호 및 20　　하면　　　호
　　　　　　　□ 20　　하면　　호 및 이에 관한 면책사건
　　　　　　　□ 20　　개회　　호

신청인(채무자)　○○○
　　　　　주소 :
　　　　　전화, 휴대폰, 팩스번호 :

신청인은 위 사건에 관하여 아래와 같은 사유로 소송구조를 신청합니다.

1. 구조를 신청하는 범위
　　□ 송달료

2. 구조가 필요한 사유
　　□ 「국민기초생활보장법」에 따른 수급자(수급자 증명서)
　　□ 「국민기초생활보장법」에서 정한 가구별 기준 중위소득의 100분의 60 이하 소득자임을
　　　　소명(근로소득원천징수영수증, 급여명세서 등 객관적 증빙서류)
　　□ 「한부모가족지원법」에 따른 지원대상자(한부모가족 증명서)
　　□ 60세 이상인 자(개인별주민등록표 등본)
　　□ 「장애인복지법」에 따른 장애인(장애인 증명서 또는 장애인 복지카드)
3. 첨부서류
　　소송구조 대상사유에 관한 증빙자료

　　　　　　　　　　　　　20 ． ． ．

　　　　　　　　신청인(채무자)　　　○ ○ ○

　　　　　　　　　　　　　　　　　　○○지방법원 제○부(단독) 귀중

[전산양식 D4106] 소송구조신청서

소송구조신청서

(개인파산.면책 및 개인회생사건 소송구조 신청)

수입인지 1,000원
송달료 2회분

구조대상사건 : □ 20   하단   호 및 20   하면   호
            □ 20   하면   호 및 이에 관한 면책사건
            □ 20   개회   호

신청인(채무자) ○○○
            주소 :
            전화, 휴대폰, 팩스번호 :

위 대리인   소송구조 지정변호사 ○○○
            주소 :
            전화, 휴대폰, 팩스번호 :

 신청인은 위 사건에 관하여 아래와 같은 사유로 소송구조를 신청합니다.

1. 구조를 신청하는 범위
   □ 변호사비용(소송구조 지정변호사를 통해 신청 가능)
   □ 송달료

2. 구조가 필요한 사유
   □ 「국민기초생활보장법」에 따른 수급자(수급자 증명서)
   □ 「국민기초생활보장법」에서 정한 기준 중위소득의 100분의 60이하 소득자임을
      소명(근로소득원천징수영수증, 급여명세서 등 객관적 증빙서류)
   □ 「한부모가족지원법」에 따른 지원대상자(한부모가족 증명서)
   □ 60세 이상인 자(개인별주민등록표 등본)
   □ 「장애인복지법」에 따른 장애인(장애인 증명서 또는 장애인 복지카드)

3. 첨부서류
   가. 소송구조 대상사유에 관한 증빙자료
   나. 소송구조 지정변호사 안내문
   다. 위임장

20 . . .

신청인(채무자)   ○ ○ ○,
소송구조 지정변호사 ○ ○ ○ ㊞

○○지방법원 제○부(단독) 귀중

D4107

소송등 인지의 과오납금 반환(환급) 대표청구인 (변경)신고서

사   건 20○○가단(합, 소)○○○○ 손해배상(기)

원   고 ○○○

피   고 ○○○

　　이 사건에 관하여 원고들은 민사소송 등 인지규칙 제34조 제2항에 따라 다음 사람을 원고들을 위
하여 소송등 인지의 과오납금 반환(환급)을 청구할 수 있는 대표청구인으로 (변경)신고합니다.

- 다   음 -

홍길동 (○○년 ○○월 ○○일)

서울 서초구 ○○대로 ○○-1

연락처 :

20○○. ○○. ○○.

원고 1. ○○○ (○○년 ○○월 ○○일) (날인 또는 서명)

　　　서울 강서구 ○○로 ○○○-1

　　　연락처 : 000-0000-0000

원고 2. ○○○ (○○년 ○○월 ○○일) (날인 또는 서명)

　　　서울 강서구 ○○로 ○○○1

　　　연락처 : 000-0000-0000

◆ 편 저 이 종 구 ◆

• 전(前) 서울지방법원 민사 조정의원
• 전(前) 인천지방법원 본원집행관
• 전(前) 중앙신용정보회사(상임고문)

• 저서 : 개인회생 · 파산 · 신용회복 절차와 사례
　　　　자동차교통사고이렇게해결하라
　　　　개인파산면책 법률실무(공저)

개인회생·파산 이렇게 해결하기	정가 18,000원

2023年 7月 10日 3판 인쇄
2023年 7月 15日 3판 발행
편　저 : 이 종 구
발행인 : 김 현 호
발행처 : 법문 북스
공급처 : 법률미디어

152-050
서울 구로구 경인로 54길4(구로동 636-62)
TEL : 2636-2911~3, FAX : 2636~3012
등록 : 1979년 8월 27일 제5-22호
Home : www.lawb.co.kr

❚ ISBN 978-89-7535-354-3 (13360)
❚ 이 도서의 국립중앙도서관 출판예정도서목록(CIP)은 서지정보유통지원시스템 홈페이지
(http://seoji.nl.go.kr)와 국가자료공동목록시스템(http://www.nl.go.kr/kolisnet)에
서 이용하실 수 있습니다.(CIP제어번호: CIP2016013542)